Heidelberger Fachbücher
für Praxis
und Studium

Optimal arbeiten und führen

Zeit nutzen – Resultate erzielen

von

Wolfgang Reineke

Heidelberg

6., neubearbeitete und erweiterte Auflage 1992

Mit 52 Abbildungen und Tabellen

I. H. Sauer-Verlag GmbH
Heidelberg

1. Auflage 1962
2. Auflage 1965
3. Auflage 1970 · ISBN 3-7938-7414-1
4. Auflage 1978 · ISBN 3-7938-7636-5
5. Auflage 1980 · ISBN 3-7938-7666-7
(u. d. Titel „Korff/Reineke, Arbeitstechnik für Vielbeschäftigte")
6. Auflage 1992 · ISBN 3-7938-7039-1

Die Deutsche Bibliothek – CIP-Einheitsaufnahme

Reineke, Wolfgang:

Optimal arbeiten und führen : Zeit nutzen – Resultate erzielen ; mit Tabellen / von Wolfgang Reineke. – 6., neubearb. und erw. Aufl. – Heidelberg : Sauer, 1992

(Heidelberger Fachbücher für Praxis und Studium)
Bis 5. Aufl. u.d.T.: Korff, Ernst: Arbeitstechnik für Vielbeschäftigte

ISBN 3–7938–7039–1

ISBN 3-7938-7039-1

Satz und Druck: HVA Graphische Betriebe GmbH, 6900 Heidelberg
Buchbinderische Verarbeitung: Osswald + Co., 6730 Neustadt/Weinstr.
Umschlagentwurf: Horst König, 6700 Ludwigshafen
∞ Gedruckt auf säurefreiem, alterungsbeständigem Papier nach ANSI-Norm

Printed in Germany

Vorwort

Im Zeichen innovativer Führungskonzepte bemühen sich heute zahlreiche Experten um den Wandel von Organisationen und deren Mitgliedern. In den Verwaltungen und Unternehmen wenden die Führungskräfte Zeit und Geld für ihre eigene Weiterentwicklung in Selbstmanagement, Selbstentlastung und effektiver Führungskommunikation auf. Taktiken, Techniken und Verhaltensmöglichkeiten im Rahmen individueller Arbeitstechnik spielen eine bedeutende Rolle beim Erreichen eigener Zielvorstellungen, Zielvorgaben durch die Organisation oder gar bei der geplanten Verfolgung gemeinsamer Zielvereinbarungen zwischen einzelnem, Arbeitsgruppen und Organisation.

Dieses Buch ist ein Beitrag zur Selbstorganisation und zur prozessualen Teamorganisation. Der Leser findet wichtige Hinweise, Regeln und Handreichungen, die er ohne großes Training unmittelbar nach der Kenntnisnahme in die Praxis umzusetzen vermag. Der Grundsatz, von dem diese Arbeit ausgeht, heißt „Weniger arbeiten, sich besser organisieren, besser führen und dazu noch mehr leisten.“ Ausführungen zu „Leertischlern“ und „Volltischlern“, zu Ordnung und Unordnung, Fitneß statt Stress, Zielsetzung und Planung als Ordnungsmittel, speziell zeitsparenden Methoden, Problemanalysen und Problemlösungstechniken, Zusammenarbeit mit anderen, Leistungsprofil und Persönlichkeitsprofil, Arbeitstechnik und Leistung der Zukunft werden knapp und prägnant präsentiert.

Leistung und soziales Klima bestimmen heute Rangordnung und Standort der arbeitenden Menschen. Erhöhte Leistungsanforderungen, Arbeitsvermehrung und -erweiterung führen nicht selten zu einem vorzeitigen Verschleiß der Kräfte. Das muß nicht sein.

Keiner sollte wegen des Eingespanntseins in seine Arbeit vergessen, daß es auch noch so etwas wie Lebensart, Besinnung, Muße, Nichtstun, Spiel und Entspannung gibt. Taktische Niederlagen in der Selbstorganisation lassen sich langfristig zu Siegen im Team und in der Organisation insgesamt umwandeln, wenn man aus ihnen analytisch zu lernen vermag.

Ernst Korff hat mit der 1.–4. Auflage seiner Studie „Arbeitstechnik für Vielbeschäftigte“ seit 1962 zahlreichen Menschen in Industrie, Politik und Verwaltung hilfreich sein können. Der Verfasser setzt die Arbeit seines Vorgängers mit diesem neuen Werk fort.

Heidelberg, im Frühjahr 1992 *Wolfgang Reineke*

Inhaltsverzeichnis

1. Führung im Wandel

Auf dem Weg in die Zukunft hat die Führung in diesem Jahrhundert wahrlich große Fortschritte gemacht. Von den sogenannten traditionell orientierten Führungssystemen, in denen das wissenschaftliche Management mehr bürokratisch-mechanistisch gesehen wurde und sich vor allem mit der Fließbandarbeitspezialisierung und der Hierarchie beschäftigte, strebten wir schon in den 30er Jahren die mehr verhaltensorientierte Führung an. Von dieser Zeit an standen Individuen, Gruppen, Rollen, Institutionen und die sie prägenden Transaktionen und Interaktionen im Mittelpunkt. Während und nach dem Zweiten Weltkrieg näherten wir uns der entscheidungsorientierten Führung an, in der Strategien, Wahrscheinlichkeiten, die Betonung der Strukturierung und der Lösung von gut und schlecht definierten Problemen und Chancen im Mittelpunkt standen. Erst sehr viel später – in den 60er Jahren – trat dann die Frage nach Effektivität und Effizienz in den Mittelpunkt, soweit es das Umfeld, den Wandel, die Anpassung, die Bindungen und den gesamten Organismus betraf. Der noch oft als soziales Klimbim bezeichnete verhaltensorientierte Führungsstil setzte sich durch. Regelkreise anstelle der Pyramide und Entscheidungsbäume wurden zur Regel.

Schließlich sind wir heute im Bereich eines Führungsverständnisses gelandet, das von Netzwerken, von Überlappungen, vom gegenseitigen Austausch und der kollateralen Organisation (Parallelausrichtung) ausgeht. Kybernetik, Regelkreise, Ergebnisse detaillierter Forschungsprojekte, neue Vorstellungen von Unternehmenskultur, das Überleben von Organisationen treten in den Mittelpunkt. Die letztgenannten Schwerpunkte – machen wir uns keine Illusionen – sind in vielen Unternehmen noch Visionen und Utopie. Alle fünf Bereiche werden heute in der Praxis nach wie vor zelebriert, abhängig von der Persönlichkeit und dem Führungsverständnis der dort „Regierenden" oder der sich im Teamverhalten übenden Manager.

Die Zukunft der Führung wird in Integration von Organisation und Umwelt das Hauptziel finden. Wie der Manager im Jahre 2000 führt, ergab sich aus einer Studie „Neudefinition der Führungskraft" (*Korn/ Ferry,* USA):

1. Der Manager des Jahres 2000 entwickelt und vermittelt überzeugende Perspektiven hinsichtlich der Zukunft des Unternehmens.
2. Er sorgt für eine leistungsbezogene Entlohnung.
3. Er orientiert sich an ethischen Werten.

4. Er sucht das Gespräch mit den Mitarbeitern.
5. Er sorgt dafür, daß das Prinzip des lebenslangen Lernens zumindest in seiner Organisation von seinen Mitarbeitern wahrgenommen werden kann.
6. Er entwickelt Führungsnachwuchs und coacht ihn.
7. Er delegiert (er gibt freiwillig und gezielt wichtige Kompetenzen auf Zeit und auf Dauer ab).
8. Er entwickelt Kostenbewußtsein und Controller-Verhalten.
9. Er unterstützt seine Mitarbeiter.
10. Er selbst spricht häufig mit den Kunden.
11. Er bemüht sich, eine internationale Übersicht zu bekommen.
12. Er betreibt Job-Rotation, Job-Enrichment und Job-Enlargement und trennt sich von Mitarbeitern, die nicht befriedigende Leistungen erbringen.
13. Er praktiziert ein MBWA-Management (Management by walking around), „Führen durch Umhergehen" in allen, auch den weitest entfernt liegenden Teilen der Organisation.
14. Er nimmt aktiv am öffentlichen Leben teil.

Für den Manager der Zukunft werden Glaubwürdigkeit und Wandlungsbereitschaft eine entscheidende Bedeutung haben. Glaubwürdigkeit erzielt er durch Definitions- und Differenzierungsfähigkeit. Glaubwürdig ist nur, wer Informationen hat und kommunizieren kann. Information ist statisch, eine Kochzutat, die erst im Prozeß des Kochens zur Kommunikation wird. Dennoch ist Information wichtig: Mehl ist Mehl und Zucker ist Zucker. Wir können nicht mehr per Abstimmung entscheiden, ob das eine jeweils das andere ist. Für den Prozeß der Informationsbearbeitung gilt folgende Abfolge:

1. Beschaffen und Speichern
2. Übersetzen
3. In Gruppen und Kategorien einteilen
4. Zusammentragen
5. Bewerten
6. Analysieren
7. Ins Bild einfügen
8. Planen, entwerfen und projizieren.

Manager als Agenten des Wandels

Eine klassische Definition des Begriffs „Manager" finden wir bei *Dieter S. Koreimann* (Management, eine Einführung, München 1982): „Manager sind – allgemein – die Führungskräfte eines Unternehmens, die in arbeitsteiliger Weise an der Zielerreichung mitwirken und die mit jeweils unterschiedlichen Kompetenzen (Machtbefugnissen) ausgestattet sind. Führung bezieht sich auf die Gesamtheit der Entscheidungen, die zur Erreichung der Ziele einer soziotechnischen Organisation notwendig sind." Nach *Koreimann* lassen sich diese Entscheidungen in die Hauptgruppen Ziel-, Personal- und Sachentscheidungen gliedern. Seine Machtbefugnisse resultieren aus den Quellen der Verfügungsgewalt über Informationen, Sachmittel und Kapital, seine Entscheidungsbefugnisse über den Einsatz der Anreize und Drohsysteme (rechtliche Grundlagen z. B. Arbeitsvertrag), Anerkennung (Identifikation) durch die Mitarbeiter. Die besonderen Kriterien des Managements liegen für *Koreimann* in Verfügungsgewalt, in den Entscheidungsbefugnissen, in der Machtausübung und in der Akzeptanz.

Wichtiger als je zuvor ist heute die Wandlungsbereitschaft des Managers. Eine Übersicht von *Kotter/Schlesinger* zeigt, welche Methoden zur Überwindung von Widerstand gegen Wandel es in der Unternehmensführung gibt (siehe Tabelle auf S. 12).

Für den täglichen Führungsprozeß und für die Entwicklung mittel- und langfristiger Führungsstrategien kann der Manager ziemlich sicher davon ausgehen, daß der Wandel beim Mitarbeiter in zeitlicher Abfolge so erfolgt:

1. Dem Manager mit seinen Wandlungsabsichten schlägt, wenn er Pech hat, totale Ignoranz entgegen.
2. Aggression, Abwehr, Verteidigung, nervöse kritische Mitarbeiter zu Beginn eines Wandels sind bereits ein gutes Zeichen: Sie setzen sich mit dem Gegenstand und dem Prozeß des Wandels auseinander, wenn auch sehr stark emotionalisiert.
3. Es folgt die Phase der Verhandlung: Über den Kopf gesteuerte Versuche beider Seiten, aus unterschiedlichen Interessenlagen dennoch in Form eines rational, psychologisch und juristisch faßbaren Verhandlungsprozesses zusammenzukommen: Es ist die Vereinbarung, die tragend am Schluß steht.
4. Wenn der Manager jetzt glaubt, das Wichtigste sei erreicht, so irrt er. Beim Mitarbeiter setzen Denkpausen oder auch Depressionen ein. Erst wenn diese Phase von ihm erfolgreich durchlaufen ist, erfolgt:
5. die Akzeptierung des vorgeschlagenen Wandels und dessen Beginn. Die Führungskraft kann während des Wandlungsprozesses, genauso wie während des allgemeinen Führungsprozesses, Führungseinfluß (Machteinfluß) in fünf grob untergliederten Bereichen nehmen (nach *French/Bell*):

   1. Belohnung
   2. Bestrafung

Methoden zur Meisterung von Widerstand gegen Wandel *(Quelle: Kotter/Schlesinger)*

Ansatz	Wird in folgenden Situationen eingesetzt:	Vorteile	Nachteile
Training und Kommunikation	Wenn Informationsmangel herrscht oder Informationen und Analyse ungenau sind.	Die Mitarbeiter werden, wenn sie einmal überzeugt worden sind, oft bei der Durchführung des Wandels helfen.	Kann sehr zeitraubend sein, wenn es um viele Mitarbeiter geht.
Beteiligung und Einbeziehung	Wenn die Initiatoren nicht alle zur Planung des Wandels notwendigen Informationen besitzen und wenn andere beträchtliche Macht zum Widerstand haben.	Mitarbeiter, die sich am Prozeß beteiligen, werden sich für die Durchführung des Wandels einsetzen, und ihnen bekannte sachdienliche Informationen werden in den Plan zum Wandel integriert.	Kann sehr zeitraubend sein, wenn die Teilnehmer einen ungeeigneten Wandel entwerfen.
Erleichterung und Unterstützung	Wenn Mitarbeiter aufgrund von Anpassungsproblemen Widerstand leisten.	Bei Anpassungsproblemen gibt es keinen besseren Ansatz.	Kann zeitraubend, teuer sein und dennoch scheitern.
Verhandlung und Vereinbarungen	Wenn ein Mitarbeiter oder eine Mitarbeitergruppe bei einem Wandel auf jeden Fall verliert und wenn diese Gruppe beträchtliche Macht zum Widerstand hat.	Ist manchmal ein relativ leichter Weg, um größere Widerstände zu vermeiden.	Kann in vielen Fällen zu teuer werden, wenn andere dadurch auf die Möglichkeit von Verhandlungen aufmerksam werden.
Manipulierung und Kooptierung	Wenn andere Taktiken nicht wirken oder zu teuer sind.	Kann eine relativ schnelle und preiswerte Lösung von Widerstandsproblemen sein.	Kann zu Problemen in der Zukunft führen, wenn sich Mitarbeiter manipuliert fühlen.
Expliziter und impliziter Zwang	Wenn es um Schnelligkeit geht und die Initiatoren des Wandels beträchtliche Macht besitzen	Geht schnell, man kann damit jede Art von Widerstand überwinden.	Kann riskant sein, wenn Mitarbeiter dadurch wütend auf die Initiatoren sind.

3. Ausspielen des Status
4. Herstellen eines persönlichen Bezuges und
5. pädagogisch-didaktischer Einsatz eigenen Fachwissens beim Transfer der Ideen.

Obwohl alle fünf Bereiche wichtige Einflußfaktoren des Führenden sind, kommt in den nächsten Jahren den Faktoren 4 und 5 verstärkte Bedeutung zu: Wie kann ich belohnen, wenn nichts zur Belohnung bereitgestellt ist? Wie kann ich bestrafen, wenn der Mitarbeiter sich nicht mehr bestrafen läßt? Wie kann ich Status ausspielen, wenn ich mich dabei der Lächerlichkeit preisgeben könnte? Persönlicher Bezug und Bildung von „Schulen" werden den stärksten Einfluß nehmen.

10 Regeln des World Wild Life Fund können im Sinne eines analogen Denkens lehrreich auch für den Führungsprozeß in der Industrie sein:

1. Strebe einen Gleichgewichtszustand an.
2. Schließe Kreisläufe.
3. Setze Energie sparsam ein.
4. Fördere erneuerbare Energie.
5. Strebe Dezentralisierung an.
6. Fördere „lokale Intelligenz". Entscheide nicht über Köpfe hinweg, sondern lasse die direkt Betroffenen möglichst selber Entscheidungen fällen.
7. Denke in Zusammenhängen. Mit dem zackigen Einbahndenken ist es vorbei.
8. Steuere langsam. Bei schnellerem Steuertempo geht auch schnell die Übersicht und Kontrolle verloren.
9. Handle langfristig.
10. Handle kritisch; solange du über die Auswirkungen und die Schädlichkeit von Produkten oder Technologien im unklaren bist, verzichte auf ihren Einsatz.

2. Management als persönliche Aufgabe: Ganzheitlich denken und handeln

Hans Ulrich und *Gilbert J. B. Probst* weisen in „Denken und Handeln: ein Brevier für Führungskräfte 1990“ darauf hin (S. 294), „daß es beim Management um die Führung gesellschaftlicher Institutionen geht, daß die Komplexität solcher Systeme eine Verteilung der Führungsfunktionen auf viele Personen erfordert und daß Lenkungsmechanismen bestehen oder geschaffen werden müssen, die das ganze System unter Kontrolle halten“. Die Autoren lehnen es ab, die Aufgabe der Führung einzig in der Führung von Mitarbeitern zu sehen, aber auch, sie allein bei einem Topmanager mit überragenden Eigenschaften und Fähigkeiten anzubinden.

Für *Ulrich* und *Probst* ist Management eine Aufgabe, die von Menschen erfüllt werden muß. „Die Technisierung von Lenkungsfunktionen führt im wesentlichen lediglich zu einer Gewichtsverschiebung von einfachen Lenkungsfunktionen zu schwierigen Gestaltungs- und Entwicklungsfunktionen, die von Führungskräften zu erfüllen sind.“ „Instrumentelles Wissen ist zwar wichtig, reicht aber nicht aus, ein guter Chef zu sein. Gehen wir davon aus, daß Führung immer auch Zusammenwirkung mit anderen Menschen bedeutet, geht es auch um die erwähnte Kommunikation zur Teamfähigkeit. Handelt es sich beim Wissen um den *Inhalt* zwischenmenschlicher Kommunikation, so geht es hier um das *persönliche Verhalten* in solchen Prozessen des Zusammenwirkens. . . Ein bloß regelhaftes Verhalten eines Chefs etwa gemäß eingeprägten ‚Führungsrichtlinien‘ verspricht auch deshalb wenig Erfolg, weil die Vielfalt von Situationen ein spontanes, situationsgerechtes Verhalten erfordert. Notwendig ist vielmehr, daß ein Chef eine Situation rasch beurteilen und sein Verhalten danach richten kann. Immer wieder kann man die Erfahrung machen, daß Chefs, die in ihrem Verhalten gegenüber Mitarbeitern keineswegs immer das Ideal eines modernen Führungsstils verkörpern, gerade deshalb natürlich wirken und akzeptiert werden, während andere, die sich so peinlich sichtbar bemühen, diesem Verhaltensideal zu entsprechen, viel mehr Mühe haben, als Persönlichkeit wirksam zu werden.“ Aus der Sicht der Autoren bildet das *Verstehen* von Situationen eine wesentliche Grundlage dieser Fähigkeiten, das heißt, das Einordnenkönnen von vielen Einzelheiten und Informationen in einen umfassenden Kontext und damit die Fähigkeit, rasch etwas Neues in ein *Ordnungsmuster* einzuordnen und aus der Sicht eines größeren Ganzen zu beurteilen. Das ist mehr als die oft beschworene Intuition in der Führung.

Aber gedankliche Ordnungsmuster schließen auch die Gefahr ein, daß sie auf neuartige Situationen nicht passen und daß dann neue Probleme oder zu ihrer Lösung wesentliche Sachverhalte nicht erfaßt werden können. Gefordert ist deswegen die *Fähigkeit,* ganzheitlich denken zu können. Offenheit des Geistes und Dienst an einer Sache und im Dienst einer Sache zu stehen, sind für *Ulrich* und *Probst* entscheidende Stichwörter, die sich unter dem Begriff des schöpferischen Denkens subsumieren lassen. „Wer einsieht, daß auch die größte Institution nichts Abschließbares ist, sondern Teil umfassender Systeme, in denen sie Funktionen erfüllen muß, wird auch die Notwendigkeit verstehen, sich selbst mit den Vorgängen in dieser gesellschaftlichen und natürlichen Umwelt auseinanderzusetzen und mitzuwirken an ihrer Anpassung an solche externen Anforderungen" (S. 300).

Die Vorboten dieses neuen Denkens haben bereits in den letzten Jahrzehnten zu Veränderungen des organisatorischen Aufbaus von Unternehmen geführt (*Schnelle/Alberti* „Werkstatt des Wandels", GDI Impuls 4/85, S. 33), der von der frühen Trompetenstruktur der Industrialisierung des 19. Jahrhunderts und dem Führungsbegriff des Weitergebens von Befehlen aus einer schlanken Spitze auf eine breite Basis im Laufe unseres Jahrhunderts in die Pyramidenstruktur geraten ist. Das Scientific Management zu Beginn unseres Jahrhunderts verlangte gut funktionierende Systeme und immer mehr Menschen für Planungs-, Steuerungs- und Kontrollaufgaben. Deswegen wurden organisatorisch immer feinere und kleinere funktionale Unterteilungen gebildet, es kam zu Abgrenzungen, es entstand ein wirkliches Stab-Linien-System. „Das Berichtswesen wurde eingeführt. Das einfache System von Befehl und Gehorsam wurde ergänzt durch ein Verfahren von viel Vereinbarungen. Die ‚Pyramidenstruktur' als Ausdruck eines hierarchischen Aufbaus mit differenzierten vertikalen Funktionen und einer Erweiterung der horizontalen Führungsebene war damit geboren. . . . Das Quantifizieren aller betrieblichen Vorgänge griff von den materiellen auf die informationellen Prozesse über."

Inzwischen ist heute ein Trend von der „Pyramide" zur „Zwiebel" in allen großen und auch in kleineren Unternehmen zu beobachten: Einem Abbau der Arbeitsplätze im Sockel stand und steht eine rasche Zunahme von Arbeitsplätzen in flexibler Form in den unteren und mittleren Ebenen der Hierarchie gegenüber, Plätze, deren Qualität durch lebenslanges Lernen in Aus- und Weiterbildung dauernd gesteigert wird. Die Pyramide baut sich aus und nimmt Zwiebelformen an. Der Bedarf an qualitativer Information nimmt überproportional zu. Der Koordinationsaufwand wächst. Teamarbeit wird verlangt, überlappende und vor allem parallel operierende Einheiten.

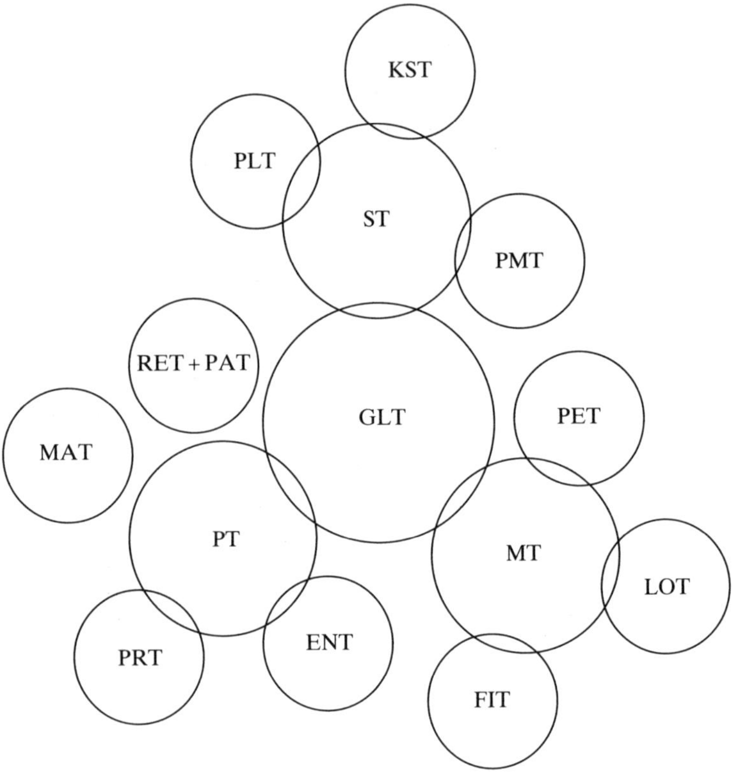

GLT	Geschäftsleitungsteam	RET/PAT	Team für Rechts- und Patentfragen
ST	Steuerungsteam	ENT	Entwicklungsteam
MT	Mittelteam	PRT	Produktionsteam
PT	Prozeßteam	MAT	Marketingteam
FIT	Finanzteam	PMT	Projektteam für Zukunftsaufgaben
PET	Personalteam	KST	Team für Koordination
LOT	Logistikteam		
PLT	Planungsteam		

Abb. 1: Teamkreis-Organisation (nach *Fuchs* – Seminarunterlage)

Führung im Dialog ist gefragt. *John Erickson* schrieb einmal zu Stalins Informationsmanagement:

Abdämmen
Ablenken
Abwürgen
Einmauern

und beschrieb damit die finstere Zeit totalitärer Bürokratie.

Effektives Führungsverhalten, das weit über Bürokratiestruktur und -prozeß hinausblickt, muß nicht im modischen Trend von permanentem Krisendenken oder der Nachgeburt der Anarchie, dem Lob des Chaos, enden. Es geht von den Gegebenheiten aktueller Kommunikationsmodelle aus und wirbt für eine eigene positive Strategie.

Ulrich Peter aus der St. Gallener Schule nennt diese neue Entwicklung die „zweidimensionale Konzeption rationalen Managements“:

Von der 1. Dimension	zur 2. Dimension
Strategisches Handeln	Kommunikatives Handeln
Rationaler Umgang mit Objekten	Rationaler Umgang mit Subjekten
Informationsverarbeitung (Faktenanalyse)	Willensbildung (Normengenese)
Zweckverwirklichung	Zweckbestimmung
Technisches Problem	Politisches Problem
„Unternehmensführungstechnik“ des klassischen	Unternehmenspolitik des
Strategisches Management	„Konsensus-Management“

Die Kriterien eines idealen Dialogs unterteilt er in Verfahrensbedingungen und Verhaltensbedingungen, u. a.:

A. Verfahrensbedingungen

1. Beteiligung aller Betroffenen (authentische, unbeschränkte Bedürfniseinbringung)
2. Chancengleichheit (nur Argumente zählen, nicht Personen, Positionen, Institutionen oder Traditionen)

3. Zwanglosigkeit (Verzicht auf Persuasion und Sanktionen)
4. Unbeschränkte Information (alle vorhandenen relevanten Informationen sind allen Beteiligten zugänglich.
5. Argumentative Kompetenz (Dialogteilnehmer müssen Fähigkeit zu rationaler Argumentation erworben haben)
6. Konsensusbildung (nur allgemein akzeptierbare Argumente sind gültig)

B. Verhaltensbedingung

7. Rationale Motivation = „Wille zur Vernunft" (Dialogteilnehmer müssen gewillt sein, vernünftig zu argumentieren, alle Gegenargumente unvoreingenommen zu prüfen und einen allgemein akzeptierbaren Konsens zu erzielen)

Stichworte zu Management-Ansätzen in der Dimension kommunikativer Vernunft sind für *Ulrich Peter* u. a.:

- partizipative Führung
- organismische Organisationsstrukturen (Dezentralisierung, Delegation, Entstandardisierung, Humanisierung der Arbeit)
- Organisationsentwicklung (Dialogische Verbesserung der Organisations-Kultur und -Struktur)
- Prozeßberatung (Gruppendynamische Unterstützung dialogischer Problemlösungsprozesse = Hilfe zur Selbsthilfe)
- Teilautonome Arbeitsgruppen (Gruppen-Selbstorganisation und Gruppen-Verantwortung)
- „Lernstatt" (Dialogisches Lernen am Arbeitsplatz zur selbstverantwortlichen Verbesserung von Arbeitsmethoden und Arbeitsqualität, z. B. „Quality Circles")

Konsequenterweise unterscheidet er zwischen einem monologischen und einem dialogischen Verantwortungsbegriff

Monologische Verantwortung	**Dialogische Verantwortung**
Rechtfertigung des eigenen Handelns vor sich selbst	Rechtfertigung des eigenen Handelns vor den Betroffenen (Rede und Antwort stehen)

Zusammenfassung: Momente des ganzheitlichen Denkens und Handelns (nach *Merry/Allerhand*)

1. Unsere Werte werden durch humanistische Psychologie ausgedrückt.
2. Ständiger Wechsel verändert die Umwelt des Unternehmens.
3. Menschen und Organisationen und vor allen Dingen ihre Bedürfnisse sind oft in Unordnung und Konflikt. Wir suchen nach Wegen der Integration.
4. Die Ebenen der gegenseitigen Abhängigkeit rufen nach einem Wandel in der Qualität der menschlichen Beziehungen.
5. Wir haben eine Theorie der *offenen* Systeme.
6. Wandel ist effektiver, wenn er synergistisch ist.
7. Im Idealfall wandeln wir Einzelverhalten, Gruppen- und Organisationsnormen und -kulturen, Managementstil und -praxis, Kommunikations-Netzwerke, Technologie und Ökologie der Organisation.
8. Wandel in effektivem Einzelverhalten erfordert Arbeit am Verhalten, an kognitiven und emotionalen Aspekten der Person.
9. Wandel erfordert Arbeit auf allen Ebenen: Einzel-, Gruppen-, Intergruppen- und ganzer Organisation.
10. Ständige Bemühung um organisatorische Erneuerung ist lebenswichtig.
11. Konstruktive Änderungsmechanismen, testen von Ideen usw. ist nötig.
12. Ansatzpunkt ist Partner-zentriert – sein Nutzen.
13. Unser Ansatz ist ergebnisorientiert.
14. MbO – Führen mit und durch Ziele (n).
15. MbE Führen (Eingreifen) bei wichtigen Abweichungen.

3. Mit sich selbst in Ordnung kommen

Der erste Schritt beginnt bei uns selbst. Wer mit anderen zurechtkommt, ist meist in sich geordnet. Es gibt aber auch Fälle, in denen jemand im Dienst in Ordnung ist, seine Familie aber wenig davon merkt. Er läßt seinen Dampf, der betriebliche Ursachen hat, zu Hause ab. Andere sind zu Hause „Prachtkerle", im Dienst kommen aber nur wenige mit ihnen zurecht. Aus diesem Grund wird dann von Kollegen und Mitarbeitern – ganz zu Unrecht – die „arme" Familie bedauert.

3.1 Selbsterkenntnis und Selbstbeurteilung

Um zur Selbsterkenntnis zu kommen, um die eigenen Stärken, aber auch die Schwächen und Fehler zu erkennen, muß man u. a. darauf achten, wie man auf andere wirkt, welche Art von Reaktionen das eigene Verhalten bei anderen auslöst. Man kann seine Stärken und seine Schwächen natürlich auch am Erfolg und Mißerfolg seiner Arbeit ablesen. Auch das eigene Verhalten kann man beobachten und einen Maßstab anlegen, welcher der Wertordnung entspricht, nach der das eigene Verhalten oder das Verhalten ganz allgemein ablaufen sollte.

Gerade derjenige, der einen exponierten Platz einnimmt, sollte sich sehr genau kennen, er sollte an sich arbeiten und sein Verhalten so steuern, daß er bei den anderen ankommt und ihnen deswegen auch als Vorbild oder Leitbild dienen kann. Auch als Vorbild hat man Fehler; man gesteht sie sogar ein und verschleiert sie nicht. Man wird dadurch annehmbarer. Die Mitarbeiter bekennen sich zu einem solchen Vorgesetzten.

3.2 Leistungsprofil

Wer sich selbst erkannt hat, kann die gewonnenen Werte in ein Leistungs- und Persönlichkeitsprofil eintragen. Das Leistungsprofil zeigt den Stand, den eine Führungskraft im Sachlichen erreicht hat, und zwar in den vier Bereichen, in denen sie tätig werden muß: Fachtechnik, Arbeitstechnik, Leitungstechnik und Führungstechnik. Was darunter zu verstehen ist, sei nachstehend erläutert.

Fachtechnik: Es geht hier um spezielle Fachkenntnisse und Fachfertigkeiten, aber auch darum, daß das Fachwissen und Fachkönnen laufend daraufhin überprüft wird, ob es den Anforderungen entspricht, und was für das Umlernen, Dazulernen und Neulernen getan werden muß.

Im Bereich der *Arbeitstechnik* hat der Vielbeschäftigte immer wieder festzustellen, ob er selbst exakt, rationell, systematisch und termingerecht zu arbeiten versteht und ob er auch seine Mitarbeiter dazu anhalten kann. Auch hier spielt die ständige Weiterbildung eine wichtige Rolle.

Die *Leitungstechnik* befähigt den Vielbeschäftigten, die Geschäfte, die ihm übertragen worden sind, in unternehmerischem Sinn zu leiten, und zwar durch die Entwicklung der entsprechenden Funktionen: kreatives Denken und unternehmerisches Handeln, Organisieren und Koordinieren, Informieren und Delegieren.

Auch die *Führungstechnik* muß beurteilt werden. Es ist festzustellen, ob man seine Mitarbeiter so führt, daß sie das tun, was man selbst von der Sache her für notwendig erachtet, ob dabei das Konzept (oder auch nur die Aufgabe) vom Mitarbeiter mit Interesse und Nachdruck verwirklicht wird und ob das Ergebnis der Arbeit der Zielvorstellung entspricht. Das Arbeiten selbst sollte ganz allgemein Zufriedenheit auslösen, weil die Arbeit unter menschenwürdigen Bedingungen stattfindet. Die Allzuvielbeschäftigten, die sich – entgegen ihrem Auftrag – in erster Linie mit fach- und arbeitstechnischen Fragen beschäftigen und nicht mit Fragen, die das Leiten und Führen betreffen, werden ihren vollen Tisch niemals leer sehen.

Wer dagegen den Akzent seiner Arbeit auf das Leiten und Führen legt und das Fach- und Arbeitstechnische weitgehend an Mitarbeiter delegiert, bringt die Voraussetzung dafür mit, daß er zum „Leertischler" avanciert.

An der Art des Arbeitens, nicht erst am Arbeitsergebnis, läßt sich ablesen, ob einer sein Ziel erreichen oder ob er es verfehlen wird. Doch liegen die Gründe des Mißerfolges nicht nur in Schwächen und Mängeln in den vier Arbeitsbereichen. Der Mißerfolg hat oft mit der Persönlichkeit selbst zu tun. Aus eben diesem Grunde hat neben das Leistungsprofil das Persönlichkeitsprofil zu treten. Positionen, die in einem solchen Persönlichkeitsprofil nicht fehlen sollten, sind in der folgenden Übersicht zusammengestellt.

3.3 Persönlichkeitsprofil

Das Persönlichkeitsprofil hält das Ergebnis der Selbstbeurteilung fest. Um diese Arbeit systematisch durchführen zu können, ist in dem folgenden Schema jede einzelne Position zu benoten. Jede einzelne Note ist der Selbstkontrolle wegen genau zu begründen.

Die einzelnen Positionen dieser Rubrik sind zu beurteilen	Zensur 1	2	3	4	5	6	Gründe für die Zensierung
1. Erscheinungsbild körperliche Verfassung Gesundheitszustand 1.1 körperlich 1.2 seelisch-geistig 1.3 *Typenzugehörigkeit* schlankwüchsig-leptosom rundlich-pyknisch muskulös-athletisch Mischtypus							
2. Art des Auftretens und Benehmens 2.1 Auftreten 2.2 Benehmen 2.3 Gepflegtheit 2.4 Haltung 2.5 Sicherheit vor anderen (Souveränität)							
3. Vitalität/Lebenskraft/Energie 3.1 Tatkraft 3.2 Stehvermögen 3.3 Durchschlagskraft 3.4 Widerstandskraft 3.5 Leistungsfähigkeit							
4. Dynamik/Lebendigkeit/Tempo Temperament 4.1 Reaktionstempo 4.2 Aktivität 4.3 Spannkraft 4.4 Elastizität 4.5 Impulsivität 4.6 Initiative 4.7 Entschlossenheit							
5. Steuerung/Beherrschung/ Willenseinsatz 5.1 Stabilität 5.2 Selbstbeherrschung 5.3 Steuerung 5.4 Willenskraft							

Die einzelnen Positionen dieser Rubrik sind zu beurteilen	Zensur 1	2	3	4	5	6	Gründe für die Zensierung
5.5 Stimmungsunabhängigkeit 5.6 Hartnäckigkeit 5.7 Beständigkeit 5.8 Zuverlässigkeit							
6. Intelligenz/Kritikfähigkeit/ Urteilsvermögen 6.1 Einsichtsfähigkeit 6.2 Urteilsvermögen 6.3 Abstraktionsvermögen 6.4 Folgerichtigkeit 6.5 Kritikvermögen 6.6 Aufgeschlossenheit 6.7 Gedächtnisstärke 6.8 Erinnerungsfähigkeit/ Schlagfertigkeit 6.9 Eigenständigkeit im Denken/Niveau							
7. Wahrnehmungsweisen (Sinnesempfindungen) 7.1 Weltoffenheit (Extraversion) 7.2 Beobachtungsgabe 7.3 Zuhörenkönnen 7.4 Praktische Veranlagung 7.5 Ausdrucksgewandtheit							
8. Soziale Regungen Gefühls- und Gemütsqualitäten 8.1 Gefühlsbestimmtheit 8.2 Einfühlungsbereitschaft 8.3 Anpassungsbereitschaft 8.4 Kontaktbegabung 8.5 Toleranz 8.6 Phantasie 8.7 Fingerspitzengefühl 8.8 Suggestivität 8.9 Begeisterungsfähigkeit							
9. Ich- oder Personlichkeitsgefühl/ Selbstwertgefühl 9.1 Selbstwertgefühle 9.2 Selbstverwirklichung (Reife – Niveau)							

Die einzelnen Positionen dieser Rubrik sind zu beurteilen	Zensur 1	2	3	4	5	6	Gründe für die Zensierung
9.3 Selbstsicherheit 9.4 Selbstvertrauen 9.5 Stabilität gegenüber Kritik 9.6 Ehrgeiz – Machthunger 9.7 Egozentrik 9.8 Introversion 9.9 Selbstbehauptungswille							
10. Wirkung auf andere 10.1 Qualifikation zur Führung im privaten Bereich im beruflichen Bereich im gesellschaftlichen Bereich 10.2 Teamarbeiter 10.3 Mitspieler 10.4 Vereinsmeier 10.5 Schlichtheit 10.6 Bedeutungslosigkeit 10.7 Geltungsbedürfnis							

An den Schluß gehört dann ein zusammenfassendes Gesamturteil, mit einem Verzeichnis der festgestellten Fehler und Mängel. Hinzukommen muß nun noch eine Aufstellung, aus der hervorgeht, was man als Fehler auch vom anderen bestätigt erhält, wie diese Schwächen sich auswirken und bis wann und wie man sie abstellen will.

Wer sich auf diese Weise selbst beurteilen will, der kann es nicht – wie bereits gesagt worden ist – durch eine Art Innenschau tun. Es geht nicht um die Aufdeckung latenter Anlagen, welche garantieren könnten, daß man seine Ziele auch erreicht, nachdem die Anlagen aktiviert worden sind. Wer eine Persönlichkeits- und Leistungbilanz aufstellen möchte, muß von seinen Erfolgen und Mißerfolgen, von seinem Verhalten im Bereich der Arbeit und im sozialen Bereich ausgehen, beides analysieren und die Ergebnisse der Analyse dann in das Schema als Beurteilung mit Begründung eintragen. Erst dann kann er feststellen, wo er mit Korrekturen ansetzen kann.

3.4 Selbsterziehung

Selbsterkenntnis und Selbstbeurteilung können auch zur eitlen Selbstbespiegelung führen; sie sollten aber Selbsterziehung zur Folge haben.

Nachdem der Führende durch seine Leistungs- und Persönlichkeitsbilanz seine Fehler und Mängel festgestellt hat, muß er sich entsprechende Ziele setzen und einen Plan entwickeln, aus dem hervorgeht, wie er seine Mängel beheben will, um leistungsfähiger und erfolgreicher zu werden. Dazu gehört, daß er die Anforderungen genau kennt, die eine Aufgabe an den stellt, der sie erledigen will. Nur auf diese Weise läßt sich erkennen, ob durch die Selbsterziehungsmaßnahmen die Qualifikation für eben diese Aufgabe zunimmt, und zwar durch Erweiterung von Fachwissen, Fachkönnen, Leistung und durch die Entwicklung der Leitungs- und Führungseigenschaften.

Fehlendes Fachwissen und mangelnde Leistungsfähigkeit lassen sich übrigens eher aufholen als Mängel in der Struktur der Persönlichkeit.

Wer bei sich zum Beispiel auf Charaktermängel stößt, durch die sein Verhalten nicht mehr schlicht, einfach und natürlich, sondern aufgeblasen, arrogant, selbstherrlich und egozentrisch wirkt, der muß diese Verhaltensweisen abbauen. Das ist um so schwerer, je mehr sich diese Eigenschaften mit der Möglichkeit, Macht auszuüben, verbinden. Je stärker sich die Tendenz bemerkbar macht, diese Mängel überzukompensieren, desto sicherer ist es, daß hier Minderwertigkeitskomplexe mitspielen, welche besagen, daß der, der sich so machtvoll gibt, sich im Grunde seiner selbst nicht sicher ist. Aber wer wird sich eine solche Schwäche schon eingestehen, wenn er am längeren Hebel sitzt? Die Ursachen dafür sitzen tief im Unterbewußten. Es ist schwierig, sie zu beeinflussen. Außerdem müßte man sich dann auch eingestehen, daß man seine Macht nicht in der richtigen Weise ausübt. Trotz all dieser möglichen Schwierigkeiten sollte man sich aber klar darüber werden, daß das einzig wirksame Mittel der Selbsterziehung die sachliche Selbstbewertung ist, zu der man sich hinarbeiten muß, um sich dann zu ihr zu bekennen.

Aber es ist nicht so einfach, sich so zu verhalten, wie es einst jener Königssohn notgedrungen tun mußte, der glaubte, daß sein Ansehen bei seinem Volke sinken würde, wenn er den Auftrag, eine Schale Milch durch die Straßen seiner Stadt zu tragen, ausführte. Als man ihn dennoch dazu zwang, vollbrachte er die Aufgabe. Er erreichte das Ziel, ohne auch nur einen Tropfen Milch verschüttet zu haben. Als der Eroberer ihn lächelnd fragte, was die Leute, die an der Straße standen, denn nun eigentlich gesagt hätten, antwortete der Königssohn ganz erstaunt: „Ich habe keine Leute gesehen, ich habe nur auf mein Gefäß geschaut und nur an die Aufgabe gedacht, die ich zu erledigen hatte!" Eine solch sachliche Einstellung (die Konzentration ausschließlich auf die Aufgabe) bewirkte, daß der Königssohn die Aufgabe löste und dadurch sein Leben rettete. Er handelte sachlich und achtete nicht auf die Möglichkeit, daß sein Prestige als Königssohn durch die Erledigung dieser ihm nicht gemäßen Aufgabe geschmälert werden könnte. Das ist die Situation, in der sich mancher findet, der auf Grund seiner Stellung Macht ausübt und der die Autorität nicht als Perönlichkeit mitbringt, sondern sie nur von Amts wegen besitzt. Gerade für eine solche Natur ist es außerordentlich schwierig, sich so zu verhalten, wie der Königssohn es tat, nämlich sachlich an sich zu arbeiten und dann in aller Sachlichkeit zu handeln.

Wer befürchtet, daß er mehr aus sich zu machen bestrebt ist, als er seiner Natur nach ist, sollte die Last bestimmter Erprobungen auf sich nehmen und sie zu bestehen versuchen. Mit jeder sachlich zu Ende geführten Aufgabe schwinden die Bedenken, der Machtrausch, die Unzulänglichkeiten und damit auch die unsachliche Einstellung, die oft die Folge eines ausgeprägten Egoismus ist. Auf diese Weise läßt sich verhältnismäßig leicht und schnell erkennen, was einem als Mensch gemäß ist, was man mit gutem Recht von sich und der Situation fordern darf, wo die eigenen Grenzen liegen und wann man darüber und bis zu welchem Ausmaß hinausschreiten kann.

Wer es gelernt hat, sich selbst kritisch gegenüberzustehen, für den tritt an die Stelle des Geltungsstrebens mit seinem Machtrausch, Argwohn und Mißtrauen und mit seiner Frage, „was werden die Leute dazu sagen?" die innere Festigkeit, das natürliche Selbstvertrauen als Haltung oder auch als Gesinnung, durch die er dann geleitet wird.

Natürlich: Selbstvertrauen allein hilft dann nicht, wenn das Ziel zu weit gesteckt ist oder wenn man bestimmte sachliche Voraussetzungen nicht zu erfüllen vermag, wenn einer seine Mittel falsch einschätzt oder die Schwierigkeit einer Aufgabe nicht überblickt. Man sollte sich nicht in die Situation des jungen Mannes hineinlavieren, der von sich aus erzählte: „Ich habe damals, als ich ins Examen ging, recht viel Selbstvertrauen gehabt. Ich beherrschte sogar das autogene Training. Ich war ganz entspannt und ruhig und deswegen selbstsicher. Ich bin trotzdem durchgefallen!" Wie war das nur möglich? Dieser junge Mann kannte weder seine eigenen Grenzen noch die Bedingungen des Examens genau genug. Mit jugendlicher Unbekümmertheit – auf sie begründete sich sein Selbstvertrauen – ging er in eine Prüfung, die ihm das abverlangte, was er nicht bieten konnte.

Man sollte also Schwierigkeiten, die sich vor einem auftürmen, nicht unterschätzen. Und der Schwierigkeiten gibt es genug, sobald man sich um ein Ziel bemüht. Nur wer die eigenen Grenzen richtig einschätzt und die Schwierigkeiten der Zielverwirklichung richtig zu beurteilen vermag, wird sich in aller Bescheidenheit nur diejenigen Ziele setzen, die ihm und seinen Gegebenheiten gemäß sind.

Zu diesen beiden Forderungen tritt noch eine dritte: Man sollte, insofern Ziele verwirklicht werden müssen, nicht nur die Verstandeskräfte ins Spiel bringen, sondern auch alle Gemütskräfte daran beteiligt sein lassen. Ohne Beteiligung der Kräfte des Gemüts kommt keiner seinem Ziel näher. Wenn das ausnahmsweise dennoch gelingt, werden die zurückgedrängten Gefühls- und Gemütskräfte irgendwann rebellieren. Gemütskräfte, die brach liegen, neigen dazu, sich an anderer Stelle des Lebens in unerfreulicher Weise bemerkbar zu machen, sei es, daß durch plötzliche Affektentladungen das Verhältnis zu den Mitarbeitern gespannter wird, sei es, daß einer sich selbst nicht mehr leiden mag.

Verdrängte Emotionalität bedeutet ungelebtes Leben. Ungelebtes Leben aber erzeugt innere Spannungsfelder, die, werden sie nicht aufgelöst, unseren seelischen Haushalt in Unordnung bringen. Unsere Gefühle und Leidenschaften werden gestaut, sie sind eingeklemmt und entladen sich meist aus einem nichtigen Grunde an einer dafür ungeeigneten Stelle. Es kann dadurch zu bösartigen Szenen und Zusammenstößen kommen, die weder beabsichtigt waren, noch erwartet wurden. Solche Affektentladungen verbessern natürlich nicht die zwischenmenschlichen Beziehungen.

Alle Gefühls- und Gemütskräfte sind in die Zielsetzung und in das Handeln mit einzuschließen. Begeistert sich einer für sein Ziel, betätigt er seine Gemütskräfte, dann wird er ausgeglichener, gelassener und kontaktfähiger. Das aber ist sowohl für das Wohlbefinden als auch für das Verhältnis zur Umwelt von Bedeutung. Daß einer seine Gefühls- und Gemütskräfte bei der Verwirklichung von Zielen mit einbeziehen soll, bedeutet nicht, daß er dadurch zum Romantiker werden würde und daß er den realen Boden unter seinen Füßen verlieren könnte. Es kommt vielmehr auf den Gefühlsakzent an, mit dem einer das Ziel und sein Streben, das der Verwirklichung des Zieles gilt, ausstattet. Es darf also keinesfalls zur Gefühlsduselei kommen. Trotz aller Gefühlsbeteiligung sollte die Gundeinstellung ganz realistisch bleiben.

Aus dieser realistischen Grundeinstellung heraus wird er sich z. B. klar darüber, daß der Ist-Zustand, gekennzeichnet durch die Leistungs- und Persönlichkeitsbilanz, im Hinblick auf das Ziel, das erreicht werden soll, durch die Darstellung des Soll-Zustandes mit anschließendem

Vergleich von Ist-Zustand und Soll-Zustand ergänzt werden muß. Dabei ist von den Anforderungen auszugehen, die das Ziel stellt. Hierbei können im beruflichen Leben Arbeitsplatzbeschreibungen nützen, aber auch sonst muß man Ausschau halten nach Mitteln, die einem die Anforderungen, die das Ziel stellt, verdeutlichen. Nur wer die Anforderungen kennt, kann sich entsprechend einstellen, seine Fehler und Mängel in der richtigen Weise ausmerzen.

Wer einem Ziel zustrebt, sollte sich also ganz konkrete Fragen stellen und sich wirklichkeitsgetreu Antwort darauf geben. Die Fragen sind einfach, aber es wird meist unterlassen, sie zu stellen oder sie zu beantworten. In dieser Hinsicht setzt sich allzugern die Begnügungstendenz durch. Durch die ehrliche Beantwortung der Frage wird die Tauglichkeit für das Ziel, das sich jemand gesetzt hat, erhöht.

1. Bin ich der Sache, die ich mir vorgenommen habe, gewachsen?
2. Ist die Sache, die ich erreichen will, auf mich persönlich zugeschnitten?
3. Wird die Sache aller Voraussicht nach mein Interesse ständig wachhalten können?
4. Werde ich in dieser Zeit, soweit es sich übersehen läßt, seelisch und wirtschaftlich nicht zu sehr belastet sein, so daß mein inneres Gleichgewicht gestört und dadurch die Verwirklichung des Zieles in Frage gestellt wird?

Durch die Beantwortung dieser Fragen wird die Zielsituation zu der Ausgangssituation in Beziehung gesetzt. Nur auf diese Weise läßt sich entdecken, was alles noch fehlt: Kenntnisse, Fähigkeiten, Fertigkeiten, Erfahrungen, Mittel, Zeit. Wir kommen auf diese Weise zu einer Art Aufrechnung. Aus dieser Aufrechnung ergibt sich, was zu tun ist, damit die ersten Schritte zum Ziel hin gelingen. Die Arbeit wird also nicht mit unzulänglichen Mitteln, zur falschen Zeit und ohne Vorbereitung begonnen. Es bleiben deswegen auch Enttäuschungen und Entmutigungen aus. Es kommt zu keinem Raubbau an den Kräften.

Ausgangssituation und Zielsituation müssen einander so zugeordnet sein, daß ein *konstruktives Spannungsfeld* entstehen kann. Diese konstruktiven Spannungen entwickeln sich aus der Polarität des Aufforderungscharakters der Zielsituation und des Bereitschaftszustandes dessen, der sich das Ziel gesetzt hat und der das Ziel als ein ihm gemäßes akzeptiert. Mit der Bereitschaft, auf alle Aufforderungen in der richtigen Weise zu antworten, ist es natürlich allein nicht getan. Wer aber Dynamik besitzt, Initiative an den Tag legt und Gefallen am Wagnis hat, wird hier zupacken und handeln. Spintisieren führt nicht zum Ziel, wohl aber das Tätigsein.

Bedrohen, kritisieren, beschuldigen Sie Ihre Mitarbeiter dabei nicht und lösen Sie keine Angst aus. Das ist am allerwichtigsten. Versuchen Sie nicht, ihnen Angst zu machen. Helfen Sie ihnen auch hier.

3.5 Kritische Führungsfragen an uns selbst[1]

Überprüfen wir uns auch im taktischen Bereich, im Alltag, ob wir die Fähigkeiten haben, die laut Expertenmeinung dazu beitragen, zu einem erfolgreichen Führungsverhalten zu gelangen:

1. Sehe ich Vorschläge von Mitarbeitern auch aus deren Blickwinkel?
2. Suche ich eine Beteiligung anderer an meinen Vorschlägen?
3. Mache ich meine Vorschläge für alle verständlich?
4. Bin ich auf bohrende Fragen vorbereitet?
5. Kann ich zuhören?
6. Bin ich kontaktfähig?
7. Kann ich es ertragen, wenn andere Lob für etwas einstecken, was ich überwiegend selbst gemacht habe?
8. Behandle ich meine Mitarbeiter differenziert, und gehe ich auf die unterschiedlichen Persönlichkeiten ein?
9. Mißtraue ich Menschen, die vorgeben, uneigennützig zu handeln?
10. Bin ich zu smart und nehme mir dadurch die Glaubwürdigkeit?
11. Vermeide ich üble Nachrede und Klatsch?
12. Lüge ich oft? (Henry Kissinger: Ein Lügner ist ein Mensch, der lügt, wenn es nicht nötig ist.)
13. Vermeide ich es, auf ungeprüfte Informationen sofort zu reagieren?
14. Habe ich abgehoben? Steigt mir die Macht zu Kopf? (Wer aufhört, besser zu werden und bescheiden zu sein, hat aufgehört, gut zu sein.)
15. Glauben meine Mitarbeiter, daß ich auch das tue, was ich sage?
16. Kann ich meine Beherrschung auch dann verlieren, wenn ich nicht wütend bin?
17. Kann ich Entscheidungen treffen und fast alle Folgen im vorhinein abwägen?
18. Suche ich Wettbewerb und Konflikte im schöpferischen, nicht zerstörenden Sinne und finde Gefallen daran?
19. Reduziere ich in einer auf den ersten Blick sehr kompliziert erscheinenden Situation meine Antwort auf die wesentlichen Dinge?

---

1 Zusammengestellt nach Empfehlungen von *O. A. Battista,* Supervisory Management, Januar 1977, S. 36, 39; *Carl Duerr,* Management Kinetics, McGraw Hill, 1971, S. 6-7; *A. W. Willsmore,* „Managing Modern Man".

20. Kann ich zwischen Wichtigem und Dringendem unterscheiden?
21. Weiche ich Problemen nicht aus?
22. Fragen wir uns zudem:
    1. Was tue ich gern?
    2. Was tue ich ungern?
    3. Welche Aufgaben erfülle ich gut?
    4. Welche Aufgaben erfülle ich unzureichend?
    5. Welche Gewohnheiten möchte ich gern aufgeben?
    6. Welche Dinge möchte ich gern neu oder zusätzlich tun?
    7. Welchen Erfahrungen möchte ich mich gern aussetzen?
    8. Was möchte ich gern noch lernen?

Dr. *Leopold Steiger,* Wien, empfiehlt in seinen Seminaren als eigenen Beitrag zur Persönlichkeitsentwicklung eine Berücksichtigung des folgenden Kataloges:

Erfahren, was ich will	Erfahren, was in mir steckt	Erfahren, wo meine Grenzen liegen
– Gespräche (Partner, Freund, Vorgesetzter) – Lesen – Seminare besuchen – In-sich-gehen – Meditation – Bewußtmachen, was ich nicht will – Zufällige Anregungen aufgreifen – Ausbrechen aus der gewohnten Umgebung – Evtl. bisheriges Unbehagen definieren und analysieren – Besinnung: Worauf kommt es mir an? – Wie sehen mich andere? – Wo liegt Kompensationsverdacht nahe? – Soll/Ist-Vergleich der eigenen Arbeitsplanung – Was freut mich wirklich? – Standortbestimmung	– Verschiedenes ausprobieren – Aussagen der Mitmenschen – Fremde, neue Aufgaben übernehmen – Erfolgserlebnisse durchleuchten – Meinen Wünschen eine Chance geben – An die Leistungsgrenze gehen – Psychologische Tests – Erfolge und Mißerfolge analysieren – Vermutete Stärken im Privatleben zu realisieren versuchen – Sich um vielfältige Fremdbilder bemühen – Mut zum Experiment – Selbstkontrolle – Job wechseln – Job-Rotation – Vertretungsarbeiten – Struktogramm	– Gespräche mit Nahestehenden – Medizinische Untersuchungen – Frustrationsgrenze – Objektive Beurteilung von Dritten – Sich in Testsituationen beobachten – Tätigkeiten an der Leistungsgrenze analysieren – Ausbildungsmäßige Grenzen – Wie lange freut mich eine Tätigkeit? – Wie stark ist mein Wille zur Selbstentwicklung? – Grenzerlebnisse bewältigen – Herausforderungen annehmen

Der erste Schritt beginnt mit dem Zugehen auf andere. Hier ist eine Liste von Sorgen, die vielen Menschen gemeinsam sind, wenn sie mit einem anderen zum ersten Mal in Interaktion treten (Quelle: amerikanische Seminarunterlage)

1. Es fällt mir schwer, eine gemeinsame Grundlage zu finden, über die man reden kann.
2. Ich bin zu schüchtern.
3. Mir fällt nichts ein, was ich sagen könnte.
4. Ich fühle mich seltsam und unwohl.
5. Ich bin selbstbewußt.
6. Ich neige dazu, die Leitung zu übernehmen und die Hauptrolle zu spielen.
7. Ich wirke unecht.
8. Ich höre meistens nur zu und trage selbst nichts bei.
9. Ich vergesse Namen.
10. Ich sorge mich um meine äußere Erscheinung.
11. Ich unterbreche zu oft.
12. Ich komme bei anderen als „Neunmalkluger" an.
13. Ich rede zuviel.
14. Ich fluche, wenn ich das Wort ergreife.
15. Ich halte mit anderen keinen Blickkontakt.
16. Ich sage dumme Dinge.
17. Ich fürchte immer, daß ich zuviel schwitze.
18. Meine Hände sind immer kalt.
19. Ich sorge mich um schlechten Atem oder Körpergeruch.
20. Ich wirke auf andere als Mensch mit übersteigertem Selbstbewußtsein.
21. Ich rede zuviel mit den Händen.
22. Ich gebe zuviel über mich selbst preis.
23. Ich wiederhole mich.
24. Es fällt mir schwer, genau das zu sagen, was ich meine.
25. Ich neige dazu, anzugeben.

Sie können diese Liste individuell ergänzen und beliebig erweitern. Es sind *Ihre* sichtbaren, unsichtbaren und lediglich vermuteten bzw. eingebildeten Signale, die den anderen erreichen.

Hobbs nennt das *„Verbreitete Faktoren, die die Leistung verringern"*:

1. Komme ich zu spät zur Arbeit, oder mache ich zu früh Feierabend?
2. Leiste ich weniger als die erwartete Stundenzahl konzentrierter Arbeit pro Woche?
3. Sind meine Pausen oder Essenszeiten zu lang?

4. Trödle ich bei der Arbeit? Verquatsche ich zu viel Zeit mit Kollegen?
5. Mache ich krank?
6. Halte ich manchmal Fakten zurück oder stelle sie falsch dar?
7. Erledige ich Privates während der Arbeitszeit?
8. Führe ich manchmal Aufträge nicht konsequent aus?
9. Verursache ich „Überraschungen" für meinen Vorgesetzten?
10. Weiß mein Vorgesetzter immer, wo er mich erreichen kann?
11. Handle ich manchmal vorschnell ohne die notwendige Freigabe?
12. Plaudere ich mir Anvertrautes aus?
13. Habe ich eine negative, wenig hilfsbereite Haltung?
14. Verhalte ich mich übermäßig aggressiv oder einschüchternd gegenüber anderen?
15. Bin ich arrogant?
16. Schmücke ich mich mit fremden Federn?
17. Bin ich manchmal ärgerlich oder kleinlich?
18. Jammere ich oder beklage ich mich?
19. Kann man sagen, daß ich nicht die notwendigen Fertigkeiten für meine Aufgabe zeige?
20. Arbeite ich zu langsam?
21. Kann man sagen, daß ich manchmal Anweisungen nicht nachkomme?
22. Mache ich manchmal unnötige Fehler oder begnüge mich mit Mittelmäßigem?
23. Fehlt mir Engagement bei meiner Arbeit?

4. Zielsetzung als Ordnungsmittel

Wer weiß, was er sich – quanitativ und qualitativ – an Arbeit zutrauen kann, wer seinen persönlichen Rhythmus auf den allgemeinen Arbeitsrhythmus abgestimmt hat, wer unter Bedingungen arbeitet, die das optimale Arbeitsergebnis begünstigen, wer von dem Wert von Muße und Freizeit überzeugt ist, der setzt sich ein Ziel und entwickelt einen Plan. Er arbeitet diesem Plan entsprechend, führt notwendige Anpassungskorrekturen flexibel durch und stellt zum Schluß kontrollierend fest, daß er seinen Plan verwirklicht und deswegen sein Ziel erreicht hat. Wer also Ziele erreichen will, muß planen. Das Ziel sagt uns, was erreicht werden soll, der Plan aber, wie man dabei im einzelnen vorzugehen hat.

4.1 Ausrichtung auf Ziele

Das Ziel bringt Richtung in das Leben. Es sammelt und steuert die Kräfte, die sich gern zersplittern. Durch das richtig ausgewählte Ziel wird erreicht, daß einer sich nicht maximal verausgabt, sondern Optimales leistet. Das vernünftige Ziel verhindert Raubbau an körperlichen, seelischen und geistigen Kräften. Deswegen hilft es uns, Kräfte zu sparen für die Zeiten höchster Anspannung. Zielsetzung ist lebensdienlich.

Ziele entspringen gelegentlich einem plötzlichen *Einfall* oder dem Zwang besonderer Umstände. Meist ergeben sie sich aber aus ernsthaften Überlegungen, aus der Auswertung von Erfahrungen, aus dem Sich-Messen mit anderen oder aber ganz schlicht aus dem Wunsch, sich weiterzuentwickeln oder vorwärtszukommen.

Ziele müssen wohl überlegt, konkret und wirklichkeitsnah sein. Wohlüberlegt, konkret und wirklichkeitsnah ist ein Ziel erst dann, wenn die Ausgangssituation, der Ist-Zustand, kritisch analysiert worden ist, und wenn mit der Zielsituation, dem Soll-Zustand, in gleicher Weise verfahren wurde. Erst wenn Ist- und Soll-Zustand miteinander in Beziehung gesetzt worden sind, läßt sich sagen, ob das Ziel den gegebenen Verhältnissen enspricht und unter welchen Bedingungen derjenige, der sich das Ziel gesetzt hat, es auch erreichen wird.

Das Ziel muß erreichbar, lohnend und erstrebenswert sein. Liegt das Ziel in weiter Ferne, so kann es unter Umständen zwar seines idealen Charakters wegen immer wieder von neuem begeistern. Es macht jedoch auf die Dauer müde und lustlos, es löst Zweifel aus. Zweifel aber untergraben das Selbstvertrauen. Das Fernziel rückt in unerreichbare Fernen.

Deshalb gehören zu einem weitgesteckten Fernziel *Etappenziele,* die sich eher im direkten Angriff angehen lassen. Sie sind verhältnismäßig leicht und schnell zu erreichen. Sie bewirken, daß das Fernziel immer wieder von neuem erstrebenswert erscheint. Sie rücken das Fernziel näher, sie bewirken – wenn die Etappenziele erreicht werden – ein Erfolgserlebnis und damit Selbstvertrauen. Fernziele, die sich durch Etappenziele erreichen lassen, wecken eine größere Begeisterung, sie haben eine größere Zugkraft als solche, zu denen keine Etappen führen.

4.2 Verwirklichung der Ziele

Ziele lassen sich direkt und indirekt anstreben. Der direkte Angriff auf das Ziel wird schwungvoll vorgetragen. Er verlangt schnelles und unmittelbares Vorgehen, Krafteinsatz und Durchsetzungsvermögen. Er ist in sich einheitlich, die Kräfte werden nicht zersplittert und dadurch um ihre Wirksamkeit gebracht.

Die indirekte Methode empfiehlt sich, wenn sich im Laufe der Arbeit ergibt, daß sich das Fernziel weder direkt noch über entsprechende Etappenziele erreichen läßt. Die indirekte Methode gestattet in diesem Fall, über ein *Umwegziel* das *Endziel* (sei es Fernziel, sei es Etappenziel) zu erreichen. Gelegentlich muß aber das ursprüngliche Ziel gegen ein *Ersatz-* oder *Ausweichziel* ausgetauscht werden. Das ist immer dann der Fall, wenn sich im Laufe der Arbeit ergibt, daß das Ziel falsch gesetzt, daß der Weg zum Ziel falsch geplant worden ist. Der Fluß sucht sich den Weg um einen hindernden Baumstamm herum selbst.

Ob das ursprüngliche Ziel durch ein Ausweich- oder Ersatzziel ersetzt werden muß, ist natürlich sorgfältig zu prüfen. Auch hier macht sich unter Umständen die Trägheits- und Begnügungstendenz bemerkbar. Man möchte die Anstrengungen vermeiden, die das ursprüngliche Ziel fordert und die man nun plötzlich nicht auf sich nehmen will. Das gesteht sich keiner gern ein. In einem solchen Fall wird rationalisiert, d. h. man fühlt sich berechtigt, die Ziele auszutauschen und findet auch gute Gründe dafür. Sobald Sie ein solches Ausweichen bei sich oder anderen feststellen, hilft nur die Methode des strengen Selbstbefehls. Man sollte sich dazu zwingen, das alte Ziel weiterzuverfolgen und es nicht aufzugeben. Außerdem sollte man das alte Ziel unter einem neuen Aspekt betrachten, sich also neu motivieren. Das läuft dann auf Interessenverstärkung hinaus.

Eine Methode, die sich gelegentlich in derartigen Augenblicken anbietet, ist die Methode des Rückzugs. Das heißt: Man sieht von der Verwirklichung des Zieles ganz ab, weil es nicht erreichbar erscheint, weil sich auch kein Umweg und Ersatzweg anbietet, der begeistern könnte. Wir nennen das den geplanten und geordneten Rückzug aus Einsicht in die Situation.

Der Rückzug ist aber auch eine gefährliche Methode, trägt er doch dazu bei, das eigene Innere in Unordnung zu bringen. Entmutigung greift Platz, die eigenen Unzulänglichkeiten treten in den Vordergrund. Sie bewirken, daß der Fortgang der Arbeit nicht nur gehemmt wird, sondern daß sich aus Resignation Inaktivität entwickelt. Man kann sich selbst nicht mehr leiden. Eine solche Einstellung zu sich selbst führt in den meisten Fällen zu Resignation und Entmutigung.

Arbeitsvorbereitung

Welche Methode der Zielverwirklichung auch gewählt wird, die direkte oder indirekte, ohne Arbeitsvorbereitung kommen Sie nicht weiter. Alles das, was zur Arbeit gebraucht wird, muß vor Beginn der Arbeit zusammengetragen werden. Dann läßt sich die Arbeit mit Schwung beginnen und zu einem guten Ende führen. Nichts hemmt zum Beispiel den direkten Angriff mehr als Störungen, die dadurch entstehen, daß Material, das zur Arbeitsdurchführung unbedingt notwendig gewesen wäre, nachträglich zusammengesucht werden muß. Ebensosehr stört es den direkten Angriff, wenn plötzlich Mittel irgendwelcher Art ausfallen, wenn sie nicht genügen, wenn die eigenen Kräfte nicht ausreichen und wenn einer plötzlich während der Arbeit entdeckt, daß er doch nicht ganz tauglich für eben diese Arbeit ist. Die Arbeitsvorbereitung ist im technischen Bereich ein allgemein angewandtes Mittel; sie dient der Verwirklichung des Arbeitsplanes. Arbeitsvorbereitung ist aber auch in allen anderen Bereichen nützlich. Ohne Arbeitsvorbereitung, die zwar Zeit und Geld kostet, lassen sich Pläne, wo immer sie auch aufgestellt werden, nicht systematisch in Gang bringen und durchführen. Jede Arbeit, die nicht gründlich vorbereitet ist, bringt Zeitverluste. Es entstehen im Verlauf der Arbeit zusätzliche Kosten.

Gerade der tertiäre Sektor in unserer im Wandel befindlichen Industriegesellschaft läßt es offensichtlich werden, wie wichtig Arbeitsvorbereitung ist, wenn nicht Geist, Material und Zeit sinnlos vergeudet werden sollen. Eine Stunde Planung kann mehrere Stunden Ausführung im unsystematischen Herumfummeln ohne einen Leitfaden ersetzen. Wobei wir nicht vergessen dürfen, daß unter Planung nicht starres Festhalten am einmal erarbeiteten Formular, Konzept oder Aktionsplan zu verstehen ist, sondern *gesteuerte Improvisation.*

Wer Arbeitsvorbereitung betreibt, stellt sich entsprechende Fragen und beginnt erst dann mit der Arbeit, wenn er sie nach gewissenhafter Überlegung umfassend beantworten kann. Fragen dieser Art sind:

- Was soll durch die Arbeit erreicht werden?
- Welche Zeit, welche Mittel, wieviel Kraft steht dafür zur Verfügung?
- Was bringe ich selbst dazu mit, was fehlt mir?
- Was ist in dieser Beziehung von unseren Mitarbeitern zu sagen?
- Welche Schwierigkeiten sind zu erwarten in sachlicher oder in personeller Hinsicht?
- Wie sieht der Ist-Zustand, die Ausgangssituation, aus?
- Welchem Sollzustand, welcher Endsituation strebe ich zu?
- Wie ist das Fernziel, wie ist das Etappenziel?
- Welche Methode erscheint hier die günstigere, die direkte oder die indirekte Methode?
- Was erfordert die Arbeit an Material?
- Wer sammelt es wo?
- Wie läßt sich das Material sichten, gliedern, auswerten und festhalten?
- Was könnte die Analyse des Materials ergeben?
- Was ergibt sich daraus für den Ablauf der Arbeit?
- Welche Aktion ist nach diesen Überlegungen auszulösen?
- Wie läßt sich Erfolg und Mißerfolg der Aktion vor dem Abschluß kontrollieren?
- Wie könnte eventuell die Korrektur der Zielsetzung und der Planung aussehen?
- Was ergibt sich daraus für das endgültige Ziel und für die endgültige Planung?

Zur Arbeitsvorbereitung gehört auch die *Persönlichkeits- und Leistungsbilanz,* der Vergleich des sachlichen und personellen Ist- und Sollzustandes. Der Ist-Zustand und der Soll-Zustand ist zu den Anforderungen in Beziehung zu setzen, welche die jeweilige Aufgabe, die zu lösen ist, an den Bearbeiter stellen. Erst nach allen diesen Überlegungen kann ich meine Arbeitsvorbereitung abschließen, mich mit der gestellten Aufgabe, dem angegebenen Ziel auseinandersetzen, um dann mit der Verwirklichung des Planes zu beginnen.

Im Sauer-Verlag ist das auf diesem Gebiet der Selbstanalyse im Rahmen von „human relations“ und „organization development“ (Führungsentwicklung, Verbesserung des Betriebsklimas im weitesten Sinne) interessante Werk von *B. Haldane*[2] erschienen. Das Buch wurde

2 *Bernard Haldane,* Erfolgreich im Beruf – Wie man seine Fähigkeiten erkennt und einsetzt, Heidelberg 1977.

von einem erfolgreichen amerikanischen Personalberater geschrieben. Er nennt seine Methode „System zur Identifizierung motivierter Stärken". Mit der Kenntnis der Faktoren, die echte Motivationsbausteine sind, können Sie realistische Ziele für Ihr berufliches und privates Fortkommen setzen. *Haldane* geht davon aus, daß oft Begabungen des einzelnen falsch oder überhaupt nicht eingesetzt werden, weil sie verschüttet sind oder nicht gefördert wurden. *Haldane* behauptet, es gebe keine verborgenen Talente. Wir müssen durch eine Überprüfung unserer positiven Erfahrungen die Struktur unserer eigenen Stärke erkennen. Das Bewußtsein um die eigenen Stärken und ihre Nutzung vermittelt größere Flexibilität, erhöhte Anpassungsfähigkeit und auch bessere Arbeitsplatzsicherheit. Stärken betonen heißt nicht, nach Schwächen zu suchen, sondern seine ganze Energie auf die Nutzung der Stärken zu richten. Die Analyse beginnt mit einer einfachen Auflistung ihrer bisher zehn größten Leistungen, abschließend der Auswahl der wertenden Reihenfolge von 1–10. Beiträge und bisherige Ergebnisse Ihrer Tätigkeit sollten im einzelnen aufgelistet werden. *Haldane* gibt in seinem Buch einen umfassenden Systemansatz, der sich für den einzelnen leicht nachvollziehbar in ein Firmenkonzept des MBO einfügt. SIMS können Sie ebenso als Ansatz zur Karriereneuorientierung, als Hilfsmittel zur Überwindung von Konflikten und bei der Suche nach einem Weg zur Gehaltserhöhung verwenden. Es reiht sich in die Techniken der Organisationsentwicklung ähnlich ein wie die Transaktionsanalyse von *Harris, Berne* und *Bennett.*

Zielsetzung als Ordnungsmittel

Wir müssen die verschiedenen Ebenen der Organisation sauber unterscheiden. Jede Ebene hat ihre eigene Zuordnung.

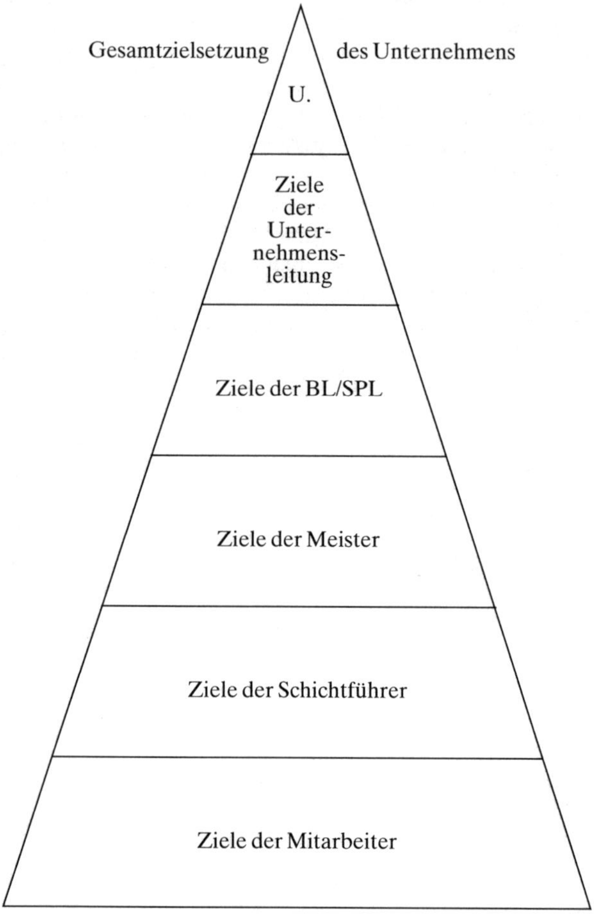

Abb. 2: Zielpyramide des Produktionsbereiches im Unternehmen

Beispiele für die Zielpyramide

1. Noch bessere Qualität
2. Information über Zielsetzung weitergeben, Koordination der Bereiche

3. *Information über Zielsetzung weitergeben*
   Vorausplanung bei Organisationsfragen, d. h. Produktionsplan: Maschinenauslastung usw.
   Noch bessere Zusammenarbeit mit Betriebsorganisation
4. Information über Zielsetzung weitergeben
   Sorgen für einen kontinuierlichen Arbeitsablauf, d. h. gleichmäßige Besetzung der Schichten und Maschinenauslastung
   Noch engere Zusammenarbeit mit Qualität und Labor
   Verkürzung der Reaktionszeiten
   Noch bessere Zusammenarbeit mit Betriebsorganisation
5. Zielsetzung an Mitarbeiter weitergeben, vertreten, begründen, anleiten
   Zur Mitarbeit und zum Mitdenken anregen
   Zur besseren Arbeitsausführung anleiten
   Leistungskontrollen verbessern
   Zufriedenheit der Mitarbeiter steigern
6. Genaue Einhaltung der Arbeitsvorschriften
   Besondere Aufmerksamkeit bei Anomalien
   Mehr Sauberkeit am Arbeitsplatz

Eine praktische Übung: Ziele setzen

Ich habe mir privat und beruflich folgende Ziele (max. 10) gesetzt:

1.	1.
2.	2.
3.	3.
4.	4.
5.	5.
6.	6.
7.	7.
8.	8.
9.	9.
10.	10.

Von diesen 10 Zielen sind mir die drei folgenden die wichtigsten privaten und beruflichen Ziele:

1.	1.
2.	2.
3.	3.

Stellen Sie sich bitte anschließend folgende Fragen:

1. Ist die Zielsetzung in einem kompletten Satz mit einem Tätigkeitswort ausgedrückt? Ziele erreicht man nur durch Aktivität. Tunwörter sind wichtig.
2. Ist das Ziel realistisch?
3. Ist das Ziel durch Meßgrößen gekennzeichnet?
4. Gibt es spezifische Zeitpunkte als Wegmarkierung und als Endzeitpunkt?
5. Sind quantitative und qualitative Standards (Normen) in diesen Zielen enthalten?

Wenn Sie dann noch einen Schritt weiter gehen wollen, können Sie nach *Hobbs* Ihre persönlichen Lebensziele detaillierter in Angriff nehmen. Sie können dazu sechs Kategorien ausgewogener Zielplanung benutzen und diese in sich wiederum mit Prioritäten versehen:

1. Seelisches
2. Geistig-Kulturelles
3. Körperliche Fitness, Erholung
4. Finanzielles
5. Soziales Engagement
6. Berufliches.

Wenn Ihnen diese Ziele schriftlich vorliegen, stellen Sie sich die Frage: „Wie kann ich dieses Ziel erreichen?" und entwickeln gerade durch diese Frage mittelfristige Ziele als Etappenziele. Diese langfristigen und mittelfristigen Ziele legen Sie dann auf Karten in Ihren Terminkalender.

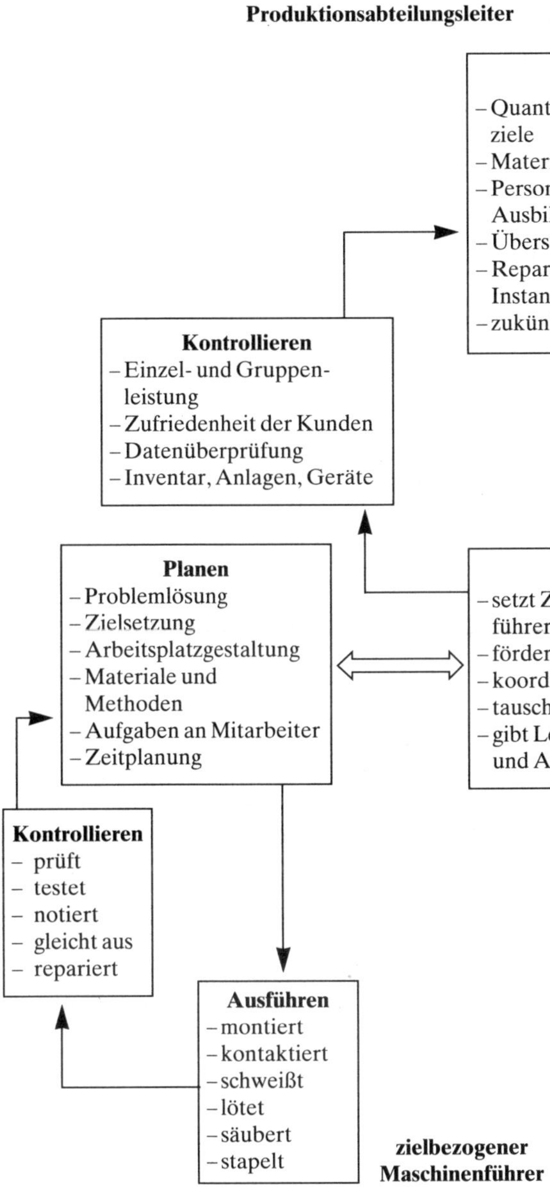

Abb. 3: Schema zielbezogener Tätigkeiten im Produktionsprozeß

5. Vorgesetzte in Aktion

Führen heißt, mit anderen Menschen zusammen Ergebnisse zu erzielen.

Ziele
↓
Strategien
↓
Organisation
↓
Führungsstil
↓
Arbeitsmethoden

stellen den Rahmen des ganzheitlichen Führens dar.

Vorgesetzte in Aktion bedienen sich dabei der Instrumente operativer Umsetzung:

A. Zielsetzung B. Planung C. Disziplin D. Autorität E. Unterstützung F. Delegation G. Kooperation H. Kontrolle	} durch Information Kommunikation Entscheidungen Aktion

Persönliche Konflikte werden in der Zusammenarbeit tunlichst vermieden. Sachliche Konflikte werden gesucht, denn sie dienen uns als Sprungbrett für bessere Lösungen.

Die Philosophie, Strategien und Instrumente des MBO (mit und durch Ziele(n) führen), ist dabei hilfreich:

	Von der	
Vergangenheit	*Zielvorgabe*	Verwaltung
	zur	
Gegenwart	*Zielvereinbarung*	Management
	und	
Zukunft	*Zielerarbeitung*	Kreativität

Der zielorientierte Führungs- und Kommunikationsprozeß unter Einbeziehung des Mitarbeiters sieht so aus:

Abb. 4: Zielorientierter Führungsprozeß (Quelle: *Korff/Schmidt)*

Die (An)Sprache der Führung und die Sprache der Stimulierung (mit Worten, Körpersprache) ist dabei wichtig als „Anstoßgeber“ für die Motivation des Mitarbeiters.

Sprache der Führung	**Sprache der Stimulierung**	**Vier Grundbedürfnisse des Menschen**
Planen Organisieren Integrieren Messen	Teilnahme Chance Einbeziehung Sinnhaftigkeit	Zugehörigkeit Anerkennung Emotionale Sicherheit Wirtschaftliche Sicherheit
↓	↓	↓
Gewinn-einkommen	**Zusätzliche Bemühungen**	**Psychisches Einkommen**

Abb. 5

In der Einzelsituation des Führens und Managens ist uns *Reddin* sehr hilfreich:

Reddins vier Grundstilarten in seinem 3-D-Modell sind von ihm mit zwanzig Indikatoren für personal- und organisationsbedingte Anforderungen versehen worden, die als Plausibilitätsmodell etwas über die anzuwendenden Stilbereiche bei der Ansprache sagen:

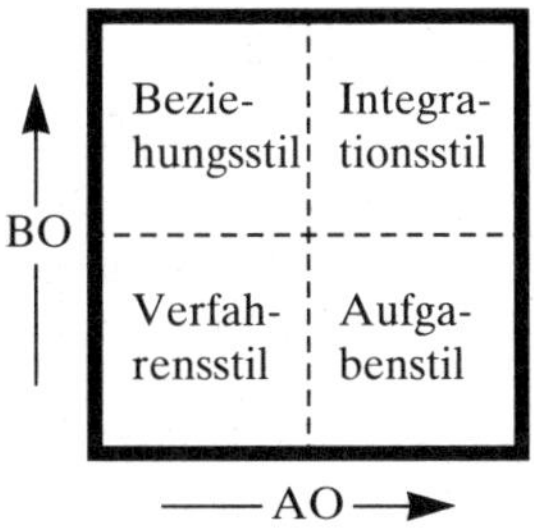

	Beziehungsstil		Integrationsstil
A	Vertrauen	A	Mitsprechen
B	Zuhören	B	Zusammenwirken
C	Akzeptieren	C	Motivieren
D	Beraten	D	Integrieren
E	Ermutigen	E	Innovieren
A	Prüfen	A	Organisieren
B	Messen	B	Initiieren
C	Verwalten	C	Leiten
D	Steuern und überwachen	D	Vollenden
E	Erhalten	E	Bewerten
	Verfahrensstil		Aufgabenstil

Abb. 6

Ein mehr als taktischer Ansatz in unseren Bemühungen ist die „Ich-Botschaft". *Hobbs* sagt dazu:

„Der ‚Ich'-Ansatz besteht aus drei Teilen. Beschreiben Sie ohne Schuldzuweisung das Verhalten der Person: ‚Ihr Hund bellt', ‚Sie kommen zu spät zur Arbeit'. Beschreiben Sie dann – wieder ohne Schuldzuweisung – die spürbaren Effekte: ‚Der Hund läßt uns in der Nacht nicht schlafen – uns und die halbe Nachbarschaft'; ‚Wenn Sie zu spät zur Arbeit kommen, müssen die anderen Kollegen Aufgaben für Sie mit übernehmen. Ihre Gefühle Ihnen gegenüber werden dadurch nicht positiv, und das schadet unserer Produktivität'. Dann erklären Sie, immer noch ohne Schuldzuweisung, wie Sie darüber denken: ‚Ich fände es wirklich besser, wenn der Hund bei Nacht nicht bellen würde;' ‚Ich fände es wirklich gut, wenn Sie von jetzt an pünktlich kämen'."

6. Management als Prozeß

Führen mit und durch Zielvorgaben, Zielvereinbarungen und Zielerarbeitungen in der Organisation zwischen Gruppen, in der Gruppe und vor allem mit mir selbst (MbO = Management by Objectives) bilden den Kern der Führungsphilosophie in den drei inneren Kreisen des Management-Regelkreises. Jeder Kreis läßt sich beliebig drehen, um die jeweilige Dialog-, Sach- und Beteiligten-Situation zu verdeutlichen.

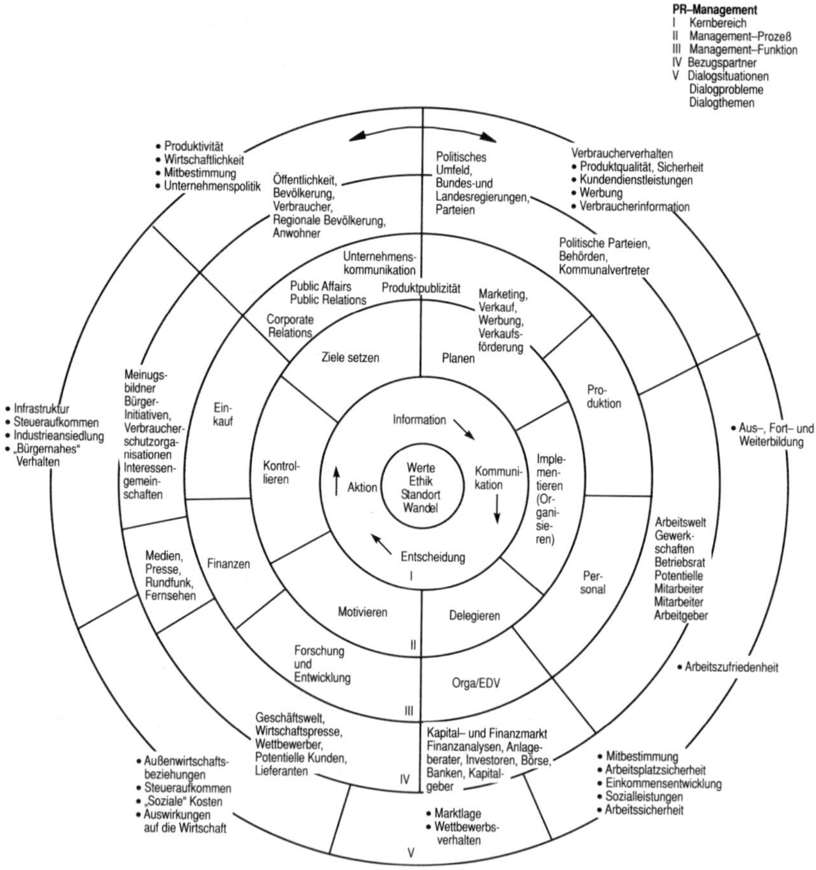

Abb. 7: Management-Regelkreis (*Wolfgang Reineke* nach *Mackenzie, Demuth, Battelle,* Gruppe Dialog/DPRG u. a.)

Odiorne, einer der Hauptentwickler des Management by Objectives, hat die Umsetzung strategischer Pläne in individuelle Ziele so beschrieben:

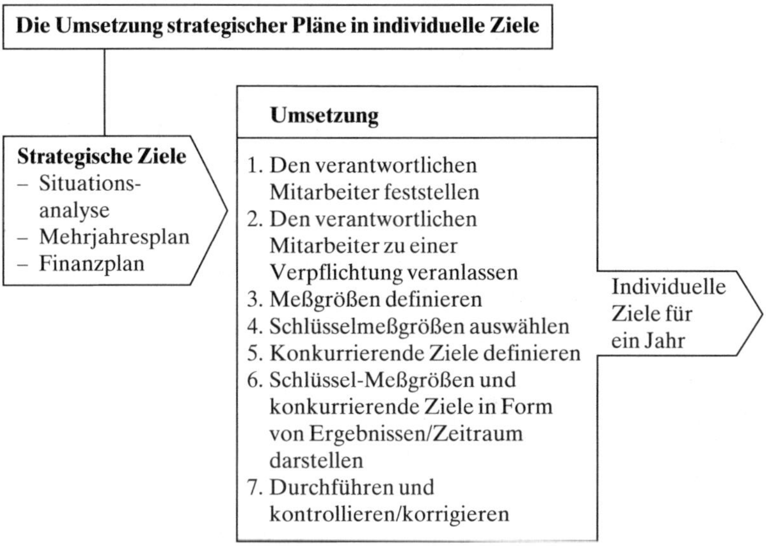

Jährliche und vierteljährliche Ziele für die Organisation

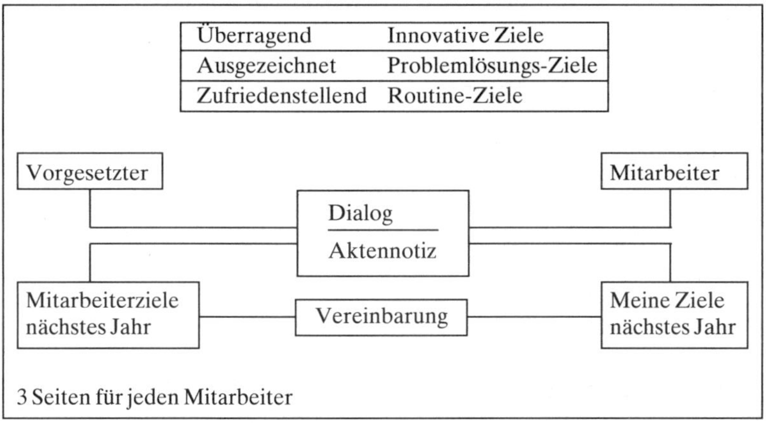

Abb. 8: Umsetzung strategischer Pläne in individuelle Ziele (Quelle: *George S. Odiorne*: Führungshandbuch zur Steigerung von Umsatz und Gewinn, Landsberg/Lech 1984, S. 106 und 96 kombiniert)

Peter Drucker faßt die wichtigsten Aspekte der *Unterstützungsphase* so zusammen:

- Als erstes muß der Manager dafür sorgen, daß die Mitarbeiter wissen und verstehen, was von ihnen verlangt wird.
- Er muß ihnen helfen, ihre eigenen Ziele zu setzen.
- Dann muß er ihnen helfen, diese Ziele auch zu erreichen.
- Deswegen trägt er die Verantwortung dafür, daß sie die benötigten Mittel, Mitarbeiter und Informationen erhalten.
- Er muß ihnen helfen, bessere Leistungen zu erbringen.

Checkliste: Führen mit und durch Zielvereinbarungen[3]

1. Ein Ziel auswählen heißt, daß man andere fallen lassen muß.
2. Viele Ziele sind schwer zu formulieren.
3. Ein Zielfehler zieht Maßnahmenfehler nach sich.
4. Ziele sind am nützlichsten, wenn man sie als Indikatoren ausdrückt.
5. Ein effektives Ziel sagt aus, was die Organisation tatsächlich braucht.
6. Manche Ziele sind Ego-Trips.
7. Effektive Ziele lassen sich aus der allgemeinen Organisationsleistung ableiten.
8. Ziele sind leicht meßbar, es sei denn, es ist ein Grund vorhanden, die Messungen zu verbergen.
9. Man sollte als erstes versuchen, Ziele im Team zu setzen.
10. Wenn Ziele von bestimmten Bedingungen abhängen, sollte man diese Bedingungen aufführen.
11. Nebenwirkungen lassen sich nicht immer genau vorhersagen.
12. Phantasiereiche „Wenn und Aber“ sollten das Zielsetzen nicht behindern.
13. Erfahrung ist ein guter Lehrmeister, erfahrene „Zielsetzer“ setzen bessere Ziele.
14. Die Umwelt muß im Zielsetzungsprozeß mit beachtet werden.
15. Ziele sind ein Mittel zur Erreichung von Macht (Einfluß).
16. Wenig Selbstvertrauen bedeutet niedrige Ziele, hohes Selbstvertrauen bedeutet hohe Ziele.
17. Jede gerechtfertigte Forderung eines Kunden muß bei irgendeinem Mitarbeiter als Ziel genannt werden.
18. Gute Ziele ermöglichen die Mittel, um sie erreichen zu können.
19. Es ist immer gut, sich ein Ziel zu setzen, mit dem man Kontrolle über bestimmte Mittel hat.
20. Zulassen, daß Ziele ein wenig zu hoch gesteckt werden.

---

3 Nach *George S. Odiorne*, PJ. 8/78.

7. Planung als Ordnungsmittel

Der Zielsetzung folgt die Planung. Durch Planung vermag man in systematischer Weise zum Ziel zu gelangen.

7.1 Planen mit Maß

Aus einer Vielzahl von Definitionen der Planung stelle ich zwei Definitionen an den Anfang. *Schneider:* Planung ist „Vorbereitung von Entscheidung durch umfassende Information über mögliche Zieldimensionen und durch kritische Analyse der lageabhängigen Handlungsmöglichkeiten“. *Grochla* sagte vier Jahre vorher (1969), daß der Planungsprozeß ein Informationsverarbeitungsprozeß ist, der sich in vier Phasen gliedert: Informationsbeschaffung, Informationsumwandlung, Informationsauswertung und Entscheidung. Die einzelnen mit diesen Aufgaben befaßten Planungsstellen bilden ein Kommunikationssystem, innerhalb dessen Information und Weisung auf vertikalen und horizontalen Wegen weitergeleitet werden. Vielen von uns sind die nicht ganz ernst gemeinten sieben Phasen der Planung bekannt, die ein Spötter einst beschrieb:

1. Begeisterung
2. Verwirrung
3. Ernüchterung
4. Suche nach den Schuldigen
5. Bestrafung der Unschuldigen
6. Auszeichnung der Nichtbeteiligten
7. Vernichtung der brauchbaren Unterlagen

Planungszeiträume unterliegen der unterschiedlichsten Beurteilung. Für mich ist eine anderthalb- bis einjährige Planung eine kurzfristige Planung, eine mittelfristige Planung bezieht sich auf ein bis fünf Jahre und eine langfristige Planung auf zehn bis zwanzig Jahre. Hinzu kommen die Monatsplanung, die Wochenplanung und die Tagesplanung. Inhaltlich kommen Personalplanung, Qualitätsplanung, Maschinenplanung, Energieplanung und andere hinzu.

Planen heißt gliedern. Ziele müssen in Teilziele gegliedert werden, Teilziele in Einzelschritte, daß heißt die Schritte müssen sachlich und zeitlich aufeinander abgestimmt werden. Der Zeitbedarf muß realistisch kalkuliert werden. Die ausführenden Mitarbeiter und die Moderatoren und Mentoren müssen beauftragt und namentlich festgehalten werden. Die Entscheidungsbefugnisse müssen fixiert werden. Ein Zieluntergliederungssystem läßt sich immer noch nach dem Kaskadenprinzip darstellen, aber heute mit einem Unterschied: Es muß eine ständige Durchgängigkeit für Rückfluß von Informationen und kritischen Fragestellungen gegeben sein. Noch etwas ist wichtig: Je kleiner, je detaillierter die Einzelschritte in der Planung werden, desto gefährlicher wird ihre pedantische Ausführung, sofern es sich nicht um hochtechnologisierte Abfolgen handelt. Merke: Wer mit Netzplantechnik dringend zur Toilette muß, kommt nie rechtzeitig an.

Christian Pfohl unterscheidet zwischen

- Top-Down-Planung,
- Bottom-up-Planung und
- Gegenstromplanung.

1. Top-Down-Planung: Sie erfolgt von oben nach unten, geht von der Unternehmenspolitik aus. Es werden nach dem klassischen Kaskadenprinzip auf der strategischen Planungsebene die langfristigen Ziele formuliert und zusammen mit den Strategien zur Zielerreichung in Gesamt- oder Rahmenplänen den unteren hierarchischen Planungsebenen vorgegeben. „Daraus werden die Ziele und Maßnahmen für die taktische bzw. operative Ebene abgeleitet", sagt *Pfohl.* Er sieht die Schwierigkeit einer solchen Planung darin, daß Oberziele ohne eine Überprüfung ihrer Erreichbarkeit mit den der Unternehmung zur Verfügung stehenden Ressourcen nicht definitiv festgelegt werden können. Der Rahmenplan wird erst definitiv verabschiedet werden können, wenn die Planung einen hohen Konkretisierungsgrad erreicht hat, und es könnte sein, daß nur das geplant wird, was leicht planbar ist.

2. Bottom-up-Planung: Pfohl bezeichnet die Bottom-up-Planung als die Antithese zur Top-Down-Planung. Ausgangspunkt der Planung sind die untergeordneten Teilpläne, Endergebnis ist der Rahmenplan der gesamten Unternehmung. Von unten nach oben beginnt die Planerstellung mit den konkretisierten Plänen der untersten Planungsebene und macht sich dadurch den Informationsstand und die Erfahrung der Menschen zunutze, die die Pläne zu realisieren haben. Am Endpunkt steht dann schließlich der integrierte Rahmenplan. *Pfohl* sieht dabei die Gefahr, daß die Interdependenzen zwischen den Planungsebenen von der Spitze der Planungshierarchie nicht berücksichtigt werden. Das kann dazu führen, daß die Teilpläne der verschiedenen Planungsebenen nicht auf ein gemeinsames Oberziel ausgerichtet sind. Daraus ergeben sich Konflikte zwischen den Teilplänen, wenn einzelne Ziele und Maßnahmen miteinander unverträglich sind. Sehr oft kommt dann eine Vergangenheitsorientierung zutage, weil man sich bei der Planerstellung an den Plänen der vergangenen Periode, die realisiert werden konnten, orientiert. Das Unternehmen sollte aber an der Zukunft orientiert sein und an den sich bietenden neuen Möglichkeiten.

3. Gegenstromplanung: Schon *Wilck* hat 1974 darauf hingewiesen, daß es zu einem logischen Zirkelproblem bei der Top-Down- und Bottom-up-Planung kommen könne, nämlich daß man über untergeordnete Ziele nicht ohne Kenntnis der übergeordneten Ziele entscheiden könne und umgekehrt. Zur Lösung dieses Zirkelproblems, so *Pfohl,* bietet sich eine Synthese der beiden Planungsarten an, nämlich in der Gegenstromplanung. Es ist der Grundsatz dieser Planung, „daß die Mitarbeiter, die für die Realisierung dieser Pläne einer Ebene in der Planungshierarchie verantwortlich sind, diese Pläne auch erstellen und die Planung auf den nachgeordneten Planungsebenen zu steuern und sie zu integrieren versuchen. Die Gegenstromplanung besteht aus einem Top-down-Vorlauf und einem Bottom-up-Rücklauf, wobei im einzelnen folgende Schritte unterschieden werden:

a) Der Rahmenplan für die gesamte Unternehmung wird in den Grundzügen zentral erstellt. Er hat Entwurfscharakter. Er wird in Teilpläne für die nachgeordnete Planungsebene zerlegt. Diese Teilpläne werden den Mitarbeitern, die für die Realisierung auf den nachgeordneten Ebenen zuständig sind, vorgegeben. Dieser Vorgang wiederholt sich auf jeder Planungsebene, so daß jeweils die Planvorstellung auf der übergeordneten Ebene in untergeordnete Teilpläne aufgespalten und den Mitarbeitern der nachgeordneten Ebene vorgegeben werden können.

b) „Die für die Realisierung der Pläne auf den nachgeordneten Ebenen zuständigen Mitarbeiter dürfen die vorgegebenen Pläne nicht ohne weiteres akzeptieren oder ablehnen. Sie müssen ihrerseits die Planung soweit konkretisieren, daß erkennbar wird, inwieweit die aus den übergeordneten Planungsebenen abgeleiteten Vorgaben realisierbar sind. Auf diese Weise wird die Planung erneut auf jeder nachgeordneten Ebene weiter konkretisiert und auf ihre Realisierbarkeit überprüft."

c) „Ist man mit der Plankonkretisierung im Rahmen des Top-down-Vorlaufs auf der letzten Ebene der Planungshierarchie angekommen, dann beginnt der Bottom-up-Rücklauf, der zur Korrektur der übergeordneten Pläne und zu ihrer schrittweisen Integration in den Rahmenplan führt: Nach beendetem Rücklauf, der durchaus Unterzyklen in Form von Rückkopplung enthalten kann, ist ein integrierter Plan für die gesamte Unternehmung und ihre Teilbereiche entstanden."

7.2 Führen mit und durch Zielvereinbarung

Das Führen mit und durch Zielvereinbarung ist stark abhängig von einer *starken Planungsphase.* Nun ist aber Planung an sich schon sehr schwierig und problematisch, selbst wenn man den Stoßseufzer des früheren Planungsdirektors von IBM und Rank Xerox, *Michael J. Kami,* nicht allzu ernst nehmen sollte. „Es dauert doppelt so lange als gedacht und bringt dann doch nur die Hälfte“ (das Prinzip von 2 + ½). *Michael Kami* hat die wichtigste Planungsregel so zusammengefaßt:

„Achten Sie darauf, daß die Planung *einfach* und *klar* ist. Wenn Sie eine zu komplizierte Planung vornehmen, wird sie niemand außer dem Planer selbst verstehen.“ Und am Ende des Planungsprozesses steht auch wieder eine Mahnung *Kamis:* „Wenn die Mitarbeiter nicht zu der Auffassung gelangen, der Boss nähme es ziemlich ernst mit seinem Bekenntnis zur Planung, dann werden sie sich nicht für planerische Aktivitäten vom Fleck wegbewegen.“

Ein Unternehmensberater versuchte in einer kleinen deutschen Firma erst kürzlich die Einführung von MbO. Nach einem Gespräch mit der Unternehmensspitze, nach einem Informationsseminar und einem ersten Trainingsabschnitt erhielt er nach drei Monaten die Erfolgsmeldung des Geschäftsführers: „Es läuft ab wie geplant. Wir können die Einführungsphase bald beenden. Meine Mitarbeiter sind jetzt genauestens über *meine Ziele* informiert.“ Als der Berater nach einem Monat sprachlosen Schweigens nach dem Informationsstand des Unternehmensführers über die Ziele seiner Mitarbeiter fragte, mußte dieser passen.

Planen heißt, eine *Gesamtkonzeption* zu erstellen und sie anschließend als Controller ständig situationsangepaßt korrigieren bzw. das Steuer auch einmal entschlossen herumreißen zu können. Der Mensch als Planer wird mit seinem Über-Ich arbeiten müssen. *Kami:* „Planer müssen eine Art Wesen sein, die zur Hälfte Menschen sind und zur anderen Hälfte Katalysatoren. Ich dränge darauf, daß der Name der Planungsabteilung in ‚Mitarbeiterstab für Katalyse‘ umbenannt wird.“ Wenn Sie einen Planer haben, der als Katalysator wirken kann, der jede Abteilung des Unternehmens zu Neuerungen, zu Vorschlägen und zur Beweglichkeit mitreißen kann, der außerdem noch die Wünsche des Leiters des Unternehmens interpretieren kann und dem es gelingt, Begeisterung in alle Bereiche der Linie hineinzutragen, dann haben Sie wirklich ein in ständiger Fortentwicklung begriffenes Unternehmen vor sich. Planung ist für den einzelnen ein schöpferischer, geistiger Akt. Er beinhaltet methodische Vorbereitung der Aktion, die Entscheidungen und Veränderungen bewirkt. *Hermann Holliger,* schweizer Unternehmensberater auf dem Gebiet der Morphologie, unterscheidet dabei noch zwischen *statischer* und *dynamischer* Planung. Statisch ist die Planung dann, wenn die Aktion im voraus determinierbar ist, d. h., sie kommt mit einem einzigen Plan aus, und Entscheidungen können lange im voraus gefällt werden. Man kann „durchplanen". Dagegen: „Ist die Aktion im voraus nicht determinierbar, dann muß sie dynamisch geplant werden. Dies heißt, daß für bestimmte Punkte im Aktionsablauf verschiedene Alternativen für die Fortseztung der Aktion im voraus aufbereitet werden müssen. Dann heißt dies, daß der effektive Verlauf der Aktion unter sorgfältiger Beobachtung stehen muß, damit die Anpassung der Aktion an die sich verändernden Umstände immer rechtzeitig geschehen kann. Wesentliche Entscheidungen werden bis zum letzten vernünftigen Zeitpunkt aufgeschoben."

7.3 Leitsätze der Planung

Wer plant sollte sich nach folgenden Leitsätzen ausrichten:

1. Der Plan darf nicht Selbstzweck sein. Wer nicht zum Handeln bereit ist, wer das Wagnis nicht liebt und die Verantwortung scheut, sollte sich weder Ziele setzen noch den Weg dorthin planen.
2. Jede Planung muß organisch aus der jeweiligen Situation heraus wachsen. Der Aufforderungscharakter der jeweiligen Situation muß zu dem Bereitschaftszustand des Planenden in Beziehung gesetzt werden.
3. Jede Planung muß von den gegebenen Voraussetzungen ausgehen, d. h. der Planende muß die Anforderungen kennen, die eine Durchführung des Planes sachlich und persönlich stellt.
   a) Wer Pläne verwirklichen will, muß also vorher festgestellt haben, ob seine körperlichen, seelischen und geistigen Kräfte ausreichen oder ob es ihm an den notwendigen Fachkenntnissen und Fertigkeiten fehlt, ob er charakterlich durchhalten wird, ob er überhaupt für die Durchführung des Planes qualifiziert ist.
   b) Wer plant, muß wissen, ob ihm die erforderlichen Mittel und Hilfen zur Verfügung stehen. Er muß beides einplanen.
4. Bei jeder Planung muß zunächst der Gesamtweg festgelegt werden; dann sind die Etappenstrecken klar und deutlich zu bestimmen.
5. Die Verwirklichung des Planes ist durch eingebaute Kontrollen zu überwachen. Diese Kontrollen können im Arbeitsgang selbst liegen, dann aber durch fremde Instanzen vollzogen werden, die an der Verwirklichung des Zieles interessiert sind. Es ist auch an Selbstkon-

trolle zu denken. Der Begriff der Kontrolle, es sei noch einmal betont, ist hier eher dem der „Steuerung“ gleichzusetzen, um einen möglichen effektiv geladenen Sanktionsbestandteil herauszunehmen. Dadurch werden später nicht Schuldige gesucht, sondern Fehlerursachen ermittelt und gemeinsam beseitigt.

6. Jeder Plan muß trotz aller Bestimmtheit elastisch bleiben, daß heißt, er muß neuen Erfordernissen jeweils angepaßt werden können.

Auf diese Weise lassen sich der berufliche Aufstieg, die geschäftliche Weiterentwicklung, also all das planen, was man erreichen will. Es gibt Gesamtpläne und Einzelpläne. Immer aber ist es wichtig, daß Zielsetzung und Planung an den Erfordernissen des täglichen Lebens nicht vorbeigehen.

Es ist von Bedeutung, daß sich der Einzelplan in den Gesamtplan einordnet und daß der Gesamtplan auch nach Möglichkeit auf den Lebensplan abgestimmt ist. Doch sollte das Leben nicht durch allzu striktes Planen schematisiert werden. Eine Plantechnik, die den Menschen und seine Gesamtheit verplant, wird bald zum unerträglichen Zwang. In die Freizeit (die „freie“ Zeit ist) sollte man nur aus ganz besonderen Gründen planend eingreifen.

7.4 Lebensplan, Grundplan und Persönlichkeitsentfaltung

Was bisher über die Planung gesagt worden ist, war allgemeiner Natur. Später wird noch näher eingegangen werden auf die Pläne, die einer sich im einzelnen stellt. Es sind die Zweckpläne.

Hier sei zunächst vom Lebensplan als einer Art von Gesamtplan die Rede. Der Lebensplan ist ein Sinnplan, d. h. er gibt dem Leben des einzelnen einen Sinn. Ohne diese Sinngebung läßt sich nicht leben; das beweist der Freitod, der oft genug deswegen erfolgt, weil das Leben für jemanden seinen Sinn verloren oder für ihn nie einen Sinn gehabt hat.

Ganz allgemein gesprochen hat auch das Leben einen Zweck. Vom Biologischen her gesehen ist es die Selbst- und die Arterhaltung. Der Sinn des Lebens liegt aber in der Persönlichkeitsentfaltung, in der Selbstverwirklichung des einzelnen.

Persönlichkeitsentfaltung meint, daß der Mensch zu dem wird, was in ihm angelegt ist. Das kann ohne sein Dazutun geschehen. Die Persönlichkeit *wird,* sie *ist nicht.* Die Persönlichkeitsentfaltung kann durch innere und äußere Widerstände gemindert oder in Frage gestellt sein; z. B. durch Mangel an Vitalität und Dynamik, durch eine falsche

Einstellung des Menschen zu sich selbst, aber auch durch das Milieu und durch andere, die auf den Betreffenden einwirken.

Der *Selbstverwirklichung* liegt dagegen der bewußte Wille (nicht also nur der Drang) zugrunde, das, was man als Selbst (als Idee) sein sollte, auch zu werden. Bei der Selbstverwirklichung richtet man sich von vornherein auf die möglichen Widerstände ein und überlegt, wie man sie überwinden kann. Treten die Widerstände dann in Erscheinung, werden sie analysiert. Man nimmt Einsicht, nimmt Stellung, entscheidet sich und handelt dann so, daß das Ziel, die Selbstverwirklichung, sich in immer stärkerem Maß, auf einer immer höheren Ebene vollzieht.

Die Termine der Zeitpläne sind aufeinander abzustimmen. Terminüberschneidungen schaden der Planverwirklichung ebenso wie Terminüberschreitungen.

Ein Kapitel, das man in der Zeitplanung nicht gründlich genug beachten kann, bezieht sich auf die Frage der *Terminwahrheit*. Es gibt in allen Bereichen der betrieblichen Arbeit unwahre Terminangaben. In der Produktion werden Termine gesetzt, die unter maximaler Anstrengung auch eingehalten werden. Verkäufer nennen der Produktion gern unwahre Termine. Sie gehen davon aus, daß es bei der Produktion sowieso Verzögerungen geben wird. Sie hoffen, daß aber dennoch der Auftrag zu einem Zeitpunkt fertig werden wird, der gerade der richtige ist.

Wer Pläne aufstellt, kommt ohne *Kontrollpläne* nicht aus. Pläne, die zum gegebenen Termin verwirklicht werden sollen, müssen während ihrer Verwirklichung ständig kontrolliert werden, und zwar mit Bezug auf die Termine, auf das Erreichen des Etappenzieles, auf die Verwendung der Mittel, auf den Einsatz der Kräfte.

Die *Kontrollen* müssen dort angesetzt werden, wo Wesentliches geschieht. Kontrollen sollten unregelmäßig stattfinden, damit nicht vor der Kontrolle, von der man weiß, all das schnell auf Vordermann gebracht wird, was im Rückstand ist oder anders verarbeitet werden muß.

Das Prinzip des MbE (Mangement by Exception/Führen durch selektives Herausgreifen, Steuern, Besprechen) kann hier sinnvoll angewendet werden.

Checkliste: Faustregeln und Maximen zum menschlichen Planen

Ernst Heer hat sich zu den Möglichkeiten und Grenzen des menschlichen Planens geäußert. Seine Faustregeln und Maximen sind hilfreich. Zu ihnen gehören unter anderen (DISP, Nr. 106, Juli 1991, zitiert in SZF):

1. Vergeude keine Zeit für unwichtige Dinge.
2. Sammle keine Daten, Informationen und Analysen auf Vorrat.
3. Versuche nie exakter zu sein, als es die Problemsituation erfordert.
4. Dokumentiere Planungsprozesse durch Erstellen und Führen eines Informationssystems.
5. Beachte (wo sinnvoll) die magische Zahl 7±2, das heißt erhalte die Informationen übersichtlich durch rigorose Beschränkung der Zahl der dabei auftretenden Elemente.
6. Strebe in erster Linie nach Klarheit, nicht nach Genauigkeit.
7. Rede vom Gesamtdatum (nichts Wichtiges vergessen): Verwirkliche die zum Zeitpunkt der Entscheidung erreichte Klarheit. Klarheit bedeutet „Wissen finden, verbinden, ordnen, prüfen".
8. Eine Information ist keine Information. Ein einzelner Gedankengang ist zu schwach, solange er nicht im Licht anderer Angaben geprüft worden ist.

Die Väter des Management by Objectives *Urwick, Odiorne* und *Humble* empfehlen zur Lebendighaltung des planerischen Denkens in der Mitarbeiterführung den in Abb. 9 dargestellten Kreislauf der Managemententwicklung.

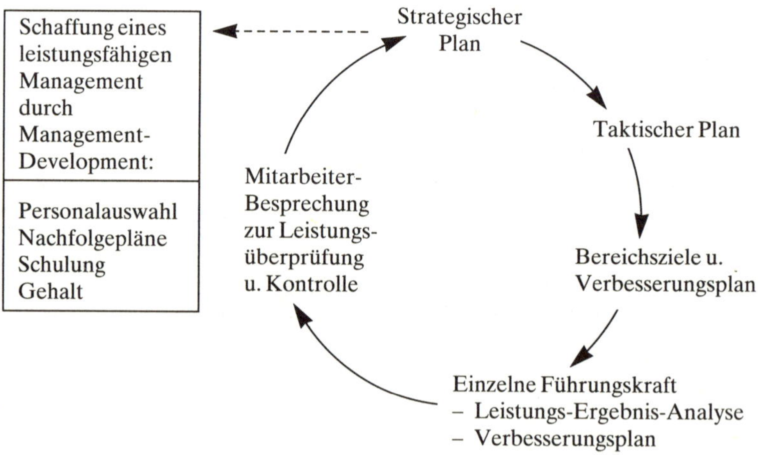

Abb. 9: Strategischer Plan Managemententwicklung

8. Strategische Unternehmensplanung

Der Begriff der Strategie ist in den letzten Jahrzehnten ins Zwielicht geraten. Ursprünglich aus dem militärischen Bereich stammend, ist er in der allgemeinen Sprache nahezu zu einer Leerformel verkommen.

Strategien, Globalstrategien, Einsatzstrategien, direkte Strategien, indirekte Strategien, periphere Strategien, rationelle Strategien tauchen immer wieder im Bereich der „zivilen“ Benutzung dieses Begriffs auf. Die wenigsten Benutzer wissen jedoch mit dem Wort etwas anzufangen und verwechseln es sehr oft mit reiner Taktik. Wirkliche Militärstrategien halten sich immer noch an die Definition von *v. Clausewitz,* daß die Strategie die Lehre des Gebrauchs vom Gebrauch der Gefechte zum Zwecke des Krieges sei. Die Juniorberater in PR- und Werbeagenturen dienen sich ihrem Klienten mit Strategien zur Durchführung eines „Tages der offenen Tür“ an. Strategie ist zum Allerweltsbegriff geworden. Wir haben es heute mit einer „unübersehbaren Ausweitung des Strategiebegriffes zu tun“ *(Heinz Brill).* Der Sicherheitsexperte *Wolfram von Raven* bezeichnete Strategie einmal nach der heute herrschenden Lehre als die „Wissenschaft vom Vorausdenken“. Er kommt damit einer glaubwürdigen Kurzdefinition am nächsten. *Karl Korn* schrieb: „Strategie, ein zweieinhalb Jahrtausende altes Wort, jedem Humanisten, der einmal Griechisch gelernt hat, in seinen Bestandteilen vertraut, ist einer der modernsten Begriffe unserer Jahrzehnte geworden.“ Die Konversationslexika der 60er Jahre wissen von einem neuen Begriffsinhalt noch nichts. Sie verbleiben noch ganz in der militärischen Bedeutung von Heerführung und Kriegskunst. Und wo gibt es von der alten Strategie eines *Clausewitz* und *Gneisenau,* welch letzterer Strategie als die Wissenschaft des Gebrauchs von Zeit und Raum definiert hat, eine gedankliche Brücke zur neuen Strategie? Gerade in der Wirtschaft können wir mit der Definition Wissenschaft des Vorausdenkens über den Gebrauch von Zeit und Raum gut leben. *Karl Korn:* „Der gesamte Planungshorizont moderner Lenkungssysteme ist mit Strategien besetzt.“

Für den Gebrauch im wirtschaftlichen und organisatorischen Bereich halte ich nach wie vor meine Weiterentwicklung der Beaufreschen Formel über Strategie für den Bereich Führung und Kommunikation zum Einstieg in das Vorausdenken bei komplexen Verhältnissen für sinnvoll, um die Tiefe des strategischen Prozesses klar zu machen:

$S = K F^{y} t + C4\, I2$

S = Strategischer Situationsablauf
K = Spezifischer Faktor des gegebenen Falles (Gewichtung)
F = Macht (Menschen, Organisation, Finanzkapital, Geistkapital)
Y = Vitalität, Dynamik, Kreativität, Innovation
t = Zeit und ihre Grenzen
C4 = (Command) (Control) (Communication) (Computers)
Führung, Überwachung, Kommunikation, Computer
I2 = Informationen, Infrastruktur

Einer der weltweit bekanntesten strategischen Planer ist der Amerikaner *George A. Steiner.* Seine Handlungsanleitungen über Ziele der strategischen Unternehmensplanung tragen mit dazu bei, strategische Planung als Begriff konkreter zu machen und ihre Glaubwürdigkeit durch Definitions- und Differenzierungsfähigkeit zu erhöhen. *Steiner* nennt in seinem Buch[4] 20 Ziele der strategischen Unternehmensplanung:

1. Ändere die Richtung des Unternehmens.
2. Beschleunige das Wachstum und erhöhe die Profitabilität.
3. Jäten Sie schlechte Ergebnisbringer unter den Divisionen, Sparten und Profitcenters aus.
4. Bereiten Sie strategische Angelegenheiten für die Diskussion im Vorstand vor.
5. Konzentrieren Sie Ihre Mittel auf wichtige Angelegenheiten. Konzentrieren Sie die einzelnen Unternehmenseinheiten und Forschungsmanager auf Entwicklung und Dienstleistungen. Bilden Sie Schwerpunkte in den Gebieten des besten Potentials.
6. Entwickeln Sie bessere Informationen für das Top-Management, damit bessere Entscheidungen entstehen.
7. Entwickeln Sie einen Bezugsrahmen für Budgets und für kurzfristige Operationspläne.
8. Entwickeln Sie Situationsanalysen über Chancen und Gefahren, um die Aufmerksamkeit für das Potential des Unternehmens im Lichte von Stärken und Schwächen zu fördern.
9. Entwickeln Sie bessere interne Koordination von Aktivitäten.
10. Entwickeln Sie bessere Kommunikationsmittel und -systeme.
11. Erlangen Sie Kontrolle über die operationelle Durchführung.
12. Entwickeln Sie ein Gefühl für Sicherheit zwischen den Führungskräften durch besseres Verständnis eines sich wandelnden Umfel-

4 Strategic Planning – What Every Manager Must Know, New York 1979.

des und der Fähigkeit des Unternehmens, sich diesem Wandel anzupassen.
13. Ernähren Sie dauerhaft die geistigen Potentiale.
14. Trainieren Sie die Führungskräfte.
15. Entwickeln Sie eine „Landkarte“, um zu zeigen, wohin das Unternehmen geht und wie es dort hinkommt.
16. Setzen Sie mehr realistische herausfordernde und erreichbare Ziele.
17. Besprechen Sie und machen Sie die gegenwärtigen Aktivitäten durchschaubar, um sie besser anzugleichen und zu modifizieren, im Hinblick auf Umweltwandel und Unternehmensziele.
18. Schauen Sie voraus und sichern Sie das Gefühl für Umweltwandel im Unternehmen, damit sich das Unternehmen besser anpassen kann.
19. Erhöhen Sie die Geschwindigkeit einer müden Unternehmung. Warum?
20. Weil die anderen es tun.

Politisch-strategische Unternehmensplanung ist in ihrer Präzision mehr als andere Planungsbereiche von einer verwirrenden Häufung von Informationen und Signalen sowie zahlreichen Krisen- und Chancen-Ursachen abhängig.

Verschiedene Ereignisse in den letzten Jahren haben deutlich werden lassen, daß es notwendig ist, die auf der politischen Landkarte eines Landes oder einer Region präsenten Kräfte besser zu begreifen. Die Folgen eines Konflikts oder auch nur von Spannungen können sämtliche Geschäftsaktivitäten innerhalb eines Gebietes beeinträchtigen. Die Prognose kann dabei ein nützliches Instrument der Entscheidungsbildung werden.

Bei heiklen, sensiblen und kritischen Informationen kommt der Berater bei politischen Risiken ins Spiel. Um möglichen Verlusten in Krisenherden vorzubeugen, wenden sich immer mehr Unternehmungen – u. a. Arco, die Bechtel-Gruppe, Goldman, Sachs & Co und die Chase Manhattan Bank – an hochrangige Militärs, Sicherheits- und Regierungsbeamte um Hilfe in der Planung und Bewertung von Risiken zu geschäftlichen Unternehmungen in verschiedenen Teilen der Welt. Dieses Tun basiert eindeutig auf Beziehungen zu führenden Politikern anderer Länder und auf Zugang zu sensitiven Informationen.

An klangvollen Namen unter diesen Beratern fehlt es nicht. Politische Risikoberater sind u. a. *Henry A. Kissinger,* früherer US-Außenminister, *Richard Helms,* ehemaliger CIA-Direktor, und *Brent Scowcroft,* ehemaliger nationaler Sicherheitsberater. Die große Zahl der Risikoberater arbeitet sehr effektiv und ohne große Publizität im Stillen.

Die in den volkswirtschaftlichen und strategischen Planungsabteilungen tätigen Experten lassen sich eher als „zivile“ und „politische“ Strategie-Experten, -Denker bezeichnen, die über allgemeine Prognosen hinaus die Chancen und Gefahrenpunkte der speziellen Unternehmen in ihrer globalen Umwelt bewerten: Informationen zu sammeln – zu analysieren – zu bewerten und Aktionsalternativen vorzuschlagen, ist ihre mittel- und langfristige Aufgabe.

In einigen größeren multinationalen Unternehmungen wie Xerox und Exxon besteht die Tendenz, sowohl hauseigene Analytiker und Regionalmanager als auch externe Risikoberater auf freiberuflicher Basis zu konsultieren, um zusätzliche Meinungen zu hören. Sie bilden ein Sicherheitsnetz für die firmeninternen Untersuchungen der Manager weltweit.

Systematik der Rahmenbedingungen nach *Karsten Roger*

Natürliche Rahmenbedingungen
- Topographie
- Klima
- Vegetation
- Bodenschätze

Gesellschaftliche Rahmenbedingungen

International
- Weltwirtschaftliche Rahmenbedingungen
- Politik von Groß- und Regionalmächten/Internationalen Organisationen
- Völkerrechtliche Verträge
- Globale Veränderungen der natürlichen Rahmenbedingungen, Umweltschäden

National*

(1) Politische Faktoren
- Rechtsstaatlichkeit und Rechtssicherheit
- Politische Partizipation und Kontrolle (Wahlen, Selbstverwaltung)
- Individuelle und kollektive Grundrechte
- Kritische Öffentlichkeit/Meinungs- und Informationsfreiheit

(2) Sozio-kulturelle Faktoren
- Ethnien
- Kultur, Traditionen, Normen, Werte
- Religionen
- Bevölkerungsentwicklung

(3) Wirtschaftspolitische Faktoren
- Eigentums- und Unternehmensverfassung
- Wettbewerbspolitik
- Geld-, Finanz- und Sozialordnung
- Bevölkerungspolitik
- Außenwirtschafts- und Währungspolitik
- Konjunktur- und Wachstumspolitik
- Sektorpolitiken (Agrar-, Industrie-, Bildungs-, Gesundheitspolitik)

(4) Administrative Faktoren
- Öffentliche Verwaltung als institutioneller Rahmen zur Umsetzung staatlicher Politik
- Verwaltungsaufbau und -abläufe
- Effektivität und Effizienz des Verwaltungshandelns

* Die häufig genannten rechtlichen Rahmenbedingungen sind in den Punkten (1), (3) und (4) enthalten.

Dietrich Dörner[5] hat vier wesentliche psychische Mechanismen bei der Erstellung von Fehlprognosen identifiziert:

1. Momentan-Extrapolationen: Unreflektierte Fortschreibung des Trends.
2. Unterschätzung der Friktionen bei der Prognose (Reibungsverluste und Widerstände unterschätzt)
3. Zentralidee-Prognosen: Ein Faktor wird als Kernursache für alle möglichen Folgen angesehen.
4. Projektion von Wunschträumen oder Befürchtungen.

5 Quelle: *Richard Sietmann*, Wunschdenken im Gewand der Wissenschaft?, VDI-Nachrichten, 13. 7. 1990; Zukunftsforschung 1/91.

9. Führen vor und in Krisen

In guten Zeiten über die Krise nachdenken? Ja, wann denn sonst? Außergewöhnliche Situationen erfordern außergewöhnliche Maßnahmen. Sogar worst-case-Szenarios sind im Ernstfall noch zu optimistisch. Es gibt auch schleichende Krisen, die nach *T. S. Eliot* nicht mit einem Donnerschlag, sondern mit Wimpernschlägen angekündigt werden.

Wann sollten also außergewöhnliche Gedanken zur Sanierung den verantwortlichen Managern einfallen? Sehr selten in der Situation selbst, die es zu bewältigen gilt. *Moltke* hat die Strategie als ein System von Aushilfen bezeichnet, an denen der deutsche Generalstab jahrzehntelang geübt, geplant und alternativ gedacht hat. Dennoch kann man viele Schlachten gewinnen und den Krieg verlieren. Nach Krisen ergeben sich dann immer die sogenannten post-mortem-Analysen oder „Wer vom Rathaus kommt, ist klüger"-Betrachtungen in lang- oder kurzatmigen Fallgeschichten über die Vergangenheit. Es lassen sich ganze Batterien von Entschuldigungen finden. Der sagenhafte irische König Murphy hat den Führungskräften geraten, sie sollten sich dabei lieber an das Augenscheinliche und Vorausschauende des Ausspruchs halten: „Wenn etwas schiefgehen kann, dann tut es das auch."

Fakten und Empfehlungen sind besser als langatmige Rechtfertigungsgeschichten, die wie der Bericht des Ochsen von seiner Operation in den gelangweilten Öffentlichkeiten ankommen. Gemeinsam erarbeitete Checklisten für verschiedene außergewöhnliche Ereignisse, Trends, Szenarios, strategische Planungsansätze und Aktionspläne für Krisenstäbe, Planspiele und Kreativitätstechniken, das Aufspüren von starken und schwachen Signalen, die Möglichkeiten zur Wiederherstellung von Akzeptanz und Vertrauen in vielen Teilöffentlichkeiten des Unternehmens und vor allem das Vermeiden von Panik oder starker und irreführender Statements in den Medien sollten Bestandteil rechtzeitiger Führungsinformation und Führungstrainings der verantwortlichen Manager in Wirtschaft und Politik sein.

Es ist ein breites Spektrum zwischen Katastrophenstimmung, Mißmanagement und Chancenwahrnehmung in außergewöhnlichen Entscheidungssituationen, die der Unternehmensführer oft nicht selbst auslöst, sondern in die er durch die Umstände weltweiter politischer und sozialer Entwicklungen gezogen wird. *Max Frisch:* „Krise ist ein produktiver Zustand. Man muß ihm nur den Beigeschmack einer Katastrophe nehmen." Leitende Führungskräfte sollten neben Fachwissen, Führungs- und Kommunikationsfähigkeit spezielle Fähigkeiten im Konflikt- und Krisenmanagement nachweisen bzw. trainieren. Denkarbeit in und für ruhige Zeiten kann begleitet werden durch permanente Teilnahme an Planspielen, Szenarioerstellung und personaler Stabilisierung in Streß-Situationen.

Strategisches und operatives Krisenmanagement gehören zusammen. Das eine bleibt ohne das andere ein Torso oder eine bloße Idee. Der Sprecher eines Unternehmens wird in Zukunft nicht mehr der bloße „Puffer“ sein können. Topmanager gehören zum Zeitpunkt der Krise an die Kommunikationsfront, weil sich die zahlreichen Öffentlichkeiten nicht mehr mit vorsichtigen Leerformulierungen oder mutigen Tarzanformulierungen aus der einen oder der anderen Ebene abspeisen lassen. Glaubwürdigkeit wird nicht aus der zweiten Linie erzielt. Durchhalteparolen von Sprüchemachern sind zuwenig. Der Chef muß sichtbar und gesprächsbereit sein: auf der gepanzerten Brücke ja, aber nicht als Lord Nelson oder getarnte U-Boot-Falle. Seine Kommandos und Führungsfragen müssen vernünftig und akzeptierbar sein. Auch Krisenstäbe visualisiert man sinnvollerweise nicht als Sitzungsfotos mit Flaschen und belegten Brötchen auf dem Tisch, sondern in der krisenhaften Umgebung oder mit entschlossenen Gesichtern vor benutzten Feldbetten.

9.1 Krisenverhinderung, Krisenbewältigung, Krisenmanagement

Beratung über Krisenmanagement ist selbstverständlich weitgehend abhängig von den verfestigten Werten des Beraters und des Handelnden. Es geht dabei nicht um konventionelle, wissenschaftlich erhärtete Feststellungen, sondern mehr um Imperative und Aktionsrezepte, wie *Milburn* sagt. Schon die Beantwortung der Frage, ob eine Krise gut oder schlecht sei, ist abhängig von Werthaltungen. Es gibt psychoanalytische Theorien darüber, daß persönliche Krisen das Fundament für persönliche Entwicklung seien. Wer die Geschichte von Innovationen und Kreativität, aber auch von Untergang und Stumpfsinn in großen Organisationen kennt, wird dem gern zustimmen. Der Konflikt ist der Vater vieler Dinge.

Eine weitere kritische Variable ist die der handelnden Menschen in Krisen. Ich will hier gar nicht so sehr den heroischen Einzelkämpfer wie Metternich, Castlereagh, Bismarck und Henry Kissinger oder den erfolgreichen Lenker wie Helmut Schmidt in Hamburg und Mogadishu herausstellen, Ben Wischnewski nicht zu vergessen. Es sind schon Unterschiede beim Versuch des Krisenmanagements für AEG vor einigen Jahren festzustellen zwischen Herrn Cipa und Herrn Dürr. Ihr Führungsstil war völlig unterschiedlich. Gute Ideen hatten sie beide. Die Umsetzung und der Zeitfaktor dürften dabei neben anderen Maßnahmen entscheidend gegriffen haben.

Aktionen von Männern und Frauen entscheiden, von den Trümmerfrauen nach 1945 bis zu den Forscherinnen und Forschern von heute, die unter Zeitdruck AIDS bekämpfen. Daher ist Krisenmanagement mehr als Wissenschaft. Es wird zur Kunst, die Können und Gefühl für Kreativität in sich vereinigt. Manch einer, der sich als Krisenmanager in Politik und Wirtschaft bezeichnet, ist deshalb nicht mehr als ein Medizinmann, Gesundbeter oder heulender Derwisch. Einstellungen und Fähigkeiten des Krisenmanagers müssen aus seiner Zeit heraus bewertet werden und nicht nach einer historischen Papierform erfolgreicher post mortem-Analysen. Das ständige Trainieren von Krisenfällen durch entsprechende Simulations-Programme hilft ihm mehr als das begeisterte Lesen von erfolgreichen Krisengeschichten.

Eine Bemerkung zum Faktor Zeit in Krisen: Nirgendwo anders ist der Versuch des Zeitkaufs wichtiger als in Krisen. Oft ist unmittelbares, rasches Handeln erforderlich. Große Unternehmen haben dieses jedoch oft erfolgreich vermieden, um Management by Panik und Management by Chance nicht zu verwechseln. Es gibt immer eine Entscheidung: schnell, präzise und völlig daneben. Ein altes russisches Sprichwort sagt: Siebenmal messen, einmal schneiden.

Nicht nur Krisenstäbe sollten sich im Augenblick der Krise und bei Ansätzen zu ihrer Bewältigung zwei elementare Wahrheiten vor Augen halten:

1. Die Jagd ist das Warten.
2. Wer warten kann, dem dient die Zeit.

Wirkungsvolles Krisenmanagement heute unterscheidet sich von früheren Methoden zur Bewältigung krisenhafter Situationen wie die Aufgabe eines Jet-Piloten oder eines Hubschrauber-Piloten von der eines Flugzeugführers in einem alten Doppeldecker. Wissenschaft und Technik versetzen die zahlreichen Öffentlichkeiten in immer kürzeren Zeitabschnitten in immer größere Aufregung und Irritation. Unbeabsichtigte oder gewollte Mißverständnisse in der Sprache und im Umgang miteinander tun ihr Übriges. Das Leben ist zu einer immer rascher werdenden Folge von Entscheidungen geworden.

Eine der besten Definitionen der Krise stammt aus den sechziger Jahren dieses Jahrhunderts von *Hermann Kahn.* Er definierte die

Charakteristika der Krise als einen bedeutenden Wendepunkt, als eine Drohung, eine Warnung oder ein Versprechen. Das Ergebnis ist ungewiß. Es sind unmittelbare Entscheidungen erforderlich. Häufiges Charakteristikum dabei: Der zeitliche Druck wächst. Die Ereignisse laufen zusammen. Die Informationen gehen zurück. Die Vermutungen nehmen zu. Die Ungewißheit wächst, die Kontrolle geht zurück, die Entscheidungsfinder befinden sich in Streßsituationen, und alle Entscheidungs- und Verhandlungsbeziehungen wandeln sich. Gerade Langfristprobleme können Krisen sein. Es sind nicht akute, aber schleichende Krisen.

Wenn die Stimmung gut ist und niemand Zukunftsprobleme sehen will, dann gerät der, der sie vorausahnt, der sie durch sein Frühwarnsystem mit schwachen, kaum erkennbaren Signalen vorher antizipiert, leicht zum schwarzen Schaf, zum Spielverderber.

Der Überbringer der schlechten Botschaft wird gehängt. Wer liebte schon Sokrates, Kassandra oder das Orakel von Delphi? Sie waren geachtet, aber flößten Furcht ein. Heinrich VIII. von England betraute einmal Thomas Morus damit, dem König von Frankreich eine nicht gerade freundliche Botschaft zu überbringen. Morus wußte, wie gewalttätig der französische König war und unterrichtete Heinrich von seiner Befürchtung, diese Mission könne ihn den Kopf kosten. Heinrich sprach ihm Trost zu: Fürchte dich nicht, wenn die Franzosen dir den Hals abschneiden, dann werde ich jeden Franzosen in London einen Kopf kürzer machen. Die Antwort von Morus: Ich bin Euer Majestät zu Dank verpflichtet, aber ich fürchte sehr, daß keiner ihrer Köpfe auf meinen Rumpf passen wird.

Wer heute über Zusammenhänge des politischen Steuerungssystems der Gesellschaft, der Psyche der Menschen und der Umwelt sowie der Technologie nachdenkt, ist besser dran als mancher Futurologe der Vergangenheit. Wir wissen über diese Zusammenhänge heute schon besser Bescheid als noch vor wenigen Jahren.

Die zunehmende Konkretisierung von Informationen über zukünftige Änderungen im Zeitablauf: Idealtypisch sind Extreme „voll vorhersehbare Änderung“, die auch zum Zeitpunkt der vollständigen Information noch viel Zeit bis zur Erfolgswirksamkeit läßt, sowie die „Überraschung“, die ab der Vorahnung einer Änderung nahezu keine Zeit für effektive Reaktionen läßt. Die zunehmend geringere Vorhersehbarkeit strategischer Änderungen findet in einer Verschiebung weiteren Ausdruck.

Dieter Simons Schlußfolgerungen verpflichten Unternehmen, beide Möglichkeiten zur Bewältigung strategischer Diskontinuitäten wahrzunehmen. Nicht jede Diskontinuität wird rechtzeitig erkennbar sein, auf identifizierte Veränderungen wird nicht immer richtig reagiert. Außerdem wird deutlich, daß der immer kürzer werdende Reaktionszeitraum nurmehr durch Früherkennung, bevor die vollen Auswirkungen auf den Unternehmenserfolg bekannt sind, genützt werden kann.

Die Entwicklung einer strategischen Frühaufklärung muß als ein komplexes Problem betrachtet werden. Seine Bewältigung bedarf letztlich einer Multiparadigmaforschung. Komplexe Probleme handzuhaben heißt, die Erkenntnisse mehrerer Disziplinen zu verwenden, denen ganz unterschiedliche „Betrachtungsweisen“ bzw. „Paradigmen“ zugrunde liegen. Man kann die strategische Frühaufklärung demnach auch als Multiparadigmaforschung bezeichnen. Keine der durch eine zusätzliche Erkennungsperspektive als relevant erachteten Disziplinen kann demnach für sich in Anspruch nehmen, das Problem der strategischen Frühaufklärung umfassend definieren zu können.

In einer Hinzuziehung der Zukunftsforschung wird eine wesentliche Erweiterung möglicher Erkenntnisperspektiven gesehen. Die Forschung darf sich nicht weiterhin mit der distanzierten „Grünen-Tisch-Perspektive“ begnügen.

Wie leiten wir den Dialog ein? Sechs Hinweise aus den schon zitierten 10 Regeln des World Wildlife-Fonds sind als Rahmenbedingungen hilfreich.

1. Dezentralisierung anstreben,
2. in Zusammenhängen denken,
3. lokale Intelligenz fördern,
4. langsam steuern,
5. langfristig handeln und
6. kritisch handeln.

Wir können noch eine andere Analogie heranziehen, die des Computertomographen. Sein Erfinder *Hounsfield* suchte eine Lösung für Flächenmuster oder Strukturerkennung. Er ging von einer Art mathematischem Rätsel aus, das sehr umfangreich und kompliziert war und dessen Lösung die Kräfte und Ausdauer eines Menschen überstieg. „Immer wieder dachte er über den unbekannten Gegenstand im Inneren der Box nach. Wie ließ sich dieser Gegenstand identifizieren, ohne die Box zu öffnen . . . Würde man den Gegenstand auf ‚Bildpunkte‘ (die winzigen Punkte, die die Elemente einer Fotographie bilden) reduzieren, könnte man sämtlichen Bildpunkten einen mathematischen Wert zuordnen. Jedes durch die Box hindurch gewonnene Bild wäre dann das Ergebnis einer mathematischen Gleichung. Wenn man sämtliche Einzelgleichungen außerhalb der Box sammeln und einem Computer beibringen könnte, sie genauso wieder zusammenzusetzen, wie sie innerhalb der Box gewesen waren, könnte man so den rekonstruierten Gegenstand auf einem Computerbildschirm darstellen und sehen, was drinnen vorhanden ist“[6].

Eines der Hauptprobleme bei der Erfindung des Computertomographen und seiner Anwendung war: „Die Bilder verwackeln, wenn sich der Mensch bewegt.“ *Leysen* und andere haben zu Recht darauf hingewiesen, daß es sehr schwierig ist, eine Krise unter Kontrolle zu bringen. Die Bilder verwackeln, wenn sich der Mensch bewegt. Im Augenblick der Krise erleben wir einen Anfall von Denkfallen beim Planen. Um nur einige zu nennen:

- Selektivität der Wahrnehmung,
- Faktoren, die die Informationsauswahl beeinflussen,
- verfälschende Effekte bei der Datenpräsentation,
- die Bevorzugung bestätigender Information,
- die Verfügbarkeit von Informationen,
- die Überbewertung anschaulicher Information,
- die Überschätzung erwünschter Informationen,
- Fehler beim Beurteilen kombinierter Wahrscheinlichkeiten,
- die Wahrnehmung von Zufallsereignissen,
- empirische, konzeptionelle und semantische Zusammenhänge,
- Fehler beim Abschätzen nichtlinearer Beziehungen,
- Fehler durch Verankern und Anpassen,
- Vernachlässigung von Grundgesamtheiten,
- Vernachlässigung von Stichprobengrößen,
- Vernachlässigung von Reaktionseffekten,
- Zeitdruck und Störung,
- der Einfluß von Gruppenmeinungen,
- der Umgang mit komplexen und unbestimmten Aufgaben,
- Denkfallen beim Lernen aus Erfahrung,
- zur Unterscheidung von Fähigkeit und Glück,
- Denkfallen beim Attribuieren,
- Täuschungen beim Erinnern,
- Denkfallen bei rückblickenden Analysen[7].

Aber es gibt auch Trost. *Franz Josef Hering*[8] berichtet über Experimente mit 142 Versuchspersonen in der Bundesrepublik. Ergebnis: „Die allgemein vertretene Erwartung, eine starke Informationsbela-

6 Aus „Senkrechtstarter“, Düsseldorf 1987.

7 Diese Hinweise sind dem Inhaltsverzeichnis des Buches *Leysen,* Denkfallen beim Planen, Braunschweig 1986, entnommen.

8 *Hering,* Informationsbelastung in Entscheidungsprozessen, Bern 1986.

stung wirke als Störgröße mit negativem Einfluß auf die Entscheidungseffizienz in komplexen, multipersonalen Entscheidungsprozessen, kann . . . nicht unterstützt werden . . . Bei starker Informationsbelastung ist sowohl mit Spitzenleistungen als auch mit dem Gegenteil, besonders schlechten Leistungen, zu rechnen . . . Der Belastungsfaktor Informationsmenge verliert seine kritische Bedeutung für die Entschlußeffizienz in Gruppen“[9].

Checkliste: Eine instrumentelle Krisenbewältigung

Nach *Hermann Kahn* u. a. bereiten Sie sich auf Krisen am besten durch die folgenden Punkte vor:

I.

A. Entwicklung von Plänen und Möglichkeiten in Krisenzeiten

B. Sammeln geeigneter Daten

1. Sie müssen wissen, wen und wie man um Informationen bittet
2. Bestimmen Sie Schwerpunkte beim Sammeln von Informationen
3. Verarbeiten Sie sie
4. Bewahren Sie die Information so auf, daß sie ersetzbar sind
5. Verlangen Sie weitere Informationen und überprüfen Sie anhand dessen stichpunktartig die schon vorhandenen Informationen

C. Verbreitung der Informationen

1. Unterbreiten Sie brauchbare Daten den Entscheidungsfindern
2. Verteilen Sie aktuelle Informationen an andere geeignete Empfänger
3. Beantworten Sie Fragen
4. Führen Sie weitere „Dokumentations“-Tätigkeiten durch

D. Entwicklung und Anwendung von Bewertungsindikatoren

1. Vorläufige Entscheidungen
2. Warnung und Reaktion (ein vereinheitlichtes Konzept)
3. Unmittelbare Koordination

Ebenfalls nach *Hermann Kahn* tragen Sie zur Entscheidungsbildung im Verlauf von Krisen durch folgendes Verhalten bei:

II.

A. Organisation

1. Sie müssen wissen, wen und wie man um Informationen bittet
2. Treffen Sie Vorsorge für Krisen-Teams (emergency teams)
3. Entrichten Sie Kampfstationen

---

9 Zukunftsforschung Nr. 1/87, Seite 18.

4. Koordinieren Sie interne und externe Informationen und Aktivitäten
5. Erleichtern Sie Sonderkonferenzen und Beratungen

B. Planung
1. Bringen Sie alternative Krisenpläne (emergency plans) auf den neuesten Stand oder konzipieren Sie sie
2. Führen Sie vorläufige Bewertungen durch und sammeln Sie Kommentare
3. Dasselbe gilt für Pläne für Ausnahmefälle (contingency plans)
4. Decken Sie den Planungszyklus für Friedenszeiten sowohl für Krisenpläne als auch für Pläne für Ausnahmefälle so weit wie möglich ab
5. Helfen Sie den Entscheidungsfindern, Krisenpläne und Pläne für Ausnahmefälle zu wählen

C. Ausführung
1. Überwachen Sie die Aktivitäten
2. Sorgen Sie für fortlaufende Auswertung und Prognostizierung
3. Machen Sie kreative Vorschläge
4. Unterstützen Sie Verhandlungen und Kommunikationen mit den Opponenten

III. Richten Sie eine verständliche Kommunikation ein

1. Einfachheit
a) einfache Darstellung (KISS – Keep it Simple und Stupid)
b) kurze Sätze
c) keine Schachtel- und Kettensätze
d) dem Zuhörer geläufige Wörter
e) Fachjargon erklären bzw. übersetzen
f) konkret situationsbezogen
g) anschaulich

2. Gliederung/Ordnung
a) gegliederte Aussagen
b) folgerichtig (logisch), auflösend, bündelnd
c) übersichtlich
d) klare Unterscheidung zwischen Wesentlichem/Unwesentlichem
e) roter Faden bleibt sichtbar
f) verständliche Reihung nach Kategorien

3. Kürze/Prägnanz
a) Nicht zu kurz
b) auf Ziel konzentrieren

c) kein überflüssiges „Füllmaterial“
d) knappe Darstellung

4. Anregende Zusätze
a) interessant, informativ bleiben
b) anregend – durch Wirkungsakzente
c) abwechslungsreich durch Wirkungsakzente
d) persönlich glaubwürdig, ansprechbar wirken

Mißtrauen Sie den Checklisten und dem „Quickfix“ von Lösungsansätzen. Suchen Sie immer wieder (John F. Kennedy tat es in der Kuba-Krise 1962 über ein dutzendmal) nach unkonventionellen Lösungsansätzen, wie z. B. im „Lateralen Denken“ von *de Bono.* In seinen zahlreichen Büchern, Spielen und Studien trainiert er unkonventionelles strategisches und taktisches Denken, wie in seinem sogenannten „L-Spiel“. Er stellt dabei u. a. folgende Thesen/Leitsätze auf, die wir im Prozeß des Ablaufes und der Einwirkung auf Krisen zumindest prüfen, erproben, beachten oder im Hinterkopf haben könnten:

Die Unfähigkeit, eine Entscheidung zu treffen, ist dasselbe wie eine definitive Entscheidung, nichts zu unternehmen.

Eine offensive oder eine defensive Haltung kann bei der Wahl eines Zuges ausschlaggebend sein. Bei defensiver Haltung kann es geschehen, daß ein in Frage kommender Zug, der zum Sieg führen würde, übersehen wird.

Manche Situationen erfordern eine offensive Taktik, andere lassen defensive Taktiken zu.

Strategische Prinzipien machen es Ihnen leichter, die in Frage kommenden Züge genauer zu bewerten, indem sie ganze Gruppen von Zügen in Betracht ziehen können.

Strategische Prinzipien können aus einer logischen Analyse des Spiels abgeleitet, übernommen oder unmittelbar aus eigener Erfahrung gewonnen werden.

Stehen gültige strategische Prinzipien (z. B. Gleichgewicht, Ausgewogenheit) zur Verfügung, ist ein erheblich geringeres Maß an praktischer Erfahrung nötig, um das Spiel gut spielen zu können.

9.2 Ist Krisenplanung möglich und sinnvoll?

In seinen Planungsstudien widmet *Reiner M. Michel*[10] der Krisenplanung einen besonderen Beitrag.

Unter Bezugnahme auf *Gälweiler, Kramer* u. a. stellt er besonders die Grenzen der Krisenplanung gegenüber einem beherzten Krisenmanagement heraus, wenn man Krisenplanung zu eng auslegen würde. Strategisches Planen als Teil dieses Managementprozesses ist laut *Goetschin* ein zukunftsorientierter Entscheidungsprozeß. „Dahinter steckt eine grundlegende Annahme, daß die Zukunft noch keine Tatsache ist; die Zeitdimension kann gestreckt werden . . . Strategisches Planen basiert auf drei Denkebenen . . . Die erste ist philosophisch – wir können die Zeit darin einsetzen, wie immer wir sie benötigen. Die zweite ist wissenschaftlich: das Einbringen der Vernunft, wobei Vermutungen und Zufallsplanen ausgeschaltet werden. Die dritte ist praktisch – eine bestimmte Art zu entscheiden, zu kontrollieren, zu organisieren und zu motivieren."

Michel beschäftigt sich vor allem mit der dritten Ebene und ihren Schnittstellen zur zweiten und der bei *Goetschin* nicht erwähnten taktischen Ebene. Er hält fest, daß in vielen Unternehmen eine Eventualplanung durchgeführt wird, die sich aber oft als besondere, kurzfristige Aktionsprogramme und Alarmpläne entpuppen.

Auf zukünftige strategische Krisensituationen bereiten sich Unternehmer eher durch sogenannte Contingency-Pläne vor, wie die Bewältigung „strategischer Diskontinuitäten" wie z. B. Rohstoffverknappungen, Umweltschutzauflagen, Katastrophen[11]. Diese Contingency-Pläne kommen z. B. bei ITT vor allem für einzelne „strategische Geschäftsfelder" (SFGs) zum Tragen.

Das Postulat der Wirtschaftlichkeit führt allein schon zur Begrenzung solcher Notplanungen. Eine umfassende Krisenplanung für alle erdenklichen Eventualitäten können nicht das anzustrebende Ziel sein.

Michel zitiert *Kepner-Tregoe,* die den Bedrohungsumfang durch die Multiplikation von Wahrscheinlichkeit (W) und Tragweite (T) ermitteln. Auch *Gälweiler* meinte, es wirke lähmender als geistig beflügelnder, wenn alle Möglichkeiten ohne Rücksicht auf ihre tatsächliche Bedeutung und auf ihre Eintreffenswahrscheinlichkeiten detailliert ausgelotet würden.

---

10 Know-how der Unternehmensplanung, 2. Aufl., Heidelberg 1991.

11 *Michel,* S. 386 ff.

10. Die Krise – Hohe Zeit der Beratung

Warum der externe Berater unersetzlich ist:
Vermeidung von Gruppendenken

In einer psychologischen Studie über außenpolitische Entscheidungen und Fiaskos hat *Irving L. Janis* 1972 festgehalten, was die Gefahren des Gruppendenkens sind und wie man ihnen entgegentreten kann. Seine Erkenntnisse lassen sich durchaus auf alle Organisationen übertragen, in denen solche Gruppenentscheidungen bzw. Entscheidungsvorbereitungen durch Gruppen mit Corpsgeist oder mit starkem gemeinsamem Rahmen stattgefunden haben. Es gibt *acht Hauptsymptome* des Krankheitsbildes Gruppendenken:

1. Die Illusion der Unverwundbarkeit, falls sie von den meisten Mitgliedern der Gruppe geteilt wird, die übermäßigen Optimismus hervorruft und sie ermutigt, extreme Risiken auf sich zu nehmen.
2. Gemeinsame Bemühungen um rationales Denken mit der Absicht, Warnungen herunterzuspielen, die die Mitglieder dazu bringen könnten, ihre Annahmen noch einmal zu überdenken.
3. Ein nicht in Frage gestellter Glaube an die Moral der Gruppe, die die Mitglieder davon abbringt, die ethischen oder moralischen Konsequenzen ihrer Entscheidung überhaupt noch zu bedenken.
4. Stereotype Bilder des Führungspotentials des Gegners (Konkurrenz) als entweder zu hart und unmoralisch oder als zu weich und zu dumm. Dem treten sie in risikoreichen Versuchen selbst entgegen, um seine Absichten zu stören.
5. Direkter Druck auf jedes Mitglied, das starke Argumente gegen irgendeines der Gruppenstereotypen, gegen Illusionen oder Vereinbarungen hervorbringt. Ein solches Mitglied wird dann innerhalb der Gruppe nicht mehr als loyal angesehen.
6. Selbstzensur gegen Abweichungen vom offensichtlichen Gruppenkonsens, hauptsächlich, um für jedes Mitglied die Wichtigkeit seiner Zweifel und Gegenargumente herunterzuspielen.
7. Gemeinsam geben sie sich der Illusion der Einigkeit hin unter der falschen Voraussetzung, „Schweigen heiße Zustimmung“.
8. Die Einführung selbstberufener Geisteswächter, nämlich Mitglieder, die die Gruppe von gegenteiligen Informationen fernhalten, Informationen, die ihre große Gemeinsamkeit zerstören und sie an der Effektivität und Moralität ihrer Entscheidung zweifeln lassen könnten.

Für den Berater ist es gerade in einer solchen Situation ungeheuer schwierig, mit generellen Anweisungen bzw. Taktiken oder Techniken hervorzutreten. Trotzdem sollte er versuchen, in *drei Richtungen* tätig zu werden, um ein für die Organisationseinheit tödliches Gruppendenken zu vermeiden oder abzubauen.

1. Die Führungskraft einer Entscheidungen vorbereitenden oder treffenden Organisation sollte jedes Mitglied darauf verpflichten, selbst ein kritischer Bewerter zu sein. Er muß sich der Rolle eines kritischen Bewerters der Leistung oder des Beitrages eines jeden Mitglieds bewußt sein. Er soll der Gruppe klar machen, Einwände und Zweifel möglichst deutlich zu äußern. Das heißt, er muß selbst der Kritik zugänglich sein, und er muß eine hohe Aufnahmefähigkeit für Kritik an seinen eigenen Entscheidungen haben. Dahinter steht die Absicht, die Mitglieder davon abzuhalten, von vornherein den leichteren Weg zu gehen oder gegenteilige Ansichten zu vermeiden. Eine Führungskraft, die sich einen Berater zur Selbstbestätigung hält, wirft das Geld mit vollen Händen zum Fenster hinaus.
2. Der Leiter einer solchen Gruppe sollte unparteiisch sein und auf keinen Fall Referenzen und Erwartungen zu Beginn eines solchen Gesprächs äußern. Von ihm wird hohe Sachlichkeit und Zurückhaltung bei der Umreißung des Problems erwartet.
3. Die Organisation ist gut beraten, wenn sie einfach routinemäßig der Praxis folgt, gleichzeitig verschiedene und voneinander unabhängig arbeitende Planungs- und Bewertungsgruppen einzuberufen, die alle an derselben Frage arbeiten. Jede dieser Gruppen stellt ihre Überlegung unter einem anderen Leiter an. Bei Personalmangel läßt sich das qualitativ dadurch erreichen, daß – wie beispielsweise in der Kuba-Krise 1962 geschehen – ein- und dieselbe Gruppe unter immer wieder neuer In-Frage-Stellung ihrer bisher erzielten Ergebnisse zusammentritt, und zwar so lange, bis sich eine Liste von Alternativen aus dem jeweils voll abgelaufenen Gruppen- und Entscheidungsprozeß ergeben hat, über die dann eine endgültige Entscheidung herbeigeführt wird, die vertagt werden kann oder die der Auslöser für eine tragfähige Entscheidung durch Brainstorming sein kann.

Mehrere *weitere Möglichkeiten* der Verhinderung von Fehlentwicklungen sieht *Janis* hierin:

4. Auch wenn nur eine abgeschlossene Gruppe vorhanden ist, könnte sie sich während der Zeit der Analyse und Entscheidungsfindung mehrfach trennen und jeweils unter verschiedenen Leitern zu unterschiedlichen Ergebnissen kommen, die dann hinterher in ihren Abweichungen besprochen und wieder ausdiskutiert werden.

5. Jedes Mitglied einer solchen Gruppe sollte von Zeit zu Zeit die Überlegungen der Gruppe mit vertrauenswürdigen Kollegen in der eigenen Organisation diskutieren und die Reaktionen rückmelden.

6. Einer oder mehrere Experten von draußen oder qualifizierte interne Berater oder Kollegen, die nicht Mitglieder der Kerngruppe sind, sollten des öfteren zu den einzelnen Treffen eingeladen und ermuntert werden, die Ansichten der Kern-Mitglieder in Frage zu stellen.

7. In jedem Auswertungsgespräch über politische Alternativen sollte zumindest ein Mitglied die Rolle des advocatus diaboli übernehmen.

8. Wo immer es in solchen entscheidungsvorbereitenden Gruppen um Entscheidungen geht, die die Beziehungen zu der Konkurrenz, einem Rivalen oder einem Gegner betreffen, sollte ein großer Teil der Zeit, vielleicht sogar die gesamte Sitzung, darauf verwandt werden – vielleicht eine Aufgabe für entsprechende Experten, alle Warnsignale des Gegenübers aufzunehmen und ständig alternative Szenarios über die Absichten des Gegenübers zu konstruieren.

9. Wenn ein erster Konsens darüber erreicht ist, was als die beste Handlungsweise für die Zukunft angesehen wird, sollte jede Gruppe in einem erneuten Meeting eine sogenannte zweite Chance erhalten, indem sich jedes Mitglied noch einmal über zurückgebliebene Zweifel so stark wie nur möglich ausläßt und damit die letzten Grundlagen für eine definitive und tragfähige Entscheidung schafft.

Janis berichtet die Geschichte von *Alfred B. Sloan,* einem früheren Vorstandsvorsitzenden von General Motors, der bei einem Meeting einmal zu seinen Kollegen gesagt haben soll: „Meine Herren, ich nehme an, wir sind uns alle einig über die Entscheidung, die getroffen werden muß. Deswegen schlage ich vor, wir vertagen die weitere Diskussion dieser Sache bis zu unserem nächsten Gespräch und geben uns noch einmal Zeit, Nicht-Einigkeit zu entwickeln, um dadurch etwas mehr Verständnis darüber zu erzielen, um was es bei der Entscheidung wirklich geht."

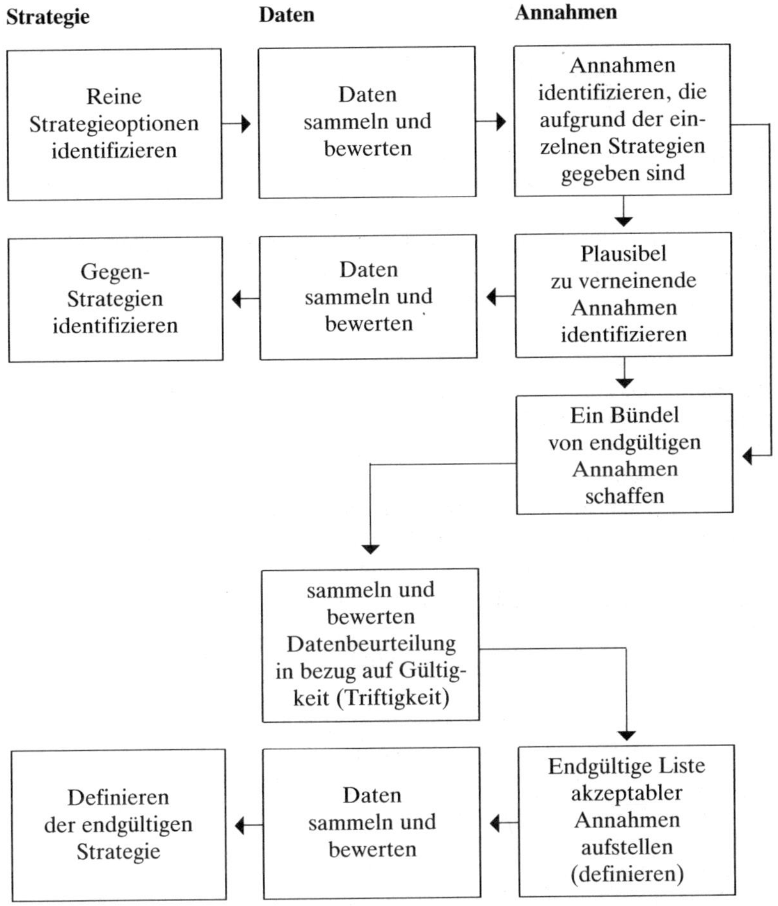

Abb. 10: Methode zur Analyse strategischer Annahmen (nach *Emshoff/Mitroff*)

11. Leitsätze für die operationelle Erarbeitung von Plänen

Hinsichtlich jeder Art von Störung bei der Durchführung von Plänen – also nicht nur im Zeitablauf – muß der Gedanke lebendig bleiben, daß der einzelne Mensch, auch der vielbeschäftigte, die Freiheit hat, seine spezielle Zielsetzung und Planung den jeweiligen Umständen entsprechend so abzuändern, daß sie wieder dem Grundplan bzw. dem Lebensplan dienen können. Der Vielbeschäftigte muß deswegen wach und elastisch, beweglich und aktiv bleiben, damit er auf jede Art von Störung seiner Absichten und seiner Vorhaben richtig zu reagieren vermag. Seine Einstellung zu seinen Zweckplänen und die Zweckpläne selbst muß er überprüfen, wenn sich erweist, daß sie sich nicht durchführen lassen, oder wenn er entdeckt, daß das angestrebte Ergebnis sich deswegen noch nicht erzielen läßt, weil es erst wachsen und heranreifen muß. Das Wachsende und Heranreifende läßt sich nicht in Zweckpläne einschließen. Es muß aus dem Menschen heraus kommen oder auf diesen Menschen wie von selbst zukommen.

Das aber, was sich im Leben machen läßt, und wozu auch der Vielbeschäftigte aufgefordert ist, sollte er richtig machen. Um Zweckpläne richtig verwirklichen zu können, sollte man folgende Leitsätze beachten:

1. Wann immer es Ihnen möglich ist (durch Eigenentscheidung, durch die Situation, durch das Verständnis von Vorgesetzten), wählen Sie sich als Vielbeschäftigter nur Ziele, die Ihren natürlichen Eignungen bzw. Stärken entsprechen.
2. Stellen Sie sich zu dem Plan, durch den Sie Ihr Ziel erreichen wollen, positiv ein.
3. Achten Sie bei der Planverwirklichung auf körperliches, seelisches und geistiges Gleichgewicht.
4. Halten Sie Maß in allen Dingen und erhalten Sie sich dadurch spannkräftig und widerstandsfähig.
5. Achten Sie auf zweckmäßige Gestaltung des eigenen Arbeitsplatzes.
6. Setzen Sie sich Ziele; für das Ganze ein strategisches Fernziel, für die Arbeit im einzelnen taktische Nahziele.
7. Arbeiten Sie nach Plänen, was Ziel, Weg, Mittel und Zeit angeht.
8. Lassen Sie jedem Arbeitsbeginn einen Augenblick der Sammlung vorausgehen. Aus dem Stand springt es sich schlecht.
9. Lassen Sie schwierige Dinge nicht schmoren. Erledigen Sie sie nach Möglichkeit sofort.

10. Ersticken Sie nicht in der Routine.
11. Kommen Sie nicht aus der Übung.
12. Schlagen Sie das Ihnen gemäße Tempo an. Steigern Sie es langsam.
13. Achten Sie auf Arbeitsfluß und Arbeitsrhythmus.
14. Denken Sie daran, daß jeder Anspannung die Entspannung folgen muß.
15. Kennen Sie sich bei sich selbst aus.
16. Lassen Sie sich nicht gehen.
17. Erziehen Sie sich dazu, mit anderen zusammenzuarbeiten.
18. Denken Sie nicht nur an den materiellen Erfolg.
19. Nehmen Sie sich selbst nicht zu wichtig.
20. Fliehen Sie nicht vor sich selbst, sondern nehmen Sie es ernst mit Ihrer Selbstverwirklichung.

Checkliste: Planungsstichworte für den Alltag

1. Radiergummi und Bleistift
2. Zielorientierung
3. Situationsorientierung
4. Kernproblemorientierung
5. Prozeßorientierung
6. Teamorientierung
7. Beteiligtenanalyse
8. Betroffenenanalyse
9. Aktivitäten + Annahmen = Ergebnisse
10. Annahmen mit geringer Wahrscheinlichkeit = hohes Risiko
    Wichtige Annahmen, deren Eintreten unwahrscheinlich ist, sind „tödliche" Annahmen.

12. Arbeitstechnik als Ordnungsmittel

Ob Sie methodisch und systematisch arbeiten, hängt von Ihrer Arbeitstechnik ab. Damit Sie Ihre Leistungsfähigkeit voll ausnutzen können, sollten Sie dem Mitarbeiter dasjenige Maß an Arbeit zuteilen (oder es für sich selbst so bestimmen), daß es seinen Kräften entspricht. Vor aller Arbeitstechnik steht also die Frage nach der qualitativen und quantitativen Norm.

12.1 Arbeitsnorm

Das Maß liegt im *Optimalen. Maximale* Anforderungen sollten nicht gestellt werden. Man sollte Maximales aber auch nicht von sich selbst verlangen, zumindest nicht für die Dauer. Dauernden maximalen Anforderungen kann niemand entsprechen, wenn er nicht als Überlasteter und Überforderter krank werden will. Ganz allgemein läßt sich sagen, daß keiner ständig maximale Anforderungen an sich stellen sollte. Niemand hält auf die Dauer eine maximale Beanspruchung aus.

Ebensowenig kann man sich natürlich mit *minimalen* Leistungen zufrieden geben. Zwar neigt der Mensch dazu (der bekannte Arbeitspsychologe *Poppelreuther* hat das nachgewiesen), in seiner Arbeitszumessung die sogenannte *Begnügungstendenz* walten zu lassen. Er strebt dann nach Möglichkeit das Minimale an, gibt sich mit ungefähren Lösungen der ihm gestellten Aufgaben zufrieden und beharrt auch dann noch auf seiner Arbeitsmethode, wenn sich längst herausgestellt hat, daß sie unzulänglich ist und zu unvollkommenen Ergebnissen führt. Entdeckt er zum Beispiel im Laufe seiner Arbeit Mängel und Fehler, so nimmt er sich regelmäßig vor, sie nach getaner Arbeit abzustellen. Diesen Vorsatz aber vergißt er, sobald er seine Arbeit trotz der Fehler dennoch zu einem Ende geführt hat. Er ist froh, daß sie nun einigermaßen gut erledigt ist. Er gibt sich damit zufrieden. Er ändert nichts an der Methode und nimmt sich diese Änderungen immer dann wieder vor, wenn er dieselbe Arbeit nochmals zu leisten hat und dabei wieder auf die gleichen Schwierigkeiten stößt.

Diesen Hang zur minimalen Leistung muß man überwinden. Ebenso ist es notwendig, daß man gegen seine eigene Trägheit angeht. Es muß außerdem darauf geachtet werden, daß Mitarbeiter nicht nach dem Prinzip arbeiten: „Fangen wir doch an, zum Ende kommen wir schon!" Jeder, der arbeitet und andere arbeiten läßt, sollte sich und seine Mitarbeiter zur exakten, rationellen, systematischen und termingerechten Arbeit erziehen und anhalten.

Was verlangt werden muß, ist die *optimale Arbeitserledigung.* Was für einen Menschen als optimal zu gelten hat, muß jeweils erprobt werden. Jeder hat seinen eigenen Maßstab. Er muß aus seinen Erfahrungen die richtigen Konsequenzen ziehen. Zu niedrig darf das Optimale auf keinen Fall angesetzt werden. Nach optimalen Maßstäben arbeitet der, der Spannung und Entspannung ins richtige Verhältnis zueinander setzen kann. Dazu gehört, daß er seinem Arbeitsrhythmus in sinnvoller Weise zu folgen vermag und nicht ein Arbeitstempo und eine Arbeitsintensität zudiktiert bekommt, die ihm nicht gemäß sind und durch die er – auf die Dauer gesehen – überfordert und überlastet wird.

12.2 Arbeitsrhythmus

Im allgemeinen schließt sich der Arbeitsrhythmus dem Rhythmus der Natur, dem Tag- und Nachtrhythmus, an, der auch die Zeit des Wachseins und des Schlafens bestimmt. Es gibt aber auch noch andere Rhythmen, die zu beachten sind, wie zum Beispiel bei Jugendlichen die Entwicklungs- und Wachstumsrhythmen, bei sich selbst aber die Ebbe und Flut der Gestimmtheit, die Aufeinanderfolge von Hochs und Tiefs in der Leistungsfähigkeit, dann die Periodizität im Leben der Frauen und Männer überhaupt oder den jahreszeitlichen Rhythmus, den Sieben-Jahres-Rhythmus sowie den Rhythmus der Phasen, die einer im Laufe seines Lebens durchlebt.

Es gibt eine ganze Reihe sogenannter Leistungskurven, die oft nur statistischen Wert haben. Statistisch gesehen können wir nämlich mit einem Bein in der Tiefkühltruhe stehen und mit dem anderen in einem Hochofen, wobei die mittlere Durchschnittstemperatur angenehm ist.

Rhythmus ist die Wiederkehr des Ähnlichen. Rhythmus hebt empor, läßt dann wieder absinken, und zwar in die schöpferische Pause hinein, in der man sich sozusagen auf sich selbst besinnt. Dann beginnt das Spiel der Zeit- und Gestaltähnlichkeit wieder von neuem. Dieses Auf und Ab ist das Kennzeichen aller Phasen des Lebens. Es ist die Grundfigur jeden Geschehens, also auch des Arbeitens.

Nicht vergessen werden darf, daß sich die Bedürfnisse laufend ändern, in der Ausdehnung schrumpfen oder sich vielfach dehnen können. Das gilt vor allem für den Schlaf. Dabei sollten wir festhalten: Eine völlige Umstellung des jeweiligen natürlichen Rhythmus hat sich nicht als lebens- und leistungsfördernd erwiesen. Das zeigt sich in den Betrieben schon bei der Schichtarbeit. Überall da, wo die Nacht zum Tage gemacht wird, wo die Nacht der mit Arbeit erfüllte Zeitraum wird, der Tag dagegen die Schlafenszeit, kommt es zu seelischen Störungen, aus denen sich organische Schädigungen ergeben können. Schäden dieser Art sind nachgewiesen bei denen, die ständig Nachtschichten in der Industrie zu erfüllen haben, beim Beruf des Nachtwächters, schließlich auch im Kriege bei Nachtjägern, bei Scheinwerfern, Flak und so weiter, wo sich die stete Wachbereitschaft während der Nacht durch sinkende Kampfbereitschaft und verminderte Leistungsfähigkeit bemerkbar gemacht hat.

Über gewisse Zeiträume läßt sich auch eine Umstellung durchhalten. Aber freiwillig hat wohl kaum einer zu Stalins Zeiten in der Sowjetunion jahrelang nachts gearbeitet, weil es dem Diktator am besten erschien, meistens nachts zu arbeiten. Leistung als Audruck von Lebensfrische, Arbeitslust und Energiereserven ist gebunden an den Tag, was nicht zuletzt mit dessen Lichteinstrahlung zusammenhängt. Bunkeratmosphäre oder nur noch indirekte künstliche Beleuchtung statt großer heller Fensterflächen sind nicht energieaufladend. Die Nacht mit ihrer Ruhe und dem natürlichen Dunkel kann dagegen durch den Schlaf zu einer schöpferischen Pause werden – wenn das möglich ist.

Auch *Hellpach* weist darauf hin, daß die Verkehrung der Wellenbewegung von Tag und Nacht zur Sucht führen könne, immer so verkehrt zu leben. Dadurch wird aber der Natur entgegengearbeitet. Das natürliche Geschehen, die natürliche Lebensweise des Menschen überhaupt wird in Frage gestellt. Auf die Dauer können Leistungsminderungen nicht ausbleiben.

Der Rhythmus, in welchem die Arbeit abläuft, findet seinen Niederschlag in der *Leistungskurve.* Es gibt eine sogenannte *Tagesleistungskurve.* Diese Kurve weist für die Zeit von 6–10 Uhr den Leistungshöchststand auf, führt zu einem ersten Wellental (nur Leistungsstillstand, keine Fehlleistung!) in der Mittagszeit, erhebt sich zwischen 17 und 21 Uhr nochmals und geht dann steil nach unten, um gegen 3 Uhr den Minimalpunkt zu erreichen. Diesen Kurven passen sich sowohl der Atem- und Pulsrhythmus als auch die Werte des elektrischen Hautwiderstandes an.

Die allgemeinen Erfahrungen mit der *Wochenleistungskurve* besagen, daß der Montag für viele Mitarbeiter oft ein schlechter Arbeitstag ist bzw. sein kann (Montagsproduktion). Man muß erst wieder in Tritt kommen, hat sich vielleicht am Wochenende zuviel zugemutet, ist noch müde oder aggressiv, weil eine gerade begonnene Umstellung auf Entspannung abrupt wieder abgebrochen werden muß. Es gibt heute interessante Ausführungen von Wissenschaftlern über Sinn und Unsinn der von den Gewerkschaften geforderten 4-Tage-Woche.

Das Positive an einer 4-Tage-Woche könnte ein ununterbrochener Entspannungs- bzw. Aktivurlaubsraum von drei Tagen sein, der sich immer wiederholt. Voraussetzung für eine zukünftige 4-Tage-Woche wird bleiben, daß die Mitarbeiter an den anderen vier Tagen besonders konzentriert ihre Aufgaben erledigen. Für ein solches Programm fehlen jedoch noch die Voraussetzungen. Allein die tägliche Leistungskurve spricht schon dagegen. Wenn wir uns gegenüber ehrlich sind, ist eine Konzentrationszeit von maximal 4–5 Stunden am Tag im Büro schon sehr hoch. Das zeigt sich auch in der Wochenkurve. Die Wochenleistungskurve steigt bis Mittwoch an, um dann abzufallen und am Freitag wieder einen gewissen Höhepunkt zu erreichen.

Im Bezug auf den *jahreszeitlichen Rhythmus* ist festgestellt worden, daß im Frühling mit einem Nachlassen der gedanklichen Übersicht und der intellektuellen Überlegungen, einhergehend mit einer gesteigerten Triebhaftigkeit zu rechnen ist. Dann folgt (hinsichtlich der Leistungen) ein Hochsommerminimum. Nach dem Wiederanstieg der Kurve an der Wende zum September bringt der Frühwinter das Optimum der physischen und psychischen Leistungsfähigkeit.

Übrigens: Wo eine Arbeit im natürlichen Rhythmus abläuft, läuft sie meist auch ökonomisch ab. Durch die Rhythmisierung erhält die Arbeit aber nicht nur einen gewissen Elan, sondern sie läßt, aus gefühlvollem Behagen und aus der Anschauung des Schönen, den Arbeitenden zu besseren und intensiveren Leistungen kommen.

Wir haben bisher vom allgemeinen Rhythmus der Natur gesprochen. Es gibt aber auch einen ganz *individuellen, persönlichen Rhythmus.* Es gibt nämlich Tages- und Nachtarbeiter, Frühaufsteher und Langschläfer. Die Menschen sind aber an den allgemeinen, d. h. an den künstlichen Rhythmus gebunden. Er wird ihnen durch die Art der industriellen Arbeit vorgeschrieben. Keiner kann nämlich nachts arbeiten, wenn die Organisation, in der er tätig ist, Tagesarbeit vorschreibt. Es wird andererseits in der Industrie immer einige geben, die nachts zu arbeiten haben. Doch können im Grunde nur die Angehörigen der freien Berufe auf diese ganz persönlichen Hochs und Tiefs in ihrem Arbeitsrhythmus achten und die Intensität ihrer jeweiligen Arbeit entsprechend regulieren. Alle anderen müssen sich dem allgemeinen Arbeitsrhythmus fügen. Sie sollten aber in ihrer Freizeit nach eigenem Rhythmus leben und sich beschäftigen.

Wer morgens früh aufsteht, kann im Betrieb eine halbe oder eine ganze Stunde vor dem offiziellen Beginn bereits viel erledigen. Er sollte sich aber nicht zum Schrecken der Mitarbeiter betreffs Pünktlichkeitskontrolle oder Ansporner zum Früherkommen entwickeln. Für seine Lieblingsprojekte (besser seine Prioritätsprojekte Nr. 1) nutzt er am besten die Vormittagsstunden.

Wer dagegen am frühen Morgen trotz größter Kraftanstrengung nicht an die Arbeit kommt, der sollte sich nicht unter Aufbietung seiner ganzen Willenskraft zu einer besonderen Leistung im Bereich seiner Lieblingsprojekte zwingen. Es kommt dabei kaum etwas Positives heraus. Für ihn ist die freie Zeit am Abend diejenige Zeit, welche er nützt und nicht vertun sollte. Wer sich – wann auch immer – im *Hoch* fühlt, der sollte *Maximales* leisten. Er kann sich beim nächsten *Tief* dann mit dem *Minimalen* zufrieden geben, weil er sozusagen vorgearbeitet hat und außerdem aus Erfahrung weiß, daß diesem Tief wieder ein Hoch folgen wird, in welchem er das nachholen kann, was er im Tief versäumt hat.

Aber selbst derjenige, der im Beruf und im Privatleben ganz seinem persönlichen Rhythmus folgen kann, sollte sich von Fall zu Fall fragen: „Ist das wirklich mein Rhythmus, der mir diese Art von Arbeitseinteilung aufzwingt? Oder ist es nur meine Unfähigkeit, mich zusammenzunehmen, mich auf ein gegebenes Ziel hin strikt auszurichten? Mache ich mir durch die zu starke Beachtung des persönlichen Rhythmus nicht etwas vor? Steckt dahinter nicht die Begnügungs- und Trägheitstendenz? Werden meine Mitarbeiter (z. B. Sekretärin) dadurch nicht zu sehr in ihrer Zeiteinteilung gestört? Ist meine Arbeitszeit im Rahmen des Betriebes nicht irgendwie ein Fremdkörper?"

Ertappt einer sich bei dieser Selbsterforschung dabei, daß er sich fester an die Kandare nehmen sollte, statt sich ganz einfach gehen zu lassen, dann wirkt ein energischer Selbstbefehl Wunder. Die Arbeit, die er sozusagen gegen seinen Nacht-Rhythmus in der Frühe beginnt, begeistert ihn am Ende dann doch. Sie geht sogar den ganzen Tag über mit Schwung weiter. Eine solche, durch Willenseinsatz in Gang gebrachte Aktivität hält oft bis in die Nacht hinein vor und bringt dann die Erfolge, die nötig sind, um auch weiterhin in der richtigen Arbeitsstimmung zu bleiben.

Selbstdisziplin ist neben der Kenntnis seiner individuellen Rhythmen ein ebenso wichtiger Bestandteil individueller Arbeitstechnik. Selbstdisziplin gilt es zu haben bzw. zu trainieren, um nicht zum „Arbeitssüchtigen" (workaholic) zu werden. Einzelne Felder des Kampfes um Selbstdisziplin sind:

– Rauchen	– Trödeln (Tagträumen)
– Trinken	– Sucht nach Vollständigkeit bei Unwesentlichem
– Essen	– Fortsetzung betrieblicher Diskussionen in der Freizeit.

Einige Tips:

Rauchen: Zum Schutz einer immer größer werdenden Schar von Nichtrauchern im Betrieb können Raucherzimmer eingerichtet werden. Aber das führt zu neuen Gruppenbildungen und eventuell Aggressionen. Besser ist eine Selbstbeherrschung durch autogenes Training, Hypnose oder eine Raucherpause von fünf Minuten auf den Gängen. Eines Tages werden die Nichtraucher sowieso die Mehrheit stellen. Darum ist es besser, schon jetzt vernünftige Regelungen zu schaffen. Vor Gericht wird im Zweifel der Mitarbeiter Recht bekommen, der sich krank fühlt, wenn geraucht wird. Ein Ventilator allein genügt da nicht.

Trinken: So wenig wie möglich tagsüber trinken, auch den Kaffee nicht zur unreflektierten Gewohnheit werden lassen. Pausen auf Kommando haben schon manchen kreativen Faden reißen lassen. Bieten Sie zwar jedem Besucher einen Kaffee an, damit er möglichst lange sitzenbleiben kann, aber trinken Sie nicht unbedingt immer mit. „Socializing", wie die Amerikaner sagen, die Kunst der Konversation, gehören in den späten Nachmittag oder frühen Abend. Dort gehören auch größere Alkoholmengen hin. Tagsüber nur einen Aperitif.

Essen: Wer zwischen zwölf und zwei oder noch länger tafelt, wird kaum nach vierzehn Uhr noch zu geistiger Leistung fähig sein. Ein voller Bauch studiert nicht gern. Leichte Kost ist auf jeden Fall zu empfehlen. Ein Spaziergang bringt mehr Energien zurück als ein Mittagessen mit mehreren Gängen. Mehrere Kleinigkeiten (Snacks) bringen mehr als das große Essen. Wer tagsüber überhaupt nichts ißt, kann dadurch auf dem Wege zum Alkoholiker, Energieverlust oder Übergewicht sein. Für Führungskräfte sei hier die bekannte Köhnlechner-Diät empfohlen.

Trödeln: Nichtstun kann neue Energie freisetzen, wenn es geplant (Meditation) betrieben wird. Abschalten kann gut sein. Es darf aber nicht zu einer unkontrollierten bürokratisch ritualisierten Form des Nichtstuns werden. Denken Sie immer an Parkinson: Vorhandene (wenige) Arbeit hat das Bestreben, sich auszudehnen und den vorhandenen Zeitraum auszufüllen.

Diskussion betrieblicher Probleme in der Freizeit: Sie kann den Familienfrieden unerträglich belasten, wenn sie zum Dauerbrenner wird. Für alle anderen Beteiligten außer Ihnen muß das Ganze wirken, als erzähle der Ochse von seiner Operation. Planen Sie lieber positiv und aktiv selbstbestimmt voraus, was Sie gemeinsam demnächst tun wollen. Als Ventil-Regelung hat sich bewährt: eine halbe bis eine Stunde Gespräch mit der Frau oder einem Freund bei einem Erfrischungsgetränk, um den Tag ausklingen zu lassen und sich auf die Freizeit vorzubereiten. Dabei werden einmal Sie selbst Zuhörer und dann auch Aktiver in der Gesprächsführung sein müssen.

12.3 Pause, Freizeit, Muße

Zum Rhythmus gehört, wie wir schon sagten, die *Pause.* Sie liegt zwischen den beiden Phasen Anspannung und Entspannung. Es hat sich herausgestellt, daß mehrere kurze Pausen für den Arbeitserfolg wirksamer sind als eine einmalige längere Pause. Das Wiederanfangen nach kurzen Pausen ist leichter, weil der Übungsverlust geringer ist. Der Arbeitende ist schneller wieder ganz in seiner Arbeit drin. Wer eine Arbeit auf längere Zeit unterbricht, tut sich schwer, wenn er sie fortsetzen will. Oftmals bleibt sie liegen und wird nicht zu Ende geführt. Ebenso geht es mit Arbeiten, die wir uns für den Morgen vorgenommen haben und die wir deswegen nicht erledigen, weil sie nicht in unseren persönlichen Rhythmus hineinpaßt. Es ist wichtig, die Anfangsscheu vor der Arbeit zu überwinden. Tut man das, kommt man auch dann in Schwung, wenn der Zeitpunkt des Beginns uns nicht recht liegt.

In der Pause soll die Arbeit wirklich ruhen, und die Gedanken gehen eigene Wege. Pausen verbringt man am besten nicht an seinem Arbeitsplatz. Jede andere Umgebung erleichtert das Umschalten. Unterhaltsame Gespräche in der kleinen Pause sind sinnvoll, ebenso das unbestimmte Vor-sich-hin-Sinnen. – Der Arbeitstag als Ganzes will seinen Rhythmus haben. Der Arbeitszeit folge die Erholungszeit und dann die Schlafenszeit. Erholungs- und Schlafenszeit sind die täglichen großen Pausen von der Arbeit. Sie wollen genutzt sein. Erholung und Schlaf sind die Quellen der Erneuerung der Schaffenskraft. Erholung und Schlaf fordern daher ihr Recht. Diese Zeiten sollten nicht nur durch Zerstreuung ausgefüllt werden. Schlaflosigkeit muß auf ihre Ursachen hin untersucht werden. Die Heilung kommt nämlich nicht nur allein durch wahllos eingenommene Tabletten, an die man sich gewöhnt und die oft genug doch keine Entspannung, kein Ausruhen durch den auf diese Weise herbeigeführten künstlichen Schlaf bringen.

Die Sonn- und Feiertage sind die Pausen zwischen den Arbeitswochen. Diese Pausen dienen heutzutage nicht immer dem Ausruhen, dem Entspannen, dem Bei-sich-selbst-Sein, dem Spiel oder der zwanglosen Betätigung. Manch einer kommt montags verbrauchter zurück an die Arbeit, als er sie am Wochenende verlassen hat. Zu weite Reisen, zu intensiver Sport, zu arbeitsträchtige Hobbies haben nach den Anstrengungen der Arbeitswoche noch weiter an dem schon durch die Arbeit verminderten Kräftevorrat gezehrt, so daß man von vielen sagen kann, daß sie sich montags erst einmal von den Strapazen des Wochenendes erholen müssen, ehe sie produktiv werden können.

Der richtige Umgang mit Pausen will also gelernt sein. Das Umschalten vom Tun zum Nichtstun ist nicht immer ganz einfach. Durch das erhöhte Arbeitstempo, durch die verstärkte Intensität der Arbeit wird mancher wacher, konzentrierter und gespannter, als es für ihn gut ist. Muße, vor allem wenn sie einem aufgezwungen wird, gilt dabei oft noch als unfruchtbare Zeit; deswegen ist sie beim Arbeitsamen zunächst mit Unlustgefühlen verbunden. Man hat das unbehagliche Gefühl, daß etwas in einem nicht ganz in Ordnung ist. Was geordnet war, gerät durcheinander. Der Überblick geht verloren. Daß solche unfruchtbaren Zeiten sich immer wieder bei jedem Menschen einstellen, ist ein Trost für diejenigen, die sich gerade in einer solchen Phase befinden.

Eine solche Phase läßt sich meist nicht dadurch überwinden, daß man mit Gewalt aktiv zu werden versucht. Was gebraucht wird, ist Entspannung, wirkliche Ruhestellung, aus der heraus man dann wieder aktiv werden kann. Zu den eigenen unfruchtbaren Zeiten soll man das richtige Verhältnis gewinnen. Oft sind es nämlich Inkubationszeiten, d. h. Neues bereitet sich vor. Unbewußte Tiefen sind aufgestört. Bewußt wird einem aber nur der Zustand des Unfruchtbaren und des Unbehagens. In solchen Zeiten sollte man sich nicht gestaltend, sondern aufnehmend verhalten. Man gehe trotz allen Widerstrebens unter Menschen; man suche die Zerstreuung; man lese, was sich gerade anbietet: das Leichte, Freundliche eher als das Ernste und Tiefe; man mache Spaziergänge; man lasse dabei seine Gedanken schweifen, suche Kontakt zu Pflanze und Tier, zu Sonne und Wolken. Man sollte bewußt nichts tun, sondern sich einfach treiben lassen. Das Hinnehmen, die Hingabe, das Sich-Versenken sind auch Bestandteile des Lebens.

Auf diese Weise wird die sogenannte „unfruchtbare" Zeit zu einer Zeit der Sammlung, des Sich-Besinnens. In dieser Zeit klären sich manche Probleme. Es bereiten sich Lösungen vor; neue Gedanken steigen ins Bewußtsein auf. An ihrem Ende steht man dann wie vor einem neuen Anfang, mit neuen Einfällen, mit Mut zum Wagnis, mit der Freude an neuen Unternehmungen.

Ähnliches bewirken auch die Muße und die Stille, zu denen man sich ganz allgemein wieder erziehen sollte. Man muß wieder mit der Stille umgehen lernen; Wochenende und Urlaub sehen dann ganz anders aus. Sie werden sinnerfüllter und sind nicht mehr laut und betriebsam oder voller Langeweile und Leere. Die Stille belastet nicht mehr oder fordert nicht mehr zum Lautwerden und zur Betriebsamkeit heraus, wie es heutzutage bei vielen Menschen leider der Fall ist, sondern sie gibt neue Kraft. Man übe sich in Ruhe und Besinnlichkeit.

Der Urlaub ist die *längste mögliche Erholungspause.* Es gilt, ihn so nützlich wie möglich für sich und seine Familie und Freunde zu verbringen. *Urlaubsplanung* wird heute zum Urlaubs-Management. Wer aber sieht, wie sich Kolonnen von Autos langsam und mit Blechschaden vorwärts und rückwärts bewegen, fragt sich manchmal, ob ein normaler Urlaub nicht schon dadurch drei oder sieben Tage länger dauern kann, daß man ihn zunächst zu Hause verbringt und sich um private Ordnung und ein langsames Vorbereiten auf den Urlaub bemüht. Der *Urlaubshektiker* wird zum Tyrannen für die Familie und unterscheidet sich in der Urlaubsstartphase kaum vom Zerrbild des Panik-Bosses, der morgens ins Büro gestürzt kommt, alles auf den Kopf stellt und abends froh ist, wenn er alles wieder so hinbekommen hat, wie es am Morgen vor seinem Erscheinen schon war. Es gibt heute zahlreiche Ratgeber für den Urlaub. Es lohnt sich, das eine oder andere Buch dazu zu lesen. Urlaubsmanagement ist ebenso wichtig wie Karriereplanung. Urlaub ist die aktiv gelebte Ruhestimmung, die auch zu Aktionismus werden kann, wenn man das Gefühl hat, in seinem Beruf nur einen Bruchteil dessen körperlich und geistig geben zu dürfen, was man geben könnte oder möchte. Auch hier zeigt sich eine Dialektik: Wer im Beruf viel mit Menschen zu tun hat, Gespräche führen muß, der sucht unter Umständen gerne die Einsamkeit und absolute Ruhe, während sich der, der über monotone Arbeit oder Klausurstimmung im Beruf klagt, oft das „tosende Abenteuer" anstrebt. *Schöpferische Ruhe* aber ist für beide von Zeit zu Zeit gut, nicht nur im Urlaub.

Anspruchsvollere Wege zu dieser Ruhestimmung hin sind Yoga und autogenes Training. – *Patanjali* schildert die Auswirkungen des Yoga wie folgt: „Setze Dich einige Zeit nieder und stelle Deine Gedanken ruhig, sie gebärden sich dann wie kletternde Affen. Laß das Äffchen nur seine Sprünge ausführen, warte und beobachte. Dein Geist wird sich häßlichen Vorstellungen öffnen, über die Du ganz erstaunt sein wirst. Aber mit jedem Tag werden die Erscheinungen weniger zahlreich und weniger wild werden. In der ersten Zeit wirst Du wohl tausend Gedanken haben, dann nur noch siebenhundert und die Zahl wird immer geringer werden, bis Du plötzlich das Nichtdenken gelernt hast."

13. Die Führungskraft und ihre Zeit. Zeitmanagement: Die Zerreißprobe

Ich will den zahlreichen Büchern über den operativen und taktischen Umgang mit dem „Gut“ Zeit und den voluminösen Geschenkledertaschen mit Loseblattsammlungen keine Konkurrenz machen. Sie sind nützliche Instrumente und Führungshilfen. Der philosophische und strategische Umgang mit der Zeit interessieren im Führungszusammenhang, weil sie richtungweisend sind.

Dazu drei Zitate:

1. Das Problem ist nicht neu. Es hat biblischen Charakter[12]:

   „Ein jegliches hat seine Zeit, und alles Vorhaben unter dem Himmel hat seine Stunde:
   geboren werden hat seine Zeit, sterben hat seine Zeit; pflanzen hat seine Zeit, ausreißen, was gepflanzt ist, hat seine Zeit;
   töten hat seine Zeit; heilen hat seine Zeit; abbrechen hat seine Zeit; bauen hat seine Zeit;
   weinen hat seine Zeit, lachen hat seine Zeit; klagen hat seine Zeit, tanzen hat seine Zeit;
   Steine wegwerfen hat seine Zeit, Steine sammeln hat seine Zeit; herzen hat seine Zeit, aufhöhren zu herzen hat seine Zeit;
   suchen hat seine Zeit, verlieren hat seine Zeit; behalten hat seine Zeit, wegwerfen hat seine Zeit;
   zerreißen hat seine Zeit, zunähen hat seine Zeit; schweigen hat seine Zeit, reden hat seine Zeit;
   lieben hat seine Zeit, hassen hat seine Zeit; Streit hat seine Zeit, Friede hat seine Zeit.
   Man mühe sich ab, wie man will, so hat man keinen Gewinn davon.“

2. Der amerikanische Unternehmensberater *Charles R. Hobbs*[13]:

   „Zeitmanagement ist die Gesamtheit aller Tätigkeiten zur Beherrschung von Ereignissen. Es ist entscheidend, die Ereignisse um sich herum richtig einzuschätzen, um sie entsprechend nach Priorität ordnen und beherrschen zu können. In dem Maß, in dem Sie sich die Beherrschung der Ereignisse sichern, treffen Sie auch die richtigen

12 Prediger 3,4.

13 *Charles R. Hobbs,* Time Power – Zeit gewinnen mit System. Heidelberg 1989.

Anpassungsentscheidungen, und Ihre Selbstachtung wächst. Selbstachtung unterstützt die Produktivität und Produktivität die Selbstachtung."

Hobbs unterscheidet dabei fünf Kategorien von Ereignissen:

„1. Vermeintlich und tatsächlich nicht beherrschbare Ereignisse.
2. Vermeintlich nicht beherrschbare, tatsächlich beherrschbare Ereignisse.
3. Vermeintlich beherrschbare, tatsächlich nicht beherrschbare Ereignisse.
4. Vermeintlich und tatsächlich beherrschbare Ereignisse, die Sie aber nicht im Griff haben.
5. Vermeintlich und tatsächlich beherrschbare Ereignisse, die Sie tatsächlich im Griff haben."

3. Schließlich lehrt *Jünger*[14]:

„So muß, wer Ruhe, Schlaf und Besinnung finden will, die tieferen Quellen der Zeit aufsuchen.
Die Welt der Uhren und Anschlüsse ist die Welt von Menschen, die arm an Zeit sind, die keine Zeit haben. Ihr sind wir verpflichtet, aber wir dürfen sie nicht in Räume hineintragen, die ihren Sinn verlieren, wenn Zeitnot in ihnen herrscht.
Im Innersten muß man Zeit haben."

Zeitmanagement ist *mehr als Zeitverwaltung;* Selbstführung, innerer Sinn und Lebensdrehbuch der individuellen Führungskraft können durch das Instrument der Transaktionsanalyse (TA) kräftig unterstützt werden.

1980 erschien in der Bundesrepublik Deutschland ein Buch zum Thema „Person und Zeit – Im Brennpunkt seelischer Störungen" von Professor *Bernhard Pauleickhoff*[15]. Es beleuchtet aus anderer, medizinischer Sicht die Bedeutung von TA. *Pauleickhoff* weist darauf hin, daß schon *Kant* die Zeit als „die Form des inneren Sinnes" bezeichnet hat. *Heidegger* habe in seinem Hauptwerk „Sein und Zeit" die Bedeutung der Zeit für die *Ontologie* geschildert, und *Hartmann* habe in seiner „Philosophie der Natur" die Bedeutung der Zeit für die *seelische Realität* im Vergleich zum Raum abgegrenzt: „Nicht die Räumlichkeit . . . ist das spezifische Merkmal der Realität, sondern die Zeitlichkeit . . . Der Raum ist die dimensionale Form der Außenwelt allein

14 *Ernst Jünger,* Das Sanduhrbuch.
15 Heidelberg 1980.

und darum nur die der niedrigen Schichten des Realen. Die Zeit ist die dimensionale Form der inneren und äußeren Welt, Form aller Schichten des Realen, der ganzen Welt also. Darum ist sie, und nicht nur der Raum, das maßgerechte Merkmal der Realität.

Pauleickhoff: „Die Zeit mit dem unerbittlichen Nacheinander läßt in jedem Augenblick nur eine von mehreren Möglichkeiten Wirklichkeit werden, bringt aber mit ihrem ständigen Weiterrücken und Vergehen immer wieder neue an den Tag."

Die Spiegel-Redakteurin *Ariane Barth* hat in der Titelgeschichte des Nachrichtenmagazins vom 15. Mai 1989 die zur Zeit wohl beste Zusammenschau des gegenwärtigen Zeitproblems in allen Bereichen der Gesellschaft veröffentlicht[16].

„Die subjektive Dauer von Zeit ist aber nicht nur abhängig von der Menge der Informationen und der Geschwindigkeit, in der sie eingehen, sondern auch von ihrer Bedeutung für ein Individuum. Alles, was neu ist, beschleunigt die Zeit im Moment des Geschehens, produziert aber eine lange Zeit für die Erinnerung. Die langen Sommer der Kindheit stammen aus jenen Jahren, als das bewußte Zeiterleben schon relativ gut ausgeprägt war, jedoch viele Geschehnisse auch einen hohen Neuigkeitswert hatten. Mit zunehmendem Alter ergibt sich ein gewisser Automatismus von Welterfahrung: Vieles schon mal dagewesen. Haben sich aber alte Menschen ein intellektuelles Staunen bewahrt, bleibt ihr Zeitgefühl sehr viel jünger."

Erleben ist mehr als lediglich Sammeln von Informationen und ihre Verarbeitung innerhalb bestimmter Zeitspannen. Lust und Unlust kommen hinzu, Emotionalisierung. Langeweile und gelangweilter Zeitvertreib sind die Folge, wenn nichts Neues erfolgt und den Menschen bewegt. Routine ist angesagt. „Das große Glück und der große Schmerz schaffen dagegen Momente der Zeitlosigkeit." *Ariane Barth* spricht von intensiven Zeitmarken. Emotionale Mangelerscheinungen führen zu Langeweile. Eine ungeheure Informationsüberflutung führt über neue Technologien wie z. B. das Fernsehen als Zeitvernichtungsmaschine zu Allgegenwart und Zeitlosigkeit.

Durch das Herumschieben von „entkörperlichten Botschaften in Raum und Zeit" entstehen nach Ansicht des Wiener Kunsttheoretikers *Peter Weibel* Simulationen der Echtheit mit einer Absenz des Sozialen. „Wer mit mir bloß telefoniert, kann mich nicht ohrfeigen." Informationsverarbeitung und Erziehungs- und Bildungserlebnisse geraten unter einen

16 Die gehetzte Gesellschaft, warum haben wir keine Zeit? – Im Reißwolf der Geschwindigkeit.

Geschwindigkeitsdruck, nicht nur in der Arbeitswelt. So befürchtet z. B. *Rifkin* einen Menschentyp, der sich sehr kurz angebunden in „Ja-, Nein-Antworten" verständigt und Höflichkeitsformen als ineffektiv fallen läßt, soziale Kontakte nur zum Zweck der Informationssammlung eingeht und anders geartete Menschen mit einem Hang zur nachdenklichen Ambivalenz intolerant ausgrenzt.

Frau *Barth* spricht von einer Heerschar der Getriebenen. „Je höher die hierarchische Position, desto größer sind die Terminzwänge, mit denen nur noch die letzte Freiheit verbunden ist, daß sie selbst bestimmt sind. Machtmenschen sind Unterworfene der Uhr." Dagegen haben die sogenannten „Underdogs" nichts als viel leere Zeit, sie sind noch nicht einmal Zeitsklaven.

„Ganzheitliche Gesundheit" und „Bio-Rhythmik" sind Versuche einer Antwort, die den Menschen als ein schwingendes System verstehen und die „Chronokratie" (*Barth*) mit ihren minutiösen Zwängen, die sich in den Körper einschreiben, berücksichtigt. „Auseinanderlaufende und gegeneinander arbeitende Rhythmen sind nach neuester Einschätzung Begleiterscheinung oder womöglich Ursache von Krankheit überhaupt . . .".

Der belgische Physiko-Chemiker und Nobelpreisträger *Ilya Grigugine* spricht davon, daß die Welt eine unendliche Vielfalt an internen Zeiten enthalte. Ichzeit und Eigenzeit wurden mehr und mehr zum Gegenstand von Buchveröffentlichungen, zur Utopie eines adäquaten Ausgleichs zwischen der Ichzeit und der Eigenzeit anderer und der gesellschaftlichen Zeit. „Die Entdeckung der Langsamkeit", neue „Philosophien" der Bedächtigkeit und Toleranz für die Eigengeschwindigkeit jedes Menschen sind „in". *Ariane Barth* zitiert einen amerikanischen Historiker: „Kein eiliger Mensch ist ganz zivilisiert."

Worauf es ankommt, ist Dinge konsequent zu Ende zu denken und sich dabei nicht unter einen unerträglichen bzw. unverträglichen äußeren Zeitdruck setzen zu lassen. Dienstleistungs- und Produktionsprozesse sind aber beschleunigt worden und vielfach repetierbar. Gleichzeitig nimmt die Arbeitszeit der Menschen politisch gesteuert ab, 35-Stunden-Woche oder Hunderte von Formen flexibler Arbeitszeitregelungen sind die Ergebnisse. Folgerichtig spricht also auch *Rifkin* davon, daß nach der territorialen Politik die Zeitpolitik komme. Andere Wissenschaftler weisen darauf hin, daß in den Zeitstrategien die wirklichen Machtstrategien lägen: „Beschleunigen oder verlangsamen; befristen; versprechen; warten und warten lassen; im richtigen Augenblick handeln, entscheiden oder abwarten – in unzähligen Variationen lassen sich Kampfes- oder Liebesbeziehungen dadurch gestalten" (*Helga Novotny*).

Schlafen Schweizer länger?

Zur Zeitverwendung im Jahre 1987 und 2007 im Vergleich hat die Forschungseinrichtung für Freizeit und Tourismus in Bern 1987 eine Grafik veröffentlicht, die von der totalen Wochenstundenzahl (168) einer berufstätigen Person folgendes Bild zeichnet (siehe Abb. 11).

Große Veränderungen scheinen sich also nicht abzuzeichnen. Acht Stunden Schlaf pro Tag erscheinen aber vielen Führungskräften als ein Traum. Während die sinnvolle, aber fremdgesteuerte Arbeitszeit um 7 Stunden abnimmt, nehmen Weiterbildung, Soziales, Kultur, Politik, Familie, Kindererziehung, Haushalt, Eigenarbeit und Hobby stark zu und passive Unterhaltung etwas ab.

Wochenstunden einer berufstätigen Person
Total Wochenstunden: 168

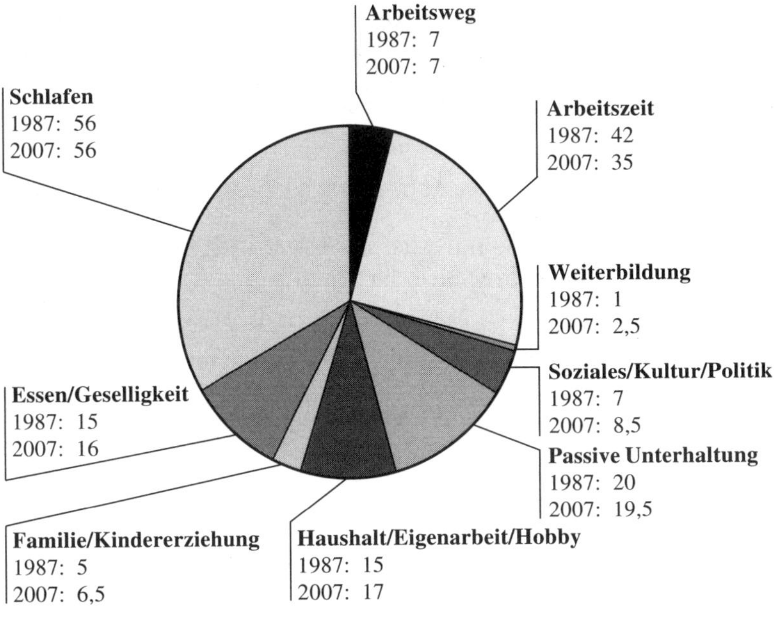

Abb. 11: Zeitverwendung 1987 und 2007 (Quelle: Forschungsinstitut für Freizeit und Tourismus, Bern, 1987; aus Zukunftsforschung, Juni 1988, Stichwort 5317)

14. Transaktionsanalyse (TA) als Ansatz zur Selbstfindung in der Zeit

Viele Botschaften haben uns seit der Kindheit erreicht, wie wir denken, sprechen und handeln sollen. TA-Analytiker haben sie in fünf Kategorien von *Antriebsfaktoren* eingeteilt, von denen jeweils einer ein Hauptantriebsfaktor ist:

Perfekt sein!
Sich bemühen!
Freundlich sein!
Sich beeilen!
Stark sein!

In der Organisation kann es sehr wertvoll sein, seine *eigenen Prioritäten* zu kennen. Wir identifizieren je nach unserer subjektiven Reihenfolge unsere *Stärken* und *Schwächen*. Niemand kann zweimal in den gleichen Fluß steigen *(Heraklit)*. *Pauleickhoff:* „Viele Termine und feste Pläne zu haben bedeutet noch keineswegs ohne weiteres, die Zeit auch sinnvoll zu gestalten. In ihnen kann sich sogar ihre Diktatur manifestieren, die den Menschen zum Sklaven macht".

In der TA ist die „Zeitstrukturierung"

- ein sechsteiliges Modell (s. Abb. 12), resultierend aus dem Streichelhunger der Menschen;
- ein Gradmesser für die Intensität des eigenen Beteiligtseins und die Art der ausgetauschten Streicheleinheiten.

1. *Rückzug*
2. *Rituale*
3. *Aktivitäten*
4. *Zeitvertreib*
5. *Spiele*
6. *Intimität*

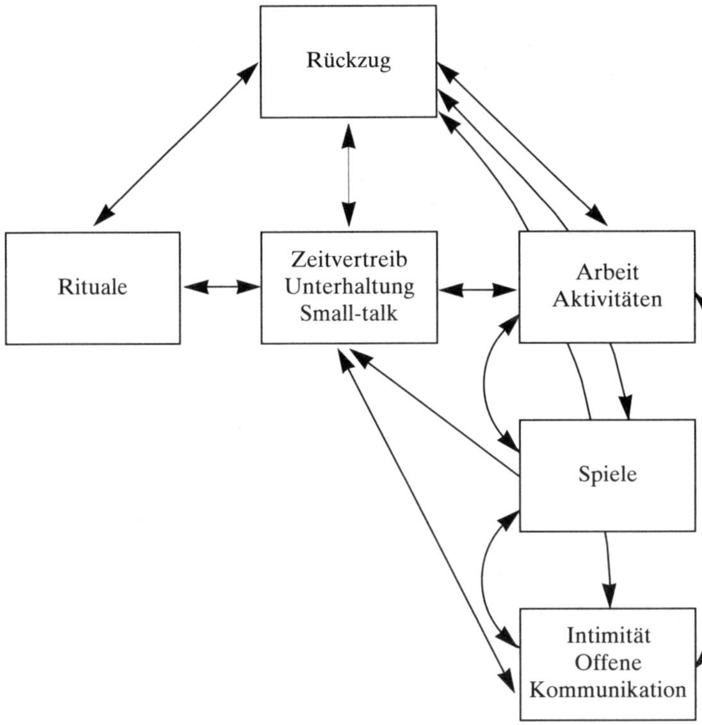

Abb. 12: Zeitstrukturierung: Was mache ich mit meiner Zeit?

Rückzug	Aus Ohnmacht, aus Stärke, um Ruhe zu finden (in allen drei Bereichen El, Er, K möglich)
Rituale	„Gesellschaftlich programmierter Gebrauch der Zeit", z. B. Vereine, Feiern, Fitness-Training
Aktivitäten	Leistung – Suche nach Partnern – reiner Aktionismus
Zeitvertreib	„Small talk" auf Parties, in Wartezimmern, im Zug etc.
Spiele	Verdeckte Transaktionen, Suche nach Auswegen für *Nicht-o.k.*-Gefühle.
Intimität	„. . . der direkte, vorbehaltlose Ausdruck sinnvoller Ideen und tiefer Gefühle zwischen zwei miteinander in Transaktion stehenden Individuen. Sie wird vom Erwachsenen-Ich gesteuert und läßt das natürliche Kind zu Wort kommen (am schwierigsten). – *Ich bin o.k. – Du bist o.k.*"

Der Energieaustausch während des Gesprächs wird sichtbar gemacht durch Transaktions-Diagramme. Während unseres Gesprächs laufen ständig Transaktionen zwischen den verschiedenen Ich-Zuständen von zwei oder mehreren Personen ab. Dabei sind z. B. in einer Kommunikation zwischen zwei Menschen 6 Ich-Zustände beteiligt:

1. Der Eltern-Ich-Reiz: Er führt im allgemeinen zur Kindheits-Ich-Reaktion. Er kann aber auch Eltern-Ich-Reaktionen auslösen.
2. Das Kindheits-Ich löst entweder Eltern-Ich-Reaktion oder Kindheits-Ich-Reaktionen aus.
3. Allein das Erwachsenen-Ich löst in der Mehrzahl der Fälle Erwachsenen-Ich-Reaktionen aus.

Eltern-Ich

Regeln, Gesetze, Gebote
- Setzt Grenzen
- Gibt Rat
- Straft
- Führt
- Gibt Regeln und Regelungen an
- Schützt
- Kritisiert

Erwachsenen-Ich

Denken
- Entscheidungen treffen
- Alternativen aufführen und bewerten
- Informationen sammeln
- Ohne Emotionen
- Kümmert sich um das, was am geeignetsten und nützlichsten ist

Kindheits-Ich

Gefühl
- Drückt Gefühle und Empfindungen aus
- Liebt Spaß
- Ist spontan
- Ist neugierig
- Freude
- Frustrationen
- Konformist
- Zieht Schlüsse über sich selbst: Ich bin o.k. – ich bin nicht o.k.

Abb. 13: Strukturanalyse der Ich-Zustände

Wir unterscheiden drei Hauptkategorien:

1. Die sogenannte Parallel-Transaktion: Sie erhalten vom Gegenüber die erwartete Reaktion.
2. Die Überkreuz-Transaktion: Sie erhalten eine unerwartete Reaktion.
3. Die verdeckte Transaktion: Sie erscheint als Winkel-Transaktion oder Doppel-Transaktion. Achtung: Hinter einer äußerlich akzeptablen Botschaft verbirgt sich eine ganz andere Nachricht.

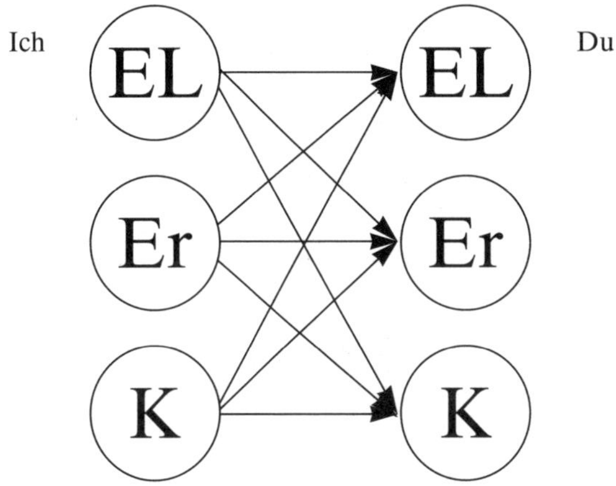

Abb. 14: Kommunikationswege

Kommunikationsregel Nr. 1

Wenn die Linien in einem Transogramm parallel verlaufen, handelt es sich um eine „direkte" oder Komplementär-Transaktion. Sie kann sich endlos fortsetzen.

Kommunikationsregel Nr. 2

Wenn der Reagierende nicht aus dem für ihn vorgesehenen Ich-Zustand reagiert, entsteht eine Überkreuz-Transaktion. Diese Transaktionen werden meist abgebrochen.

Kommunikationsregel Nr. 3

Eine Transaktion, die von mindestens zwei Ich-Zuständen ausgeht, heißt verdeckte Transaktion. Der Urheber sendet eine verdeckte Nachricht in der Form einer annehmbaren Kommunikation.

Überkreuz-Transaktionen können sich für uns im Gespräch als am gefährlichsten erweisen. Sie führen meistens zum Abbruch eines Gespräches.

Wir können sie erkennen an:

- sogenanntem Schneiden
- Rückenkehren
- mit den Schultern zucken
- abruptem Themenwechsel
- mimischem Ausdruck von Wut, Schmerz, Zorn
- Glitzern der Augen des Partners
- ständigem Aneinander-Vorbeireden
- ständigem Räuspern
- ständigem Wegschauen und
- einer Art Bauchschmerzen bei uns oder dem Gegenüber.

Solche Überkreuz-Transaktionen stellen in gewisser Weise eine Vertragsverletzung dar:

1. Die Reaktion zielt auf einen anderen Ich-Zustand als den, aus dem heraus auslösend gesprochen wurde.
2. Die Reaktion kann beim Partner von einem anderen Ich-Zustand ausgehen als dem, auf den wir ursprünglich gezielt haben.
3. Es kann eine Kombination aus beiden Überkreuzungen entstehen: Der Ich-Zustand, auf den man reagiert, und der Ich-Zustand, von dem aus man reagiert, ist jeweils ein anderer als der ursprüngliche Reizauslöser und das ursprüngliche Reizziel.

Verdeckte Transaktionen sind ebenfalls gefährlich, weil nämlich zwei Ich-Zustände gleichzeitig (simultan) wirksam werden und somit eine gleichzeitige Kommunikation auf zwei Ebenen betrieben wird. Dabei wird meistens in einer Form, die vom Sender für den Empfänger als akzeptierbar (höflich oder irreführend) gehalten wird, eine indirekte Mitteilung gemacht. Wir sprechen in Verhandlungen und Besprechungen deswegen auch von der sogenannten verborgenen Tagesordnung. Beispiel:

- Aussage: Kritik läßt mich kalt.
- Das Erwachsenen-Ich sagt: Ich bin o. k.

- Jedoch Mimik: nervöse Gesichtszuckungen
- Haltung: hängende Schultern
- Stimme: gebrochen

sagen: Ich bin nicht o. k.

Ein Beispiel: *Erkennungssignale in Gespräch und Verhandlung (Bennett)*

	Umhegendes Eltern-Ich	**Strafendes Eltern-Ich**	**Erwachsenen-Ich**	**Natürliches Kindheits-Ich**	**Angepaßtes Kindheits-Ich**
Stimme und Laute	Besorgt, tröstend, liebevoll beschwichtigend	Herablassend, kritisierend, abkanzelnd, streng, nachdrücklich, Zungenschnalzen, Seufzen.	Sachlich, gleichmäßig, ruhig.	Hell, hoch, meist laut.	Quengelig, brüllt vor Wut, bettelt, zerknirscht, demütig.
Sprachliche Indizien	Was ist los? Ist Dir etwas passiert? Kann ich helfen? Mach Dir keine Sorgen. Alles wird wieder gut.	Schockierend! Unsinn! Armes Ding! Das weiß jeder! Du sollst nie . . .! Nur so . . .! Ich kann beim besten Willen nicht verstehen. Daß Du bloß nie . . .!	Wie? Was? Wann? Wo? Warum? Wer? Wie sieht die Wahrscheinlichkeit aus? Ist es möglich? Auf welche Weise? Ich spreche nur für mich, nicht für andere.	Ich bin wütend auf Dich. Mensch, Klasse! Ich wünsche mir . . . Ich weiß nicht . . . Meine Güte, verrückt! Mist! Mensch!	Das passiert auch immer nur mir. Ich bin ein Pechvogel. Ich gewinne nie etwas. Das ist nicht fair. Alle anderen tun es auch. Komm, wir wollen. Ich will nicht.
Körperliche Indizien	Ausgestreckte Arme, die vor einem Fall oder einer Verletzung schützen, auf die Schulter klopfen, den Arm um die Schulter legen.	Sich ans Kinn fassen, sich aufblasen, immer korrekt, immer richtiges Benehmen. Zeichen von Überheblichkeit: hinter der Hand sprechen, die Hände über dem Kopf zusammenschlagen.	Entspannt, aufmerksam, Blickkontakt, hört aufgeschlossen zu, aufrechte Haltung. Zuhören mit dem Erwachsenen-Ich geht mit häufigem Wechsel des Gesichtsausdrucks, Wechsel der Blickrichtung und der Körperhaltung einher.	Ausgelassen, gespannt, läuft, tanzt, springt auf und ab, trägt die Nase hoch.	Zurückhaltend und abwartend, niedergeschlagen, überfordert, selbstbewußt, zieht andere auf, regt sich auf, ist launenhaft.

	Umhegendes Eltern-Ich	**Strafendes Eltern-Ich**	**Erwachsenen-Ich**	**Natürliches Kindheits-Ich**	**Angepaßtes Kindheits-Ich**
Gesichtsausdruck	Besorgt, gütig, ermunternd, herzlich, glücklich.	Stirnfalten, besorgte oder mißbilligende Blicke, zusammengepreßte Lippen, vorgeschobenes Kinn, starrer Blick.	Aufmerksamer Blick, angespanntes Zuhören.	Zeigt Erregung, Überraschung, glänzende Augen, angespannter Körper, offener Mund.	Niedergeschlagene Augen, zitternde Lippen, zitterndes Kinn, nervöse Zukkungen, Schmollen, Grimassen schneiden, feuchte Augen, rot angelaufenes Gesicht.
Gesten	Arme ausstrecken, umarmen und drükken, beschützen und vor Schaden bewahren.	Erhobener Zeigefinger oder Bleistift, mit dem Fuß aufstampfen, die Arme über der Brust verschränken, die Hände in die Hüften stemmen, mit der Faust auf den Tisch klopfen, die Faust schütteln.	Sich im Stuhl nach vorne lehnen, Blickkontakt, aufmerksames und aufgeschlossenes Zuhören.	Lachen, freie Bewegung der Glieder, spielerisch.	Hände ringend, zieht sich in die Ecke zurück, hebt die Hand, wenn er etwas sagen möchte, herunterhängende Schultern, gebeugter Kopf.
Allgemeine Indizien	Güte und Besorgnis.	Verschlossenheit neuen Daten gegenüber, automatische Urteile auf der Grundlage herkömmlicher Ansichten.	Sammlung von Daten, empfindsam, aufgeschlossen, nachdenklich.	Gefühle werden geweckt und gezeigt, deuten darauf hin, daß das Kindheits-Ich eingeschaltet wurde.	Beklagt sich und erfüllt Erwartungen oder zieht sich zurück und schaltet Erwartungen anderer ganz aus.

Unter dem Stichwort „Zeit als Erfahrung, Verdrängung, Schuld, Erinnerung und Gedächtnis" stellt *Pauleickhoff* fest, was auch im TA-Ansatz als „Drehbuchverhalten" zusammengefaßt durchschaubar gemacht wurde:

„Psychische Erfahrungen sind breiter und tiefer in der Zeit verankert und als seelische Realität in der lebensgeschichtlichen Existenz verwurzelt. Sie sind nur als Zeitgestalt zu beschreiben und zu verstehen, die jedem näher steht als alles andere und sein ganzes Leben umgreift und begründet . . . Solange das Seelenleben physikalisch in Raum und Zeit interpretiert wird, ist sein wirklicher Erfahrungsgrund kaum zu sichten und zu finden. Psychologie und Psychopathologie müssen sich vielmehr auf die Zeit und Zeitlichkeit der Person besinnen, ohne die sie gleichsam im luftleeren Raum arbeiten."

Einen Überblick über dieses „Drehbuchverhalten" bietet uns das *Mealiea-Modell:*

Das Drehbuchverhalten ist eine zentrale Aussage der TA-Väter:

1. Jeder Mensch hat ein Lebensdrehbuch, das ihn „fesselt"
   mit festgelegtem Charakter und
   „vorgeschriebenen" Rollen
   in *seiner* Sicht und der der anderen
2. Festgefügte Dialoge, Szenen, Akte verhindern
   Eigenständigkeit, Bewußtsein, Initiative, Intimität.
3. Die vier Grundkomponenten:
   Strukturanalyse
   Transaktions-Analyse
   Spiele und
   Drehbücher
   bilden die wechselseitigen Aspekte unserer sozialen Programmierung.

Verlierer-Drehbücher: nicht o.k.
Zwei Arten: 1. Wunsch- oder Phantasieleben
2. Dauerndes Bemühen um Beifall

Entwicklung eines Drehbuch-Melodramas:
1. Bringe andere dazu, manipulative Komplementärrollen zu spielen.
2. Drei Rollenfächer: Verfolger, Opfer, Retter (nach *Stephen Karpman)*
3. Der künstliche Verfolger: Hab Dich!
   Das künstliche Opfer: Ich bin mißbraucht worden!
   Der unrechtmäßige Retter: Unerwünschte Hilfe, kontrolliert.
4. Diese drei Rollen werden oft aus dem *Kindheits-Ich* gespielt.

Vier Grundeinstellungen bestimmen dabei nach Harris das Verhalten aller Menschen

1. Ich bin nicht o.k. – Du bist o.k.
   (die angsterfüllte Abhängigkeit des unreifen Menschen).
2. Ich bin nicht o.k. – Du bist nicht o.k.
   (die Grundeinstellung der Verzweiflung und Resignation).
3. Ich bin o.k. – Du bist nicht o.k.
   (die kriminelle Grundeinstellung).
4. Ich bin o. k. – Du bist o. k.
   (die Reaktion des „erwachsenen" Erwachsenen, der mit sich selbst und mit anderen in Frieden lebt).

Die meisten Menschen denken und handeln unbewußt aus der *urtümlichen Lebensanschauung* des hilflosen und von anderen abhängigen *Säuglings* heraus: Ich bin nicht o. k. – Du bist o. k.

Harris wendet sein System an auf Probleme in der Ehe und bei der Kindererziehung, auf psychische und geistige Störungen, auf Aggression und Gewalt, auf die Generationenkonflikte, auf Vorurteile gegenüber Minderheiten, auf Fragen der Kreativität, Schwierigkeiten in der Pubertätszeit, ethische und religiöse Überzeugungen und internationale Spannungen.

„Zerstörerischer Teufelskreis"

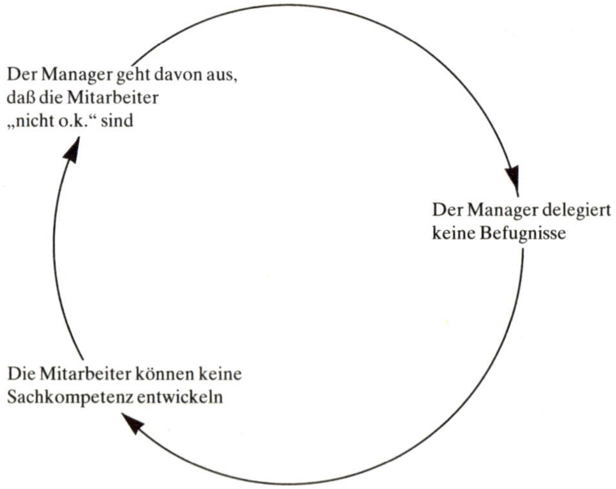

Abb. 15: Ein Beispiel aus dem Führungsverhalten (*Villere* und *LeBoeuf*)

Umgänglichkeit, Zuversicht und konstruktives Verhalten sind die zentralen Bezugspunkte von TA. *Villere* und *LeBoeuf* haben hier den zerstörerischen Teufelskreis eines destruktiven Zyklus dargestellt, bei dem niedriges Vertrauen in *geringe Leistung* mündet. Hohes Selbstvertrauen mündet dagegen in hohe Leistung. TA hat die Möglichkeit, langfristig Mitarbeiter von einer Eltern-Kind-Beziehung zu einer Erwachsenen-Erwachsenen-Beziehung zu führen. *Coleman* hat schon 1974 darauf hingewiesen, daß dies nicht in allen Situationen im Unternehmen der Fall sein muß, daß aber schon die Anwendung in einigen Situationen im Unternehmen punktuelle Erfolge bringen kann.

15. Kernstück im Betriebsalltag: Das Erkennen von positiven und negativen Spielen

Konstruktive Haltung entspricht einer reifen Persönlichkeit und einer offenen Einstellung. „Nur dies ermöglicht uns eine offen vorliegende Lösung eines Problems überhaupt zu bemerken (Serendipität): Kreativ-Mentalität“ *(Holliger)*.

Das Erkennen von *zwischenmenschlichen Spielen,* vor allem der *negativen,* ist zentraler Bestandteil von TA:

Ob ein Mensch in der Familie, im Team, im Unternehmen eine sinnvolle Aufgabe effektiv lösen oder doch zur Lösung einen wirksamen Beitrag leisten kann, hängt davon ab, was für zwischenmenschliche Spiele im Gange sind und davon, ob diese Spiele *konstruktiv* oder *destruktiv* sind, oder ob spielfreie Beziehungen da sind. Wesentlich für eine reife Persönlichkeit ist, daß ihre zwischenmenschlichen Beziehungen von destruktiven Spielen frei sind.

Berne[17]: „Ein bißchen querköpfig sind wir letzten Endes alle, aber die Aufgabe der Spiel-Analyse besteht gerade darin, diese Eigenschaft auf ein minimales Ausmaß zu beschränken.“ „Die Erringung der Autonomie manifestiert sich in der Freisetzung oder Wiedergewinnung“. 1964 veröffentlichte *Eric Berne* das Buch „Games People Play“, in der deutschen Übersetzung „Spiele der Erwachsenen“. Darin wies er die Regelmäßigkeit verdeckter Transaktionen nach und verarbeitete sie zu „Spielen“:

Menschen mit Zielen spielen Rollen, führen Schachzüge durch. Jeder Mensch hat *Lieblingsspiele.* Diese resultieren aus *Drehbuchverhalten.* Worte und Gesten sind fast immer gleich. Zeit, Ort und Partner wechseln.

Harris dazu: Die Substanz aller Spiele ist die *offensive Defensive,* also Vorwärtsverteidigung. Spiele haben einen abrupten Schluß. Spiele entspringen der Nicht-o.k.-Anschauung. Alle Beteiligten haben einen Nutzen: Der innere Zusammenhalt der Lebensanschauung wird geschützt (Drehbuch). Er wird nicht preisgegeben.

Und *Bennett* definierte Spiele als eine fortlaufende Folge verdeckter Komplementärtransaktionen, die mit einer *Falle* verbunden sind.

---

17 Spiele der Erwachsenen.

Spiel wird definiert als eine implizite Interaktion mit negativem Ergebnis: Dramatik – Theatralik – Melodramatik.

Der Unterschied zu anderen Formen der Zeitstrukturierung besteht darin, daß Spiele verdeckte Transaktionen sind und einem bestimmten Nutzen dienen sollen.

Spiele sind eine verdeckte Methode oder Strategie zum Geben und Nehmen von *Streicheleinheiten.*

In der TA-Anwendung werden *Gegenmaßnahmen* dazu geprobt:

Allgemein

1. Aufmerksamkeit: Fühle ich mich unwohl? Dann bin ich eventuell in einem Spiel. Spielmechanismus verstehen! *(Holliger)*
2. Offenheit fördern:
   Konstruktive Spielregeln vorschlagen
3. Eine unerwartete Antwort geben:
   Wechsel in andere Transaktion
4. Sich selbst steuern
5. Antworten durch Körpersprache zum Sender
6. Positives Streicheln
7. Opfer-Verfolger-Rolle vermeiden

Taktiken

Verständnisfragen – allgemein
Spezifische Fragen
Darüber nachdenken
Keine Globalantworten, sondern spezifische Antworten
Schweigen
Fehler zugeben
Alternativen nennen
An Wirklichkeit überprüfen
Aus umhegendem Eltern-Ich reagieren.

Eine aus der Beratungspraxis entwickelte und *sehr stark* TA-orientierte Tun-Lassen-Aufstellung nach *Bennett* zeigt ausschnittartig den Ansatzpunkt von operationaler Umsetzung:

Tun

1. Aktiv zuhören
2. Lösende Fragen stellen
3. Gefühlsausbrüche fördern
4. Klienten positiv akzeptieren
5. Fragende Themenzentrierung
6. Über Hier und Jetzt sprechen
7. Auf jüngste Vergangenheit lenken

8. Auf Entladung des Unverarbeiteten vorbereiten
9. Abwehrmechanismen durch Rollenspiele abbauen
10. Personalisierung der Gesten
11. Übertragungen – Identifizieren, erklären, ausräumen
12. Erwachsenen-Ich des Klienten stärken

Lassen

1. Sich auf Kind-Bedürfnisse des Klienten festlegen lassen
2. Meinungen und Gefühle über Kind-Ich des Klienten
3. Rat geben, Antworten vorschlagen
4. Entladung unterbrechen

16. Der Augenblickimpuls im Führungsalltag

Wir übernehmen von *Pauleickhoff* zwei Thesen:

„1. Wer seine Entscheidungen dem Zufall oder Schicksal überläßt, allzeit nur den Weg des geringsten Widerstandes geht, handelt im Grunde nicht frei, läßt sich treiben und bleibt ein Spielball äußerer Umstände und fremder Mächte. Freiheit verlangt, einen Standpunkt zu vertreten und Verantwortung zu übernehmen. Das erfordert Überblick und Einsicht in die Grundlagen, Möglichkeiten und Konsequenzen der Wahl.

2. Echte Wahl basiert stets sowohl auf der Kenntnis seiner Grenzen als auch auf Abwägen der Möglichkeiten, wie bewußt oder unbewußt das auch geschehen mag."

Henry Mintzberg hat in seinen Beobachtungen über den Alltag des Managers festgestellt, daß er in der Theorie ein Ziele verfolgender und Ergebnisse erzielender Mensch sei, der in der Praxis am Tage mindestens 150mal unterbrochen werde, durch seine Mitarbeiter, durch Kunden, durch Ereignisse, Telefonanrufe, Besucher usw. Viele Menschen leben heute nur noch in Augenblicken. Die Medien haben zu einer weiteren Unschärfe im Aufnehmen wichtiger Augenblicke geführt. Wir lesen die Zeitung kursorisch, wir „zappen" uns durch das Fernsehprogramm, die aktuelle Weltpolitik wird auf eine Ansammlung von Augenblicken oder besser von Momenten reduziert, die allerdings von einer solchen Dramatik sind, daß die Krise zum Alltag wird bzw. zum Genuß. Und doch kann ein einziges Gedicht von Goethe, in wenigen Minuten zu lesen, zum Innehalten führen und einen tiefen Eindruck machen.

Im Führungsbereich gibt es die sogenannten Ein-Minuten-Denker, die Turbo-Manager, die Anhänger des Quickies oder des High-Speed-Denkens. Haben sie recht, den Augenblick wie sie ihn definieren, als Führungsmittel zu nutzen? Was heißt denn Augenblick wirklich? *Pauleickhoff* weist darauf hin, daß er nichts zu tun hat mit jenem Minimum an physikalischer Zeit, das für Heisenberg 10^{-26} Sekunden beträgt, also mit dem Teil einer Sekunde, die durch eine Milliarde und wiederum eine Milliarde und noch durch 100 Millionen geteilt wird.

„Dieser Moment ist nicht nur völlig unvorstellbar, sondern besitzt im Seelenleben keinerlei Gewicht . . . Wenn Silvester bevorsteht und ein Jahr zu Ende geht, kann jemand, der in größeren Zeiträumen denkt, das vergangene Jahr im Rückblick als einen Augenblick sehen . . . Wer von Augenblick zu Augenblick lebt, von Termin zu Termin reist, kennt sie in der Regel kaum. Inzwischen gibt es mehr und mehr Presseberichte über Studien zu gestörtem Führungsverhalten und Managern, die darunter leiden. Bei allen Neurosen ist der personale zeitliche Rhythmus betroffen, der oft auch Störung in der zeitlich-biologischen Sphäre bewirkt. Psychotherapie sucht gestörte temporale Strukturen wieder ins Gleichgewicht zu bringen und Zeit sinnvoll zu gestalten . . . Guter zwischenmenschlicher Kontakt belebt und erweitert den Zeitfluß, den gescheiterte Begegnungen erschweren und zerreißen. Wer sich in seiner Welt und Zeit frei bewegt, ist und wird nicht seelisch krank. Bedrohung und enge zeitliche Freiheit führen dagegen zu psychischen Störungen."

In vielen Arbeitsstudien finden wir diese Problematik wieder. Nicht nur die Gewerkschaften kümmern sich darum. Sinnvolle Arbeit ist das, wonach die Mitarbeiter suchen; „sinnvoll" nicht unbedingt im Sinne des Unternehmens definiert, wenn es nicht zu tragenden Zielvereinbarungen gekommen ist. Darum hören wir sehr oft, daß die Menschen nach ihrer Pensionierung erst das tun wollen, was sie immer schon tun wollten. Ob sie es tun werden, ist eine andere Frage.

Krankheitsfälle, Kurzurlaube zur Bewerbung, hohe Fluktuationsraten sind unter anderem davon abhängig, ob ein autoritäres Führungsverhalten im Unternehmen der Hauptführungsstil ist. Die Mitarbeiter finden Mittel und Wege, sich davon zu befreien. Meßbare Zeittakte in Tarifverhandlungen sind wohl unumgänglich. Wenn sie aber in die Praxis so umgesetzt würden wie definiert, würde es in vielen Betrieben zu ununterbrochenen kleinen Aufständen oder inneren Kündigungen kommen.

Pauleickhoff: „Jemand wird seine Zeit gestohlen oder geraubt, falls er daran gehindert wird, sie nach seinem eigenen Gutdünken zu verwenden und auszufüllen, indem er Tätigkeit wider seinen Willen ausführen muß. Wenn jemand von einem Vortrag oder einer anderen Darbietung enttäuscht ist, dennoch die Stunden absitzen muß, behält er zwar die Zeit als solche, kann sie aber nicht in seinem Sinne nutzen . . .".

Das ist dann die Zeit der Täuscher, der Guerillas. Es ist die Guerilla-Zeit. Nach außen hin verhalte ich mich zeitangepaßt, innerlich läuft meine Zeituhr anders, bewußt anders, und hat andere Prioritäten. Daß die Führungskraft in einer langweiligen Konferenz zwar nicht unbedingt Liebesbriefe schreibt, jedoch den Terminplan überarbeitet und Vorformulierungen für wichtige kommende Ereignisse macht, ist selbstverständlich; allerdings sollte es begleitet werden von einem kurzen Aufsuchen der Augen des Vorsitzenden und einem verständnisvollen Nicken. (Bitte nicht ernst nehmen, aber praktizieren!)

17. Ein besonderes Kapitel: „Leertischler" und „Volltischler"

Nicht immer ist derjenige, dessen Arbeitstisch leer ist, ein tüchtiger Arbeiter. Er kann in oberflächlicher Weise seinen Tisch leerfegen, ohne sich verpflichtet zu fühlen, sich um seine Arbeit zu kümmern. Er setzt ganz einfach voraus, daß irgendwer das vom Tisch Hinuntergefegte schon erledigen werde. Sein Typus reicht vom risikofreudigen Papierkorbbenutzer bis zu jener Spezies, die heute immer noch nach dem „9 A-Prinzip" führt:

Alle Arbeit Auf Andere Abschieben, Anschließend Anpfeifen, Aber Anständig!

Hat ein solcher „Leertischler" die Macht dazu, dann findet derjenige, der nicht nein sagen kann oder darf, die Vorgänge auf seinem Schreibtisch wieder. Er muß zusehen, wie er mit dieser solchermaßen „angereicherten" Arbeit fertig wird. Der Vorgesetzte – Leertischler – sorgt damit permanent für eine Überlastung der Mitarbeiter, speziell derer, die er für diese Aufgaben im Auge hat. Die Folge ist ein zumindest teilweise gestörtes Betriebsklima.

Der Leertischler anderer Prägung hat die innenarchitektonische und fotografische Traumwelt einer spiegelnden leeren Schreibtischfläche aus Chefetagen vor Augen, wie er sie in einschlägigen Managerjournalen bewundern konnte. Er verstaut das, was er auf seinem Schreibtisch vorfindet, zunächst einmal in ein Schubfach seines Tisches. Er hofft, daß sich vieles dadurch erledigen werde, daß er es dort liegen läßt. Nur gelegentlich gibt er sich einen Ruck und arbeitet das, was sich nicht erledigt hat, auf. Oder aber er delegiert, wenn er kann, seine Arbeit unter allen Anzeichen mitleiderregender Überlastung auf einen hilfreichen Kollegen. Damit schafft er sich langfristig wenig Freunde. Viele werden symbolisch die Straßenseite wechseln, wenn sie ihn aus der Entfernung sehen.

Als Leertischler gilt auch, wer seine Arbeit mit nach Hause nimmt, um sie dort in Ruhe zu erledigen. Daraus kann nicht viel werden, weil seine Familie ihn mit Beschlag belegt. Seine Familie kann nämlich nicht begreifen, wieso das Familienoberhaupt, nachdem es doch ein Drittel seiner Zeit im Betrieb zubringt, seine Arbeit dort nicht zu erledigen vermag. Sie sind der Auffassung, daß der „Herr und Gebieter" sich alles mögliche, was ihn gar nichts angeht, aus lauter Gutmütigkeit aufhalsen läßt. Den Gedanken, daß er seine Arbeit nicht einteilen und verteilen kann, wagen sie kaum zu denken. Eher nehmen sie an, und werden oft vom Akteur darin unterstützt, daß sein unmittelbarer Vorgesetzter unfähig zu gerechter Verteilung ist oder sehr großen Wert auf gerade diesen Mitarbeiter legt oder ihn böswillig überlastet. Ehen und Freundschaften können an solchem Verhalten zerbrechen. Arbeiten mehrere Menschen dieser Spezies in einer Familie, so wird sich diese in Einzelkämpfer auflösen, die sich vielleicht zu Ostern, Pfingsten und Weihnachten einmal sehen.

Es gibt aber auch Leertischler, die aus lauter Ehrgeiz und um sich ins rechte Licht zu stellen, ihren Schreibtisch leerarbeiten, obschon sie immer mehr Arbeit an sich reißen. Das Übermaß an Arbeit wird dann durch Überstunden und Verlegung der Arbeit in die Freizeit bewältigt. Ihre Arbeitstechnik ist dabei durchaus rationell. Sie verarbeiten kiloweise Papier in Form von Zeitungen, Zeitschriften und Computerausdrucken und haben sogar das handliche Diktiergerät noch im Bett dabei. Es wäre falsch, ihnen dabei einen gewissen Lustgewinn (Motivation) abzusprechen. Für andere Familienmitglieder bedeutet ein solches Verhalten jedoch Lustverlust (Frustration).

Der *Leertischler positiver Art* übernimmt auf keinen Fall mehr Arbeit, als er ohne extreme Leistungssteigerung bewältigen kann. Er teilt Zeit und Arbeit geschickt ein. Durch Delegation wird alles „Unwichtige" und viel „Wichtiges" auf Hilfskräfte und Mitarbeiter verteilt. Er fühlt sich nicht überlastet, er überfordert sich nicht selbst. Der Begriff „Unwichtiges" ist dabei sehr subjektiv zu verstehen: Der Leertischler richtet sich dabei nach dem Prinzip der Delegation auf die niedrigstmögliche Ebene, auf der die Angelegenheit erledigt werden kann, und drückt somit einen großen Teil der Arbeiten ab, die er sonst aus einer Vorliebe oder aus mangelndem Vertrauen in seine Mitarbeiter selbst erledigt hätte.

Dieser Leertischler stellt als Führungskraft in allen Bereichen von Organisationen den Typus dar, der allen anderen ein Vorbild sein sollte. Ist er jedoch von der Natur seiner Tätigkeit her ein „Ein-Mann-Unternehmen", hat er natürlich andere Probleme. Er kann an niemanden delegieren. Deshalb wird er sich mit den Prinzipien der strengeren Auswahl von Arbeiten, dem Bündeln von Vorgängen und der kalkulierten Vernachlässigung behelfen müssen.

Auch ein *positiver Leertischler ist im Grunde ein Volltischler,* d. h. er sorgt dafür (und seine Stellung bringt es mit sich), daß er sich über die

Fülle an Arbeit, die er auf seinem Schreibtisch vorfindet, nicht zu beklagen braucht. Ja, er fühlt sich nicht wohl, wenn sein Tisch wieder einmal ganz leer ist, und er sorgt dafür, daß er sich wieder mit neuer und interessanter, mit verantwortungsvoller und schwieriger Arbeit füllt, die er zu erledigen vermag.

Der positive Leertischler ist ein potentieller Volltischler, der positive Volltischler ist ein potentieller Leertischler.

Alle Vielbeschäftigten sollten einmal überlegen, zu welchen dieser Typen sie arbeitsmäßig gehören.

In vielen Fällen wird man aber heute noch Argumente zu hören bekommen, daß ein Mann, der nicht ständig einen vollen Arbeitstisch vor sich habe, doch nicht viel leisten könne, ja, daß es gerade das Kennzeichen der Wichtigkeit eines Menschen sei, vor einem vollen Arbeitstisch zu sitzen. Das hinge von Pflichtgefühl und Verantwortungsbewußtsein ab und beweise, wie hoch er in der Rangreihe der Tüchtigen aufgerückt sei.

Der stets volle Arbeitstisch sagt selten etwas aus über die Kapazität dessen, der hinter ihm sitzt. Oft genug läßt sich feststellen, daß dieser Volltischler nicht mit seiner Arbeit zurechtkommt, daß er alles selbst machen will, daß er nichts von Delegation und Stellvertretung hält, daß er aus Neid, Geltungsbedürfnis oder Existenzangst mehr übernimmt, als er leisten kann. Er versucht, seine Untüchtigkeit durch Anhäufung von Arbeit zu kaschieren. Das *Peter-Prinzip* hat dieses Verhalten in Grenzpositionen entsprechend karikiert, und *Northcote Parkinson* hat das Fortschreiten der Bürokratisierung in Organisationen schon früher gegeißelt.

Wenn z. B. ein Unternehmer, leitender Angestellter oder Selbständiger von seinem Schreibtisch sagt, er werde von immer wieder sich anhäufender Arbeit nie leer, dann ist es höchste Zeit, daß er seine eigene Arbeitsweise überprüft. Er muß feststellen (oder aber durch andere feststellen lassen), warum er nicht

- exakt
- rationell
- systematisch und
- termingerecht arbeitet.

Er sollte sich fragen, ob er sich und seine Kenntnisse, seine Fertigkeiten, seine Leistungstüchtigkeit nicht überschätzt, ob er sich nicht Dinge auflädt, mit denen er weder qualitativ noch quantitativ fertig werden kann. Er wird unter Umständen entdecken, daß er an Anfangsscheu leidet, sich zwar immer wieder vornimmt, endlich einmal konsequent zu arbeiten, und doch nicht dazu kommt, weil er Störungen geschickt einzubauen versteht: Weil der den Kopf voll privater Sorgen hat; weil es ihm an Antriebskraft oder an gesteuertem Willenseinsatz fehlt; weil es ihm wohltut, wenn andere ihn wegen seines vollen Tisches bedauern. Er spielt sein Spiel und sucht damit die Aufmerksamkeit der anderen, eine Verhaltensweise, wie sie von Autoren der *Transaktionsanalyse* (*Harris,* „Ich bin ok – Du bist ok“, *Berne,* „Spiele der Erwachsenen“, Chapman „Regeln gegen Mitmenschen“ und nicht zuletzt *Dudley Bennett* „Im Kontakt gewinnen“) enttarnt worden ist.

Deshalb nimmt er sogar Arbeit mit nach Hause, um seiner Familie seine Überlastung und seine Unersetzbarkeit zu beweisen, oder er tut es sogar, um seiner Familie oder seiner Frau aus dem Wege gehen zu können. Ein solcher Prototyp bringt es fertig, am Wochenende bis spät in die Nacht seiner Frau aus den mitgebrachten dicken Aktenstößen vorzutragen . . .

Volltischler sind oft sehr geschickt im Rationalisieren, obschon sie keineswegs rationell arbeiten. Sie finden für ihre Überlastung, die an sich so unvernünftig ist, vernünftige Gründe. Sie schützen die Arbeit vor, um einem sehr wichtigen Gespräch mit der Frau aus dem Wege gehen zu können. Sie argumentieren, daraufhin angesprochen, daß sie das Gespräch als unerläßlich ansehen, aber man sehe ja – der volle Arbeitstisch in den eigenen vier Wänden (an den Betrieb will er gar nicht denken) verbiete es ihm ganz einfach, in diesem Augenblick dieses Gespräch zu führen; dazu gehöre Zeit, und die habe er eben nicht.

Der *negative Volltischler* hat keine Zeit. Sie rinnt ihm unter den Fingern weg. Er vertut sie z. B. mit Konferenzen. Er sucht die Gelegenheit, die es ihm gestattet, den vollen Tisch zu konservieren. Im Grunde will er gar kein Leertischler sein. Sein ganzer Nimbus – so fürchtet er – verflüchtige sich dadurch. Er kann es sich selbst nicht vorstellen, andere zu beauftragen, zu bitten, teilhaben zu lassen an seiner Überfülle von Informationen. Er sieht nicht die Möglichkeit, dadurch besser informierte, sich selbst trainierende Mitarbeiter zu bekommen. Er möchte im Grunde seines Herzens überlastet bleiben.

Derjenige, der mit sich selbst in Ordnung gekommen ist und der in dieser seiner Ordnung lebt und arbeitet, wird nicht mehr jedes und alles selbst machen wollen, wird nicht alles jetzt und hier zu machen bereit sein. Er läßt sich aber auch nicht durch die Dynamik dessen, was er gemacht hat, unter Druck setzen. Er bleibt dem Antrieb gegenüber souverän, allzuviel machen zu wollen, er bleibt Herr der Lage und wird nicht zum Diener dessen, was ursprünglich seiner eigenen Dynamik entsprungen ist, sich dann aber selbständig gemacht hat und so zum beherrschenden Element im Arbeitsablauf geworden ist.

Nur so wird er sich auf Dauer in ein flexibles Organisations- bzw. Ordnungskonzept einfügen bzw. sich selbst führen können. In der Organisation von heute und morgen sind nämlich die Menschen untereinander im prozessualen Einsatz aller Techniken dabei, sich offener und von ihren Stärken her für sich selbst und die Organisation zu bewegen, effektivere Beziehungen untereinander aufzubauen und leistungsfähiger und zielorientierter zu arbeiten als in der Vergangenheit. Unter dem modernen Stichwort *„Organisationsentwicklung"* (Organizational Development) geht es um die Schaffung eines Teamprozesses durch einen ständig beobachteten und korrigierten Führungsstil. Das Entscheidende an einem praxisnahen OD-Führungsstil ist der *Ausgangspunkt beim Menschen,* seinen Beziehungen und Motivationen in einem vorgegebenen pluralistischen Gesellschaftskonzept. Der ständige Wandel der Arbeitssituationen wird dabei noch mehr beobachtet und gesteuert als die klassischen Aufgaben der Unternehmensführung. Steht auch das Team im Mittelpunkt, so beginnen Analyse und Technik doch in der *Selbstführung des einzelnen.*

Die Betonung liegt dabei auf *Effektivität,* nicht auf Effizienz. Effizient sein heißt, irgendeine Sache hundertprozentig zu tun, effektiv sein heißt dagegen, die richtige Sache zur richtigen Zeit *(Alec Mackenzie)* zu tun. Es geht im Organisationsentwicklungskonzept um die Maximierung aller Mittel und Möglichkeiten innerhalb einer Organisation zugunsten der Organisation *und* aller ihrer Mitarbeiter. Durch diesen Prozeß sollen Mißverständnisse in der Zusammenarbeit von vor-, neben- und nachgeordneten Mitgliedern der Organisation durch entsprechende neue Organisationsstrukturen und -prozesse verhindert werden. Die Erwartungen der Mitarbeiter sollen in allen Phasen berücksichtigt werden.

Mittel dazu sind u. a.

- eine flexible Organisationsstruktur durch Neuformierung von Gruppen, Teams, Projekten und Organisationsbereichen.
- Analyse von bestehenden Kommunikationskanälen, ihre angepaßte Veränderung oder Schaffung neuer Kommunikationskanäle und -formen.
- Planungshilfen für alle Mitarbeiter.
- Optimierung des Kommunikationsflusses.
- Errichtung von Frühwarnsystemen.
- Schaffung von Motivationsanalysen.

- Schaffung eines effektiven Trainings on the Job (am jeweiligen Arbeitsplatz Ausbildungsverbesserung) und sinnvolle Job Rotation, um Führungskräften mehr Gelegenheit zum Kennenlernen der Gesamtorganisation und ihrer Abläufe zu geben.
- Ständiger Prozeß einer dynamischen Aus- und Weiterbildung in allen Organisationsbereichen unter Einbeziehung der motivierten Fähigkeiten der Mitarbeiter *(Haldane).*

Ein herausragendes Ziel des Verhaltensmanagements, den Mitarbeiter zu einer Selbstaktivierung zu veranlassen, kann allerdings auf Dauer nur im ganzen Organisationsbereich verwirklicht werden. Arbeitende Organisationen stehen unter sehr realen Personen-, Zeit- und Sachzwängen. Von den Verhaltenswissenschaften geprägte Organisationstheorien bleiben so lange „majestätisch nutzlos“ *(Warren Bennis),* leblos und falsch, solange es nicht gelingt, sie auf die Ebene der Taktik im tagtäglichen Gebrauch herunterzubrechen und anwendbar zu machen.

18. Ordnung und Unordnung

Die Belastung durch die Arbeit, über die so viele klagen – die sie im Grunde ihres Herzens aber doch schätzen – und welche die anderen bewundern, hat also eine bestimmte Ursache: die *Unordnung.*

Die Unordnung im Äußeren, die Unordnung im Innern, die Unordnung im Handeln, in den mitmenschlichen Beziehungen und in dem Verhältnis zu dem, was einer geschaffen hat, läßt es nicht zum leeren Tisch kommen, führt deswegen auch nicht zu derjenigen Leistung, die dauerhaft wirksam ist und endgültig den Erfolg bringt.

Ordnung dagegen macht den Schreibtisch leer. Ordnung befreit das Denken von all dem, was vom Ziele ablenken könnte. Ordnung löst Spannungen, Affekte, Launen und schlechte Gestimmtheit auf. Ordnung läßt vitale und willensgesteuerte Energie sinnvoll in den Arbeits- und Gestaltungsprozeß einfließen. Ordnung bewirkt, daß das Gegen- und Nebeneinander in den mitmenschlichen Beziehungen sich in ein Miteinander verwandelt, daß das mitmenschliche Spannungsfeld konstruktiv bleibt und sich nicht destruktiv auflädt. Wer auf Ordnung hält, wird von dem, was er gemacht hat, nicht überwältigt. Er bleibt Herr der Situation und Herr seines Werkes. Wer in seiner Umwelt und in sich selbst Ordnung geschaffen hat, braucht sich vor seinen eigenen Unzulänglichkeiten nicht zu fürchten, nicht vor den Hemmungen, die die Durchführung einer Arbeit von innen her stören, noch vor den Widerständen, die ihm dabei von außen entgegengesetzt werden.

Unordnung wird gern für etwas Geniales gehalten. „Unordnung ist das Zeichen großer Geister", so sagt man und folgert daraus: „Wer unordentlich ist, muß ein großer Geist sein!" Nicht unwahrscheinlich ist zwar, daß ein genialer Mensch so etwas wie ein Chaos um sich verbreitet. Aber selbst der genialste Mensch lebt erst dann seiner Sendung entsprechend, wenn er fähig ist, aus dem Ungeordneten, dem Chaotischen, das Geordnete, zum Beispiel im Kunstwerk, zu gestalten.

Unordnung – so könnte man sagen – ist das urhaft Lebendige, das Lebendige an sich. Ordnung ist Form und Gestalt. *Ordnung* und *Unordnung* sind einander zugeordnet. Aus Unordnung kann jederzeit Ordnung werden, aus Ordnung Unordnung. Unordnung drängt nach *Gestaltung,* Ordnung birgt stets etwas Lebendiges in sich. Ordnung ist demnach nichts Statisches, Ordnung verträgt sich nicht mit Pedanterie, Ordnung ist kein Zwangssystem, dem sich einer ganz und gar unterwerfen müßte. Zur Ordnung bekennt man sich in voller *Freiheit.* Man bleibt in der Ordnung frei.

Die Ordnung, nicht das System, ist die erste Voraussetzung dafür, daß eine Arbeit in Freiheit gelingt, daß eine *Leistung* zustande kommt. Jeder, der etwas leisten will, muß selbst in Ordnung sein, er muß seine eigene Ordnung kennen und sie um sich und in sich zu verwirklichen verstehen. Ihm darf aber auch die Ordnung dessen, was er zu machen sich anschickt, nicht fremd sein.

Selbst bei der kleinsten Arbeit gibt es zwei Möglichkeiten, der Ordnung zu ihrem Recht zu verhelfen. Das eine Mal können wir die eigene Ordnung der Ordnung dessen, was wir schaffen wollen, anpassen, das andere Mal übertragen wir unsere Ordnung auf das, was gemacht werden soll.

Der vorwiegend rational Eingestellte (z. B. der Organisator und Rationalisierungsfachmann) versteht nicht, daß es neben dem Bereich des *Erkennens* noch den Bereich des *Erlebens* gibt, neben dem Rationalen noch das Nicht-Rationale und Irrationale. Für ihn sind alle Menschen mehr oder weniger rational eingestellt, und sie müßten – stets ihrer Einsicht folgend – alles, was einsehbar ist, auch ausführen können. Es setzt ihn in Erstaunen, daß trotzdem – wenn das Rationale zum Nicht-Rationalen in Gegensatz gerät oder wenn Pflicht und Neigung miteinander rivalisieren – das Ich gegen das Es steht, das Es als das Affektiv-Emotionale, das Unbewußte, das „Unvernünftige“ siegt, wie man es oft genug, vor allem bei der Einführung von Neuem, beobachten kann.

Dabei wird meist übersehen, daß vom Nicht-Rationalen auch eine *leistungsfördernde Wirkung* ausgehen kann. Arbeitsfreude, Begeisterung, Anteilnahme, Zufriedenheit, Geborgenheit, Ausgeglichenheit, Glücksgefühl, all diese nicht-rationalen Gestimmtheiten führen zu einer positiven Einstellung zur Arbeit, erhöhen den Leistungswillen und die Anstrengungsbereitschaft.

Ähnliches läßt sich vom *Irrationalen* sagen. Das Irrationale ist seelischen Ursprungs, es hat mit Wertschöpfung und Wertordnung, mit Haltung und Gesinnung zu tun. Es sind Kräfte des Selbst, die hier – aus der Seele heraus – wirksam werden.

Das Irrationale stellt sich gegen das Rationale, wenn z. B. durch den Zwang der Organisation, der den Menschen deswegen zum Roboter macht, weil er ihn nur nach Schema und Profil reagieren läßt, die *Menschenwürde verletzt* wird, wenn eine Arbeit getan werden muß, die den Menschen nicht mehr zu sich selbst kommen läßt.

Die Bemühungen zahlreicher Unternehmen, Ergebnisse verhaltenswissenschaftlicher Forschung umzusetzen in den betrieblichen Alltag, sind Zeichen eines Aufbruches. In detaillierten MBO-Konzepten (Management by Objectives), in der Herausarbeitung von individuellen Wachstumsbedürfnissen, interpersonellen Beziehungs- und Existenzbedürfnissen (nach *Alderfer*) oder die Bedürfnisklassifizierung nach *Maslow* wie physiologische Bedürfnisse, Sicherheitsbedürfnisse, soziale Bedürfnisse, Geltungsbedürfnisse und Selbstverwirklichungsbedürfnisse gehören diese inzwischen zum Stammwissen in Führungsfragen. Das Irrationale findet seine Berücksichtigung in allen diesen Konzepten. Wir wissen heute aus der *Verhaltenswissenschaft,* daß der Mensch bei seinen Bedürfnisbefriedigungen sich in einer Weise verhält, die für ihn subjektiv gerechtfertigt und sinnvoll ist, selbst wenn sein Handeln andern lächerlich und unsinnig erscheint. Aber noch sind zuviele Manager am theoretischen Ansatz der Mitarbeiterorientierung und an der Befriedigung ihrer Bedürfnisse orientiert, ohne dieses Wissen wirksam in der eigenen Organisation umzusetzen. Vom Wandel im Wissen bis zum Wechsel in der Einstellung und der erfolgreichen Anwendung in der Praxis ist es ein langer Weg.

Zusammenfassend läßt sich sagen:

Einer der wichtigsten Gründe dafür, sich zu einem Allzuviel-Beschäftigten zu entwickeln, ist die Unordnung, die in irgendeiner Form den Arbeitsablauf und die Arbeitsintensität stört. Es muß dem Allzuviel-Beschäftigten also darauf ankommen, *in sich und um sich* Ordnung zu schaffen. Wer so auf Ordnung bedacht ist, meint nicht immer die innere Ordnung. Zunächst ist er damit zufrieden, daß der äußeren Ordnung alle Aufmerksamkeit gewidmet wird. Auf *innere Geordnetheit* ist er weniger bedacht: Erstens merkt die Umwelt – so argumentiert er – nichts von dieser inneren Unordnung; die äußere Ordnung fällt aber jedem ins Auge. Außerdem ist es leichter, die äußere als die innere Ordnung herzustellen. Darüber hinaus ist noch zu hoffen, daß sich durch die äußere Ordnung alles andere auch ordnen wird.

Die *äußere Ordnung* – so zeigt sich – wird über die Organisation, also über die Abstimmung aller äußeren Gegebenheiten aufeinander – seien es Sachen oder Personen – erreicht. Außerdem spielt dabei das Durchorganisiertsein aller Abläufe eine Rolle.

Organisation steht dann für Ordnung, das *Organisiertsein* für das *Geordnete,* d. h. für das rationell und systematisch Erarbeitete. – Zur wirklichen Ordnung wird die Organisation aber erst dann, wenn sie *Abbild* der inneren Ordnung ist, zu der einer rundherum ja sagen kann. Eine solche Ordnung erhält ihr Leben nicht durch das Rationale allein. Auch nicht-rationale und irrationale Kräfte müssen die Möglichkeit haben, dabei mitzuwirken. Organisation – das sind heute die Menschen mit all ihren Stärken und Schwächen.

19. Terminkalender als Ordnungsmittel – 86400 organisierte Sekunden?

Unter dieser Überschrift leitete der Unternehmensberater *Werner Roth*[18] den Bericht über einen Praxistest zu 38 Zeitplanbüchern ein. Er setzte sich kritisch mit dem Problem auseinander, daß mehr und mehr Anbieter am Markt dem Suchen vieler Menschen nach Instrumenten nachkommen, mit deren Hilfe sie zu mehr Zeit gelangen möchten. *Werner Roth:* „Können Sie es? Gibt es wirklich Hilfen, Zeit zu gewinnen, Zeit zu sparen, um glücklicher zu werden?" Er befaßt sich dann anschließend mit den auf dem Markt inzwischen zu Dutzenden auftretenden Zeitplanbüchern vom handlichen Westentaschenformat bis hin zum Schwergewicht für den Aktenkoffer, wie er schreibt. Wir wollen uns hier nicht mit seinem Test von 38 Zeitplanbüchern von 33 Anbietern auseinandersetzen, den er mit insgesamt 52 Einzelkriterien durchführte. Wir wollen aber grundsätzlich den Terminkalender als Ordnungsmittel bejahen und dazu einige Bemerkungen machen.

19.1 Terminkalender als Ordnungsmittel

Die Zeit muß geplant werden. Das Hilfsmittel dazu ist für jeden der Terminkalender, der ihm sagt, was wann und wo zu erfolgen hat. Den Terminkalender brauchen die Vielbeschäftigten nicht selbst zu führen. Er soll ihnen aber in einem Maß gegenwärtig sein, das den Überblick über die wichtigsten Termine stets gewährleistet. Das darf natürlich für die Sekretärin kein Grund sein, den Vielbeschäftigten darauf hinzuweisen – falls dieser sie wegen eines versäumten Termins zur Rede stellt –, daß man doch seinen Terminkalender im Kopf haben müsse oder daß man ihn notfalls hätte selbst durchsehen können.

Falls möglich, sollten drei Terminkalender geführt werden:
a) der Taschenkalender für den Chef,
b) der Sekretärinnen-Kalender,
c) der aus beiden koordinierte Tischkalender.

Termine sollten mit Bleistift eingetragen werden, weil das der Flexibilität in der Planung nützlich ist.

Im allgemeinen braucht ein Vielbeschäftigter drei Terminkalender: einen großen für seinen Schreibtisch, einen noch größeren für die

18 Zeitschrift „Industriebedarf" 1990.

Sekretärin und einen handlichen flachen für die Tasche. Alle drei Arten von Terminkalendern gibt es in großer Auswahl und zweckmäßiger Gestaltung.

In den Terminkalender für die Tasche gehören nur die wesentlichen Termine. Termine für alle *unwesentlichen* Vorkommnisse gehören in den Terminkalender desjenigen, an den diese unwesentlichen Arbeiten delegiert worden sind. Bedürfen diese Arbeiten der terminlichen Kontrolle, dann hat die Sekretärin entsprechende Vermerke in ihrem Terminkalender zu machen (daher auch seine Größe).

19.2 Führung des Terminkalenders

Die wesentlichen Termine können sich auf die Arbeit selbst beziehen, auf wichtige Besucher, auf Treffzeiten, Konferenzen usw. Dazu gehören aber auch Termine für Mitarbeiter, für Arbeitsbesprechungen und Mitarbeitergespräche. Es ist nützlich, im Terminkalender auch einen genau festgelegten Vor- oder Nachmittag als Sprechzeit nach Art der „offenen Tür" – die für alle Mitarbeiter gilt – zu vermerken. Zweckmäßig ist ferner, für die engsten Mitarbeiter feste Termine vorzusehen. Man sollte es sich angewöhnen und es seinen Mitarbeiter auch beibringen, einen Zettelkasten in Griffnähe aufzustellen mit einem Register nach den Namen der Mitarbeiter bzw. all derjenigen Personen geordnet, mit denen man Beziehungen unterhalten muß.

In diesen *Zettelkasten* kommen alle Notizen, die den betreffenden Mitarbeiter angehen. Alles, was sich bis zum nächsten festgelegten Termin angesammelt hat, wird dann auf einmal durchgesprochen. Für diesen Termin hält dann auch der Mitarbeiter seine Notizen zur Besprechung bereit. Die Mitarbeiter lassen sich auf diese Weise übrigens dazu erziehen, vieles, was ihnen fragwürdig erscheint, zu überdenken, um dann selbst zu entscheiden und es so zu erledigen, wie sie es für richtig halten, also ohne ihren Vorgesetzten gefragt zu haben. Ein solches Verfahren fördert die Selbständigkeit der Mitarbeiter.

Für *Besucher* sollte der Vielbeschäftigte von vornherein eine bestimmte Zeitdauer im Auge haben, die er dem Besucher widmen will. Er sollte sich natürlich nicht sklavisch an die festgesetzte Zeit halten. Der Wecker auf dem Tisch eines Vielbeschäftigten, der durch sein Klingeln den Besucher aufschreckt, ist eine unpassende Einrichtung. Da ist es schon besser, die Sekretärin rechtzeitig zu informieren, daß sie während des Gesprächs, das man gern beenden möchte, erscheint oder einen abruft. Auf diese Weise kann man sich auch von lästigen Besuchern befreien.

Im Terminkalender sind *Polster-Termine* vorzusehen, die es gestatten, einen Termin auszudehnen oder einen unerwarteten neuen Termin dazwischenzuschieben. Der Vielbeschäftigte sei immer bestrebt, bei all seinen Terminen an deren Wirtschaftlichkeit zu denken. Man sollte die Zeit nützen, sie aber nicht vertun. Stellt sich ein Termin bzw. ein Gegenstand der Besprechung im Verlauf der Sitzung als unwesentlich heraus, dann sollte man hier auf jeden Fall Zeit einsparen.

Gegen lästige Besucher oder Anrufer muß der Vielbeschäftigte sich abschirmen können. Eine gute Sekretärin kann hier vortreffliche Dienste leisten. Das ist aber nur dann möglich, wenn sie ständig ausreichend informiert wird, so daß sie selbst zwischen wichtig und unwichtig, zwischen möglich und unmöglich unterscheiden kann.

Sich selbst sollte man bei Besprechungen und Telefonaten kontrollieren, ob man dabei nicht seine Zeit regelrecht vertut, weil einem der Partner so sympathisch oder der Gesprächsgegenstand so interessant erscheint.

Im Terminkalender sind auch Zeiten für ungestörtes Arbeiten vorzusehen. In einer solchen Sperrzeit darf sich der Vielbeschäftigte nur im äußersten Notfall stören lassen. Manch einer ist aber gerade deswegen vielbeschäftigt, weil er sich auch in solchen Sperrzeiten gern stören läßt. Er sucht sogar angestrengt nach einer solchen Störung oder verursacht sie selbst, wenn ihm die Arbeit Kopfschmerzen macht, wenn sie lästig wird oder er sie satt hat.

Der Terminkalender ist aber auch von Bedeutung für das private Leben, für Familie, Freundeskreis, für das gesellschaftliche und kulturelle Leben. All das muß im Terminkalender einen festen Platz haben. Letzten Endes ist keiner mit seiner Arbeit, wohl aber mit seiner Frau verheiratet, die Anspruch darauf hat, daß sie in ihrer Existenz und auch hinsichtlich ihrer Wünsche gebührend berücksichtigt wird.

Wer seine geschäftlichen Termine bis in die Freizeit hinein festlegt, beweist damit keinesfalls, daß er besonders tüchtig ist. Er sollte sich ernsthaft fragen,

1. ob er dadurch nicht zu vertuschen versucht, daß er im Betrieb mit seiner Arbeit nicht fertig wird, weil er weder rationell noch systematisch zu arbeiten versteht;
2. ob er nicht zu denjenigen gehört, die nicht nein sagen können, wenn der „Obere" ihnen immer wieder zusätzliche Arbeit aufhalst, obwohl er genau weiß, daß dessen Arbeitsbereich ihm schon Arbeit in Hülle und Fülle bringt;

3. ob er privat nicht dadurch diejenige Anerkennung zu erhalten hofft, die ihm im Betrieb versagt bleibt;
4. ob er nicht alles selbst machen will, weil er von der Delegation nichts hält;
5. ob er sich durch seine Arbeit zu Hause seiner Frau und seiner Familie gegenüber ein Alibi verschaffen möchte. (Solange er arbeitet, so glaubt er, ist er der Pflicht enthoben, sich dringenden familiären Fragen zu stellen.)

19.3 Störungen im Ablauf der Zeit

Trotz eines gut durchgeplanten Terminkalenders und einer rationell arbeitenden Sekretärin kommt es doch bei allen Vielbeschäftigten immer wieder zu empfindlichen Störungen dieses Terminplans. Diese Störungen können voraussehbar oder nicht voraussehbar – abstellbar oder nicht abstellbar – auffangbar oder nicht auffangbar – wichtig oder unwichtig sein: Sie werden meist durch andere veranlaßt. Gelegentlich ist es aber auch der Vielbeschäftigte selbst, der sich in seiner Arbeit stört, der seinen Terminplan durcheinander bringt, oft ganz wider seinen Willen, ebenso oft aber auch mit Absicht.

Der Vielbeschäftigte stört seinen Terminplan selbst, wenn er lustlos, indisponiert, verstimmt, verkatert, affektiv geladen, verärgert oder krank ist, wenn es akute Konfliktsituationen oder ungelöste geschäftliche oder private Probleme gibt, wenn der Druck von oben oder unten (aber auch von Kollegen) zu stark wird, wenn Notstand und Kalamitäten sich anmelden oder auch nur befürchtet werden, wenn man im starken Wettbewerb steht oder aber – von der Dynamik der eigenen Sache gepackt – sich nicht mehr von dieser Arbeit lösen kann und ihrem Tempo verfallen ist.

Es gibt aber auch Mitarbeiter, die Störungen verursachen, die wegen jeder Kleinigkeit nachfragen, die selbst nichts delegieren und die jeder Verantwortung ausweichen. Daß einem Vielbeschäftigten ungeeignete und unfähige Mitarbeiter zur Seite stehen, kann die Folge einer schlechten Auslese oder einer noch schlechteren Ausbildung sein.

Oft ist die Hilflosigkeit des eigenen Stabes aber auch die Folge der Personalpolitik des Vielbeschäftigten, der keine tüchtigen Mitarbeiter um sich vertragen kann, weil er sich durch sie in seiner Stellung bedroht fühlt.

Stören können auch Kunden, Lieferanten, Gäste, Honoratioren, Verbandsorgane, Journalisten oder Bewerber.

Oder es stört die schlechte Organisation, der mangelnde Arbeitsfluß, das Fehlen der Abgrenzung in den Zuständigkeiten, das Nicht-Einhalten des Instanzenweges, das Nebeneinander und das Gegeneinander, der Mangel an gegenseitigem Vertrauen.

Gelegentlich stört auch die Tücke des Objektes: der eigene Arbeitsplatz, die eigenen Arbeitsmittel, die Arbeitsbedingungen, der Lärm, die Zugluft, oder was es sonst noch an Störfaktoren geben mag.

Die Frage ist nun, was sich gegen all diese Störungen tun läßt. Sie ist nicht allgemein zu beantworten. Was den einen stört, stört den anderen nicht im geringsten. Der eine wartet regelrecht auf Störungen und ist ärgerlich und ungehalten, wenn er nicht gestört wird. Der andere wird dagegen sozusagen durch eine Handbewegung mit einer jeden Störung fertig. Er läßt die Störung gar nicht an sich herankommen. Der eine sieht die häufige Störung als ein Statussymbol an (ohne ihn geht es eben nicht), der andere vermutet hinter einer jeden Störung die Arglist seiner Mitmenschen oder sogar deren gezielte Aggression.

Zur *Überwindung der Störungen* lassen sich einige *Erfahrungssätze* zusammenstellen:

1. Prüfen Sie als Vielbeschäftigter die Störungen und analysieren Sie sie dann nach Gewicht und Herkunft. Besser noch ist es, wenn Sie diese Analyse durch andere vornehmen lassen.
2. Stellen Sie alle Störungen ab, die unwichtig, voraussehbar und abwendbar sind.
3. Machen Sie aus den wichtigen, unvorhersehbaren und unabwendbaren Störungen das Beste.
4. Bauen Sie bei der Aufstellung des langfristigen Terminplanes Zeitpolster ein.
5. Richten Sie Ihr Augenmerk auf Gelegenheiten, die Zeit einsparen lassen.
6. Kontrollieren Sie sich selbst, ob Sie Ihre Zeit nützen oder sie vertun.
7. Schalten Sie Ihre Sekretärin als einen geschickten und wirksamen Filter gegen Störungen ein.
8. Unterweisen Sie die Sekretärin darin, Besucher, die Sie nicht empfangen wollen oder können, mit Charme abzuweisen. Sie muß Störenfriede zur Not aber auch „abwimmeln" oder in die Schranken weisen können.
9. Betrachten Sie das Private niemals als Störung.
10. Führen Sie Sperrzeiten ein, wappnen Sie sich aber auch mit Geduld, lassen Sie sich nicht durch jede Störung aus der Fassung bringen.

19.4 Tagebuch als Zeitnachweis

Wer wissen will, wo seine Zeit geblieben ist und was er in dieser Zeit getan hat, der sollte ein persönliches *Zeit-Tagebuch* führen. Ein solches Tagebuch kann Sie das ganze Leben begleiten. Das Tagebuch wirkt dann wie ein Spiegel, der einem sagt, ob man das erreicht hat, was man erreichen wollte, nämlich, im Großen gesehen: Persönlichkeitsentfaltung und Selbstverwirklichung. Das Tagebuch zeigt aber auch, ob und in welcher Weise zu einem anderen Zeitpunkt in einer anderen Situation Zweckpläne Wirklichkeit geworden sind.

Rückschauend zeigt das Tagebuch, wie Sie früher einmal waren, was Sie im Laufe der Zeit zu tun beabsichtigten und was Sie in dieser Hinsicht erreicht haben. Rückblicke dieser Art sind sinnvoll eingesetzte Kontrollen. Sie zeigen, ob der Weg richtig ist, den man eingeschlagen hat und der einen in die Zukunft führen soll.

Das systematisch geführte *Tagebuch* hat den Vorteil, daß Sie vor sich selbst und anderen Ihren Lebensweg mit wichtigen Details zwar subjektiv gefärbt, aber ohne Trübungen, Schönungen und Verdrängungen im fortgeschrittenen Alter überblicken können. Aber es kostet Zeit, und es ist Ihnen vielleicht auch einmal unangenehm, wenn Ihnen und anderen Ihre Zielabweichungen bewußt werden.

20. Fitneß statt Streß – Analyse und Programm

20.1 Streß – Ein Begriff wird definiert

Arbeitsstreß ist ein sehr kompliziertes und komplexes Gebilde. Er entsteht, um nur einige Beispiele zu nennen, durch

Körperliche Belastung

- Lange Arbeitszeit mit Überstunden
- Schlechte Eßgewohnheiten
- Häufige Reisen
- Sitzende Lebensweise
- Schlafstörungen
- Große körperliche Anstrengung in unregelmäßigen Abständen
- Hektik
- Nervosität

Belastung am Arbeitsplatz

- Vielfältige Aufgaben
- Unselbständiges Arbeiten
- Feedback
- Schlechte zwischenmenschliche Beziehungen
- Unklar umrissene Aufgaben
- Konflikte um Zuständigkeiten
- Arbeitsüberlastung

Psychologische Reaktionen

- Gereiztheit
- Abwehrhaltung
- Geringe Selbstachtung
- Gefühlsmäßige Reaktionen
- Keine Problemlösung
- Abwehrmechanismen
- Kommunikationsschwierigkeiten/Menschen aus dem Wege gehen
- Konzentrationsverlust

Alan A. McLean sieht „Streß" als eine allgemeine Bezeichnung für eine große Anzahl von miteinander in Beziehung stehenden Problemen und nicht so sehr als ein einzelnes Symptom. Es ist einfacher, in spezifischen Stressoren zu denken, aber das dürfen wir nur, wenn wir die Umwelt oder die große Welt mit einbeziehen, in der ein Individuum funktioniert, und wenn wir seine sich stets verändernde individuelle Verletzlichkeit mit einbeziehen.

Streß ist daher nicht Reiz, Reaktion oder intervenierende Variable, sondern ein Kollektivbegriff für ein Wissensgebiet. Der Begriff des Arbeitsstresses kann sich auf eine große Gruppe von Problemen beziehen, die sich von anderen nur darin unterscheiden, daß sie sich mit Forderungen befassen, die das System nach dem bezeichnen, was es ist – physiologisch, sozial oder psychologisch. Die Reaktion dieses Systems muß auch mit eingeschlossen werden.

In seinem Buch „Thrive on Streß" (Setze auf gesunden Streß) hat *McLean* eine Unterscheidung „Overstress" (zuviel Streß) und Understress (zuwenig Streß) gemacht. Als Anzeichen für zuviel Streß sieht er an: innere Spannungen – Ängste – Verdauungsstörungen – Übergewicht – Schlaflosigkeit – Herzerkrankungen – Magenerkrankungen – Schweißausbrüche u. a.

Anzeichen für zuwenig Streß sind z. B. Reizbarkeit – Müdigkeit – Konzentrationsmängel – Langeweile – Teilnahmslosigkeit – Depressionen – Minderwertigkeitskomplexe – Kopfschmerzen u. a. Das Problem des Erkennens kann nur durch eine genaue Analyse der sich oft überlagernden Symptome durch den Experten, Arzt oder Betriebspsychologen bewältigt werden. Ein Do it yourself-Verfahren ist hier nicht am Platz.

Streßbezogene Symptome sind nach *Arthur Young*[19] u. a.

im Beruf:

- sich häufende Reklamationen
- Frust durch Nichterzielung von Ergebnissen
- Überbuchung oder dichte Abfolge von Terminen
- stets voller Posteingangskasten
- persönliche Konflikte und Zusammenstöße von Vorgesetzten und Mitarbeitern
- keine Zeit für Urlaub
- dauernde Arbeit an Abenden und Wochenenden
- keine Zeit für Ideen und Innovationen

im Privaten:

- Nichtbeteiligung an und Umgehen wichtiger häuslicher Entscheidungen
- ein Gefühl, daß das Leben keinen Spaß macht
- ständig späte Heimkehr

---

19 Das Managerhandbuch, S. 185.

- zu wenig Zeit für die Familie
- wenig Neigung zur Erörterung von Problemen
- zu beschäftigt oder zu faul für sportliche Betätigung

Hans Selye, der Vater der Streßforschung, bezeichnete Streß als die „unspezifische Reaktion des Körpers auf jede Anforderung, die an ihn gestellt wird“ und brachte ebenfalls zum Ausdruck, daß „absolute Abwesenheit von Streß Tod ist“.

Im Sinne vernünftiger Arbeitstechnik gilt es also, einen Mittelweg zu gehen, um schädlichen Streß zu vermeiden:

1. Bejahung eines vernünftigen, leistungsfördernden Stresses, der dem Menschen ein hohes Alter garantiert (Adenauer ist ein Beispiel dafür, den nach eigenen Aussagen der ständige Ärger „jung“ gehalten hat).
2. Langfristige Planung und Entwicklung bzw. Auffrischung der eigenen Lebensreserven.
3. Vermeidung von Konflikt-Streß (Distreß).

Wie lassen sich diese Voraussetzungen im einzelnen schaffen?

Jede betriebliche oder familiäre bzw. umweltbewirkte Konfliktsituation enthält vor allem für den Überarbeiteten Disstreßelemente (s. Abb. 16). Überforderungen wie Unterforderungen können lebensgefährlich werden. Ein Formel-I-Rennwagen, der im täglichen städtischen Taxiverkehr eingesetzt wird, reagiert mit Motorschaden. Ein 50jähriger, der noch einmal im Jahr ohne Training an seine zuletzt mit dreißig Jahren erreichte 3000-m-Bestzeit anknüpfen will, wird ernsthaft geschädigt werden. Viele Trimm-dich-Geräte führen bei unsachgemäßer Handhabung zu einem früheren Tod, als er ohne diese Gesundheitsgeräte eingetreten wäre. Es kann auch passieren, daß sich jemand aus einem nichtigen Anlaß, der jedoch das Faß zum Überlaufen bringt, im wahrsten Sinne des Wortes totärgert. Besonders Ehrgeizige, Karrieristen, Menschen die sich für unersetzbar halten und deswegen wohl kaum offen sprechen und zuhören können, sind hier besonders gefährdet.

Alle auslösenden Faktoren können als Stressoren bezeichnet werden, wobei wiederum zwischen psychischem und körperlichem Streß unterschieden werden muß.

Ein Schweizer Psychiater hat für die Beurteilung einer Streßsituation festgehalten, daß die individuellen Streßsituationen besonders bewertet werden müssen:

„Entscheidend ist nicht so sehr die äußere Situation, die zur Belastung wird, sondern, was sie für das betroffene Individuum bedeutet und wie es sie zu verarbeiten vermag."

Edgar Heim[20] unterscheidet dabei die folgenden Kriterien:

1.1 Verluste oder drohende Verluste von wichtigen seelischen Bindungen
1.2 Verletzung oder drohende Verletzung (symbolische Bedrohung, heimliche Befürchtungen, Lampenfieber, Examensängste)
1.3 Versagen von Triebbedürfnissen
2. Psychosoziale Stressoren (Standort des Individuums in der Gesellschaft), Konformitätsdruck, Slums, soziale Schichtzugehörigkeit
3. Streß am Arbeitsplatz

Heim sieht drei Bereiche, in denen die industrielle Gesellschaft ökonomische Ansprüche an den einzelnen in seinem Arbeitsverhältnis stellt:

- Unterteilung der Arbeit
- Mechanisierung des Produktionsprozesses
- Groß- und Serienproduktion

Diese Entwicklung hat ganz konkrete Auswirkungen auf das Individuum:

- Einschränkung der Handlungsfreiheit und der Kontrolle der eigenen Arbeitssituation
- Zunehmend geringere Ansprüche an die intellektuellen und psychomotorischen Fähigkeiten der ausführenden Personen
- Beschränkte Teilnahme an den Entscheidungsprozessen

Gerade in diesen Bereichen kann aber eine vernünftige Arbeitstechnik wertvolle Hilfen bei der Streßbewältigung anbieten, wie wir noch sehen werden.

Die Anpassung an den Streß kann nach *Heim* in vier Phasen gesehen werden:

1. Phase der Bedrohung
2. Einwirkung der Gefahr
3. Erholungsphase (körperliche und seelische Rekreaktion)
4. Nachtraumatische Phase (psychisches Gleichgewicht kann als wiederhergestellt angesehen werden. Dauerschäden sind aber möglich).

---

20 Vortrag, gehalten in der Tagung, „Streßsituationen im Beruf: Ursachen und Bekämpfung", veranstaltet von der Gesellschaft zur Förderung der wissenschaftlichen Graphologie und der Zürcher Gesellschaft für Personalfragen 1974 in Zürich. Quelle: Streß aus psychologisch-psychiatrischer Sicht von PD Dr. med. *Edgar Heim,* Chefarzt Psychiatrische Klinik Schlößli, Oetwil am See, in Industrielle Organisation 43 (1974) Nr. 11, 483–487.

Besser als jede Therapie ist im Arbeitsprozeß nach *Heim* die Prävention. „Prävention müßte vor allem Arbeitsbedingungen schaffen, welche die menschlichen Bedürfnisse, wie wir sie geschildert haben, besser zu befriedigen vermögen. Betriebswissenschaftler und Manager sind besser als die Mediziner mit den Problemen vertraut, welche die Bedürfnisse des einzelnen am Arbeitsplatz betreffen, bestmögliche Selektion des Arbeitsplatzes, Umgang mit Informationen, adäquate Schulung, optimale Personalführung usw. Sofern die Lösung dieser Probleme Stressoren eindämmen oder ausschalten kann, ist sie immer auch Prävention."

In der amerikanischen Managementzeitschrift „Personnel" hat *Alan A. McLean* die wesentlichen[21] Faktoren im Arbeitsstreß systematisch dargestellt:

Abb. 16: Faktoren im Arbeitsstreß

McLean dazu im einzelnen:

„*Psychosozialer Streß:* Die Streßfaktoren, die zu geistigen Beeinträchtigungen und zu meßbar ungesundem Verhalten von einzelnen führen können, sind nicht so sehr die ins Auge springenden, sondern vielmehr die emotionalen Aspekte einer Arbeit oder einer Arbeitsumgebung.

Mit Hilfe zweier Faktoren läßt sich herausfinden, ob ein spezifischer Streßfaktor Symptome hervorruft: der Rahmen, innerhalb dessen eine Interaktion stattfindet und, was noch wichtiger ist, die spezifische Verletzlichkeit, die der einzelne zu genau jenem Zeitpunkt besitzt.

21 *Alan A. McLean,* Job Stress and the Psychosocial Pressures of Change, Personnel, Jan.–Feb. 1976.

Während einer wirtschaftlichen Rezession können die Stressoren beispielsweise viel schwerwiegender sein als zu einer Zeit, in der die wirtschaftliche Sicherheit des einzelnen nicht bedroht ist. Wenn eine Fabrik oder eine Industrie schließt, entsteht offensichtlich ein großer Bruch. Der Wandel im Leben und in den Tätigkeiten der Familieneinheit kann gleichzeitig eine stützende oder auch eine ablenkende Rahmeneinheit bilden.

Die individuelle Verletzlichkeit gegenüber spezifischen Stressoren ist sehr unterschiedlich, aber sie ist sogar noch wichtiger als der Rahmen bei der Bestimmung der Reaktion auf Faktoren in einer Arbeitsumgebung. Ein Mensch mit einem grundlegenden Persönlichkeitszug des Ertragens hat hier Hauptelemente, die für die Dimensionen seiner Verletzlichkeit verantwortlich sind, und wir müssen daher die genetischen und entwicklungsmäßigen Einflüsse erkennen, die jeden von uns zu einem einzigartigen Wesen stempeln. Gleichzeitig jedoch erkennen wir deutlich, daß diese Faktoren sich ändern, wenn auch andere Faktoren sich wandeln.

Spezifische Stressoren sind solche, die zumindest einen geringen Grad von *physischer* oder *emotionaler Unfähigkeit* in dem ihnen ausgesetzten Individuum erzeugen – Stressoren, die das Meistern schwer oder unmöglich machen und die Anpassung sowohl während als auch außerhalb der Arbeit stören.

Reaktionen auf psychosoziale Stressoren reichen von jeder nicht organisch hervorgerufenen emotionalen, intellektuellen und psychophysiologischen Unfähigkeit, wie sie in der internationalen Klassifizierung von Krankheiten erscheinen, bis hin zu einigen, die jeder diagnostischen Kategorisierung widerstehen und als allgemeinerer Natur beschrieben würden, beispielsweise als ständig größer werdende *Abhängigkeit* von anderen oder der *Rückzug* aus aktiven sozialen und berufsmäßigen Tätigkeiten. Dazu kann man auch noch Ärger und Frustration, ungeordnete persönliche Verhältnisse und übermäßiges Trinken zählen (allerdings nicht notwendigerweise bis zum Alkoholismus). Vom Gesichtspunkt eines Arbeitgebers können eine verminderte Produktivität, niedrige Arbeitsmoral, hohe Krankheitsquoten und eine hohe Zahl von Arbeitsunfällen Nebenprodukte individueller Reaktionen auf subtile und auch ganz offen deutliche Stressoren sein.

Was ruft diese Reaktionen hervor? Sehr oft liegen die Gründe in zerstörerischen Änderungen, wirrer Führung, ungeeigneter Arbeitsplatzbesetzung und ungeordneten Beziehungen zu den Kollegen.

Die Verletzlichkeit ändert sich mit wachsendem Alter, mit dem Beruf, dem Berufsniveau und der Bildung. Psychosoziale Stressoren werden in

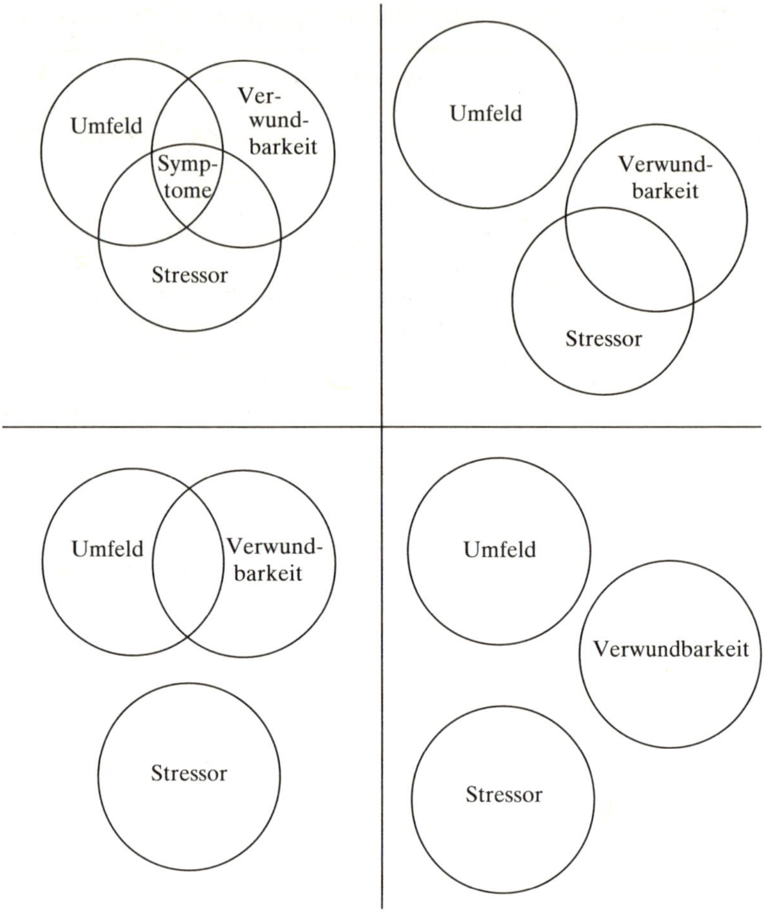

Abb. 17: Symptomatische Beziehungen zwischen Umfeld, Verwundbarkeit und Stressor

diesem Konzept durch spezifische Faktoren der Unfähigkeit definiert, die sie hervorrufen, wenn der Rahmen und die Verletzlichkeit reif sind.

20.2 Techniken gegen den Streß

Viele treten ihren Weg als Führungskraft bzw. Manager unter der Zielsetzung an, Karriere machen zu wollen. Wer dies bewußt tut, muß sich darüber im klaren sein, daß er einer erhöhten körperlichen und geistigen Belastung durch Streß ausgesetzt sein wird, denn Leistung ist nun einmal mit Spannung und Streß verbunden. Wer dazu noch Tag und Nacht an seine „Karriere“ denkt, steht unter Erfolgszwang und wird von Ängsten geplagt, sein Ziel nicht wie vorgesehen vor anderen zu erreichen. Er erreicht sehr bald einen Punkt, an dem er zusammenbricht oder um das Mitleid seiner Umwelt als ständig Kranker heischt. Wer Mitleid erregt, der führt nicht mehr. Er hilft nicht mehr, ihm wird geholfen. Das soll nicht heißen, ein Mensch solle nicht ab und zu die Grenze seiner Leistungsfähigkeit austesten. Aber bevor er wie ein Ochs vorm Scheunentor an seiner *Inkompetenzgrenze* (Peter-Prinzip) anlangt, sollte er sich analytisch um das Phänomen Streß bemühen, bevor es ihm im Berufsleben wie manchem Quizkandidaten geht: Das Gehirn kuppelt sich aus, nur noch das Mundwerk läuft lose mit. Der Streß am Arbeitsplatz besteht zwar nicht in ständiger Krisenatmosphäre, löst aber wohl einen schädlichen Mechanismus aus: „Impulse von der Hirnanhangdrüse an den Sympathikusnerv, die Nebennieren schütteten kräftig Adrenalin und Noradrenalin aus, die Blutgefäße wurden enger, das Herz begann zu rasen, der Blutdruck stieg . . . Der tägliche kleine Ärger wird dabei über die Sympathikus-Nerven unbewußt abreagiert. Zunächst ergießen sich Hormone in den Kreislauf des Blutes, Zucker- und Fettreserven werden mobil gemacht und zu den Muskeln beordert, gleichzeitig schalten sich Verdauungsvorgänge und Sexualfunktionen aus, rote Blutkörperchen gehen in Bereitstellung, um im Bedarfsfall mehr Sauerstoff transportieren zu können. Der Organismus ist in Sekundenschnelle gerüstet, um im nächsten Augenblick eine körperliche *Höchstleistung* vollbringen zu können, gegen einen Feind zu kämpfen oder vor einer Gefahr zu fliehen“[22].

Vier Kategorien werden von *Alan McLean* gesehen, um ganz allgemein den Streßbetroffenen in der Arbeitswelt zu helfen.

1. Politik – Überlegungen – Soziale Verantwortung des Unternehmers. Was tut man, wenn eine Industrie oder eine Fabrik veraltet ist und ein Unternehmer eine neue Fabrik anderswo aufbauen will?

2. Gesetzgebung – Mitbestimmung. Ein Faktor könnte hier besonders wichtig werden, das Erfordernis „soziale Indikatoren“ zu erreichen als Teil des Überwachungsprozesses in einer arbeitenden Organisation.

3. Aus- und Weiterbildung. Es sollten außerdem lebenslange Berufswegleitsätze aufgestellt werden, Karrierezentren, in denen man Hilfe bei der Berufswahl und späteren Veränderungen und schließlich auch bei der Pensionierung erhält.

4. Programme der individuellen Unterstützung

---

22 *Max Conradt,* Hamburger Abendblatt v. 1./2. 11. 1975.

Speziell für Manager-Arbeitsmethoden gibt *Auren Uris,* Ko-Autor des Buches „The Turned On Executive“, zehn praktische Hinweise, wie Manager den psychologischen Druck, unter dem sie arbeiten, verringern können.

1. Reagieren Sie nicht zu stark auf Krisen (keine Überreaktionen).
2. Fassen Sie nichts persönlich auf (nutzen Sie Beobachtungstechnik).
3. Machen Sie sich keine Gedanken über Dinge, auf die Sie doch keinen Einfluß nehmen können (Abschalttechnik einsetzen).
4. Erkennen Sie Ihre eigenen Stressoren (Unterscheiden zwischen inneren und äußeren Ursachen).
5. Versuchen Sie Tapetenwechsel (Umzug, Urlaub, neues Büro, neue Firma).
6. Verschaffen Sie sich Abwechslung und Ablenkung am Arbeitsplatz.
7. Überorganisieren Sie Ihre unverplante Zeit nicht (Aufgabenkontrolle nicht mit Streßkontrolle verwechseln).
8. Ändern Sie Ihren Arbeitsrhythmus (Themenwechsel).
9. Seien Sie anderen bei der Lösung ihrer Probleme behilflich (Sie werden sehen, wie gut es Ihnen geht).
10. Arbeiten Sie körperlich, wenn Sie beruflich Geistesarbeiter sind, und umgekehrt.

Die folgende Liste erhebt keinen Anspruch auf Vollständigkeit der Möglichkeiten, den Streß wirkungsvoll zu bekämpfen. Medizinisch-psychologische Beratung und Unterweisung sind unverzichtbar. Aber auf den ersten Blick ergeben sich für den Einsichtigen zahlreiche Anti-Streß-Techniken.

Zusammenfassend:

1. Finden Sie eine bejahende Antwort auf die Frage nach dem Sinn des Lebens.
2. Suchen Sie sich Ihren eigenen Standort.
3. Werden Sie nicht zum Selbststresser durch die Rolle des ständig Leidenden.
4. Langfristige Techniken: Yoga, Zen, Autogenes Training, Atemgymnastik, Kunst der Gesprächsführung.
5. Fordern Sie sich nicht nutzlose neue Bewährungen ab, während Sie unter Streß stehen. Haben Sie Mut zum Nein und zur Lücke.
6. Ist das überhaupt mein Problem, von dem ich gestreßt werde?
7. Mehr Pausen und Unterbrechungen zum Zwecke des Abschaltens.
8. Verschaffen Sie sich Bewegung.

9. Nehmen Sie nicht zuviel Drogen wie Alkohol, Nikotin und Arbeit zu sich.
10. Beseitigen Sie Verspannungen durch ein kleines Gymnastikprogramm, wann immer Sie Zeit dazu haben.
11. Ruhig und entspannt, in Muße essen und trinken.
12. Sagen Sie lieber einen quälenden Termin kurzfristig ab, bevor Sie das Unmögliche möglich machen wollen.
13. Schlafen Sie entspannt, in ernsten Fällen mit der sogenannten Heilschlafmethode (eine gesteuerte Schlafkur mit Injektionen oder der Elektromethode), aus.
14. Trainieren Sie Ihr Herz und den Kreislauf durch Schnelligkeitstraining, Krafttraining, Ausdauertraining. Bereits mit 30 Minuten pro Woche erzielen Sie einen Trainingseffekt. Erst nach dem 60. Lebensjahr kann eine sportliche Betätigung die Leistungsfähigkeit des Herz-Kreislaufsystems nicht mehr verbessern.
15. Entwickeln Sie unter ärztlicher Beratung ein individuelles Trainingsprogramm, um die Widerstandsfähigkeit des Körpers zu stärken (s. a. „Anti-Streß-Programm"). So bewältigen Sie den Alltag.
16. Gehen Sie viel spazieren. Dauerlauf ist noch besser.
17. Sprechen Sie mit anderen über Ihre Probleme, und zwar mit Menschen, die Ihnen zuhören und nicht gleich Patentlösungen anbieten, die Ihnen noch mehr Aufregung bereiten.
18. Machen Sie regelmäßig einen Checkup des ganzen Körpers (Leistungsfunktionstest).

20.3 Streß durch Autofahren

Wer viel mit dem Wagen unterwegs ist, ist zusätzlichen Gefahrenmomenten und damit weiterem Streß ausgesetzt, wie wir inzwischen aus der verkehrsmedizinischen Forschung wissen. Die Palette ist groß:

Bei *Ärger* entsteht Druckerhöhung im Auge, der zu einer Einengung des Gesichtsfeldes führen kann. (Das Auge ist eine periphere Station des vegetativen Nervensystems.) Wer an einer Anämie leidet (z. B. Eisenmangelanämie) wird schneller als andere ermüden. Erschöpfungszustände nach kurzen Fahrstrecken können die Folge sein.

Unter den Autofahrern leiden rund 5 % unter Angst am Steuer. So kann die *Angst* vor einem Auffahrunfall zu unsicherem oder falschem Bremsverhalten führen. Es gibt auch die Angst vor Nachtfahrten.

Es besteht ein Zusammenhang zwischen *allzulangen Autofahrten* und peripheren, chronisch-arteriellen *Durchblutungsstörungen,* vor allem in den Beinen (nach Ansicht des Leiters der Abteilung Allgemein- und Gefäßchirurgie der Chiemseeklinik in Prien, Doz. Dr. *Helmut J. Scherer*). Kribbeln in den Füßen und ein schlechtes Ertasten des Pulsschlages am Bereich des Fußrückens oder hinter dem Knöchel sollten zum Arzt führen. Spazierengehen, Kniebeugen und Trimm-dich helfen da nicht.

Asthma, Bronchitis, Diabetes, Erkältungen, Husten, Lärmempfindlichkeit, Herzkrankheit, Freßsucht, Wetterfühligkeit, Menstruation, Reisekrankheit, Schilddrüsen-Überfunktion u. a. haben erheblichen Einfluß auf das Fahrverhalten durch schnelle Ermüdung, Überreaktion oder Abbau der Leistungsfähigkeit. So haben Verkehrsteilnehmer mit einer z. B. chronischen Gelbsucht (Leberentzündung) und Leberzirrhose nach augenärztlichen Untersuchungen gegenüber Gesunden eine schlechtere Dunkelanpassung.

Auch *Medikamente* haben eine starke Wirkung auf den Fahrer. Fachleute führen rund 20 % der Verkehrsunfälle auf die Einnahme bestimmter Arzneimittel zurück. Es kann nach der Einnahme von Medikamenten zu Ausfallerscheinungen kommen. Gerade Tagesberuhigungsmittel und Psychopharmaka machen häufig apathisch und mindern das Reaktionsvermögen. Schlafmittel können weit in den nächsten Arbeitstag hineinwirken. Wer als vielbeschäftigte Führungskraft mit Aufputschmitteln operiert, muß Unruhe und Koordinationsstörungen in Kauf nehmen. Bei längeren Fahrten kann sogar der Kreislauf wegen „Übersteuerung" schlagartig versagen. Auch Appetitzügler gehören in diese Gruppe. Arzneimittel gegen Allergien können ebenfalls zur Ermüdung führen.

Zum Standardwissen eines Fahrers sollte es gehören, daß bereits die geringste Menge Alkohol in Verbindung mit Medikamenten zu einer unkontrollierbaren Vervielfachung der Wirkung und damit zur Fahruntüchtigkeit führen kann.

Heimfahrten nach kleinen Operationen mit Kurznarkosen sind besonders gefährlich, weil die Nachwirkungen die Fahrtüchtigkeit beeinflussen.

Jeder fünfte Autofahrer in der Bundesrepublik ist nach eigenem Eingeständnis schon einmal am Steuer eingeschlafen. Dabei können nicht nur die schon genannten Faktoren maßgeblich negativ beteiligt gewesen sein, sondern auch Kaffee, Tee und Tabak als negative Verstärker. Dadurch stellen sich Ermüdung, Streß, Seh- und andere Mängel ein.

Stickige, mit Rauch durchsetzte Luft macht schläfrig (Kohlenmonoxyd im Wageninnern). Nimmt die Ermüdung zu, versucht sich mancher Autofahrer durch überhöhtes Tempo wach zu halten, was wiederum Konsequenzen haben kann. Pausen von 10–15 Minuten nach drei Stunden Fahrt bauen die schlimmsten Ermüdungsspitzen ab.

Apotheker und Ärzte beraten Sie gerne in der Überlebenstechnik, wenn Sie sie fragen!

20.4 Verhalten bei Luftreisen

Führungskräfte, die viel fliegen, leiden unter Zeitverschiebungen und anderen Streßfaktoren wie

a) Verringerung des Luftdruckes trotz Druckerzeugung in den Kabinen (Folgen: Atem- und Hörbeschwerden)
b) geringeren Sauerstoffgehalt des Blutes (Folgen: Übelkeit bis Bewußtlosigkeit)
c) mangelnde Bewegung durch die Dauer des Flugs.

Die europäische Managerzeitschrift „Vision“ brachte zu diesen Tatsachen im April 1977[23] ein interessantes Beispiel:

„Nehmen wir einmal den Flug Frankfurt/Los Angeles: Dauer etwa 12 Stunden, neun Zeitzonen werden überflogen. Ein Manager auf Geschäftsreise verläßt Frankfurt gegen 13 Uhr und kommt um 16 Uhr in Los Angeles an. Seine innere Uhr zeigt jedoch ein Uhr morgens an, eine Zeit, zu der er normalerweise schon im Bett liegt. Wenn er nun auf seinen gesunden Menschenverstand hört und sofort nach der Ankunft zu Bett geht, wacht er nach seiner „inneren Uhr“ gegen 8 Uhr morgens auf. Leider ist es dann erst 23 Uhr Ortszeit, also Zeit, zu Bett zu gehen.

Von Ärzten wird eine optimale Umstellungszeit von einem Tag pro 2 Stunden Zeitverschiebung empfohlen. Bei Langstreckenreisen wie z. B. nach Australien wird der ganze Organismus biologisch auf den Kopf gestellt, meint Dr. *Beric Wright,* Direktor des Londoner Medical Center und Spezialist für Managerkrankheiten.

Was läßt sich tun, um schlimme Folgen zu verhüten?

1. Planen Sie bei sehr langen Flügen von vornherein eine Zwischenlandung ein.

23 Fern vom Schreibtisch, S. 74.

2. Treten Sie bei mittleren Flügen nach der Ankunft zunächst kurz und belasten Sie sich nicht zu sehr.
3. Nutzen Sie die Flugzeit zur Lektüre von einschlägigen Fachbroschüren, in denen Sie auch Hinweise auf unschädliche Medikamente finden (Lufthansa-Ratgeber).
4. Versuchen Sie, Alkohol und anregende Getränke zu vermeiden.
5. Verzichten Sie auf schwere Speisen.
6. Schränken Sie das Rauchen ein.
7. Vermeiden Sie Nachtflüge, vor allem, wenn Sie an Schlaflosigkeit leiden.

20.5 Umgang mit Psychopharmaka

Die *Psychopharmaka* stehen seit einigen Jahren im Brennpunkt einer sehr kritisch geführten öffentlichen Diskussion. Niemand wird die „ungeheuer segensreiche, stille Revolution, die die Psychopharmaka in der praktischen Psychiatrie bewirkt haben“ (so Prof. *Bruno Müller-Oerlinghausen* von der Psychiatrischen Klinik der Freien Universität Berlin), bestreiten wollen. Wohl aber erscheint es richtig, ohne Schlagworte wie „chemische Zwangsjacke“ oder „illegitime Machtinstrumente der Psychiater“ aufzugreifen, auf die allgemeine Gefahr des gewohnheitsmäßigen hemmungslosen oder auch nur bequemen Verbrauchs für einen gesunden Menschen hinzuweisen. *Jürgen Peter Stössel*[24] hat in einem Aufsatz darauf hingewiesen, daß die Medizin nicht zuständig ist, wo es um psychische und soziale Konflikte geht.

„Um überhaupt Gehör zu finden, klagen die Betroffenen daher nicht die krankmachenden Arbeits- und Lebensbedingungen an. Sie verlagern vielmehr das Problem gleichsam in ihren Körper. Indem sie über Kopfschmerzen, Magendruck, Durchfall, Verstopfung, Herzstechen oder Atemnot klagen, verhalten sie sich so, wie es die Medizin, stellvertretend für die Gesellschaft, von ihnen erwartet.

Anderenfalls müßten nämlich die psychosozialen Ursachen des massenhaften Elends, die Spannungen in Familie und Beruf, die anonymen Leistungszwänge, die allgegenwärtige Drohung der Arbeitslosigkeit, die erbitterte Konkurrenz, die Machtkämpfe der ohnmächtig Vereinzelten, die Reduktion der menschlichen Individualität auf winzige Teilfunktionen, die Verwertung der Arbeitskraft – all das, was hier nur schlagwortartig angedeutet werden kann, müßte angegeben werden.“

24 Rheinischer Merkur vom 14. 10. 1977.

Happy Pills helfen hier nicht. *Stössel* zitiert in diesem Zusammenhang Dr. *Leo Sternberg* von Hoffmann La Roche: „Durch Valium und Librium wird die Stärke des Drucks, sagen wir, etwas gemildert, so daß der Mensch weiterhin gut funktionieren kann, nicht ganz aus dem Gleichgewicht kommt.“ Das „Pillenbrot“ ist ein hartes Brot, wenn man unnötig von ihm abhängig wird. *Stössel,* Redakteur des Ärztemagazins „euromed“ und Autor des Buches „Psychopharmaka – die verordnete Anpassung“, dazu: „Seit langem kennt man die *lebensbedrohliche Verminderung* weißer Blutkörperchen nach Einnahme stark wirkender Psychopharmaka aus der Gruppe der Phenothiazine. Sie können außerdem, wie auch bestimmte Antidepressiva, Herz- und Kreislaufschäden verursachen . . . Für chronisch Bronchitiskranke sind Valium und Librium schon in therapeutischen Dosen gefährlich, weil sie das Atemzentrum lähmen.“

Mäßigung ist also im Sinne vernünftiger langfristiger Arbeitstechnik und der geistigen und körperlichen Fitneß angeraten, um Sucht oder Entzugserscheinungen zu vermeiden.

Aus einer Gesundheitsbroschüre

Mögliche Vorboten eines drohenden Herzinfarkts

- Bei Patienten, die bereits unter Angina pectoris leiden: Die Herzanfälle werden häufiger und intensiver. Die einzelnen Anfälle dauern länger an oder treten sogar in Ruhe auf.
- Bei bisher (scheinbar) Gesunden: Neu auftretende Anfälle von Enge oder brennenden Schmerzen in der Brust (Stenokardien).

In beiden Fällen sollte ein Arzt aufgesucht werden.

Tips für den Notfall

- Telefonnummern des Hausarztes, des Notarztes oder auch der Rettungs-Leitstelle jederzeit griffbereit halten.
- Den Patienten sofort und mit angehobenem Oberkörper auf ein Bett oder Sofa lagern.
- Enge Kleidung, auch Krawatte oder BH öffnen.
- Radio oder Fernseher abschalten.
- Nach dem Auftreten der ersten Symptome dürfen keinesfalls mehr als 30 Minuten vergehen, bis der Arzt gerufen wird. Erscheint die Situation eindeutig: sofort anrufen!
- Beim Telefongespräch mit dem Arzt Adresse, Name und Alter des Patienten sowie Beschwerden und bekannte Risikofaktoren angeben.

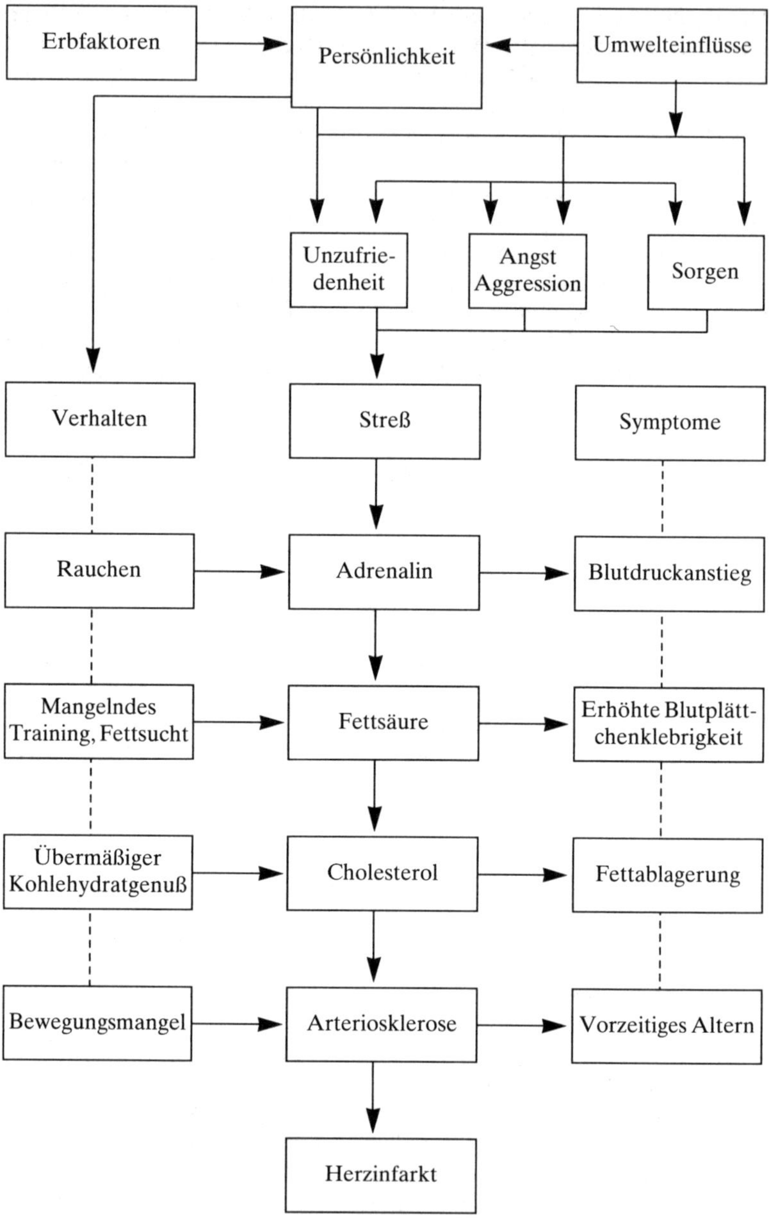

Abb. 18: Auf einen Blick: Die Wege zum Infarkt

- Nach dem Telefongespräch dafür sorgen, daß der Arzt die Wohnung schnell findet: Wohnung, Treppenhaus und Haustür so hell beleuchten wie möglich und einen Nachbarn bitten, den Arzt auf der Straße zu empfangen. Aber auf jeden Fall beim Patienten bleiben und versuchen, ihn zu beruhigen.
- Im schlimmsten Fall kann es vor dem Eintreffen des Notarztes zum Herzstillstand kommen. Der Patient wird bewußtlos, das Gesicht verfärbt sich blau-grau, die Atmung wird schnarchend oder ist gar nicht mehr wahrzunehmen. Dieser Zustand ist lebensbedrohlich und erfordert Wiederbelebungsmaßnahmen: Beatmung und Herzmassage.

Anzeichen des akuten Herzinfarkts

- Heftiger Druck oder schwere, langandauernde Schmerzen im Brustkorb, die in beide Arme, den Bauch, zwischen die Schulterblätter und in den Unterkiefer ausstrahlen, oft auch ein Brennen im Brustkorb, Schmerzen im Hals oder Oberbauch
- Blasse, fahle Gesichtsfarbe, kalter Schweiß auf Stirn und Oberlippe oder im ganzen Gesicht
- Atemnot
- Kreislaufzusammenbruch mit oder ohne Bewußtlosigkeit
- Todesangst

21. Die tägliche Zerreißprobe der Zeiteinteilung im Betrieb

Für einen Mitarbeiter ist nichts so aufschlußreich wie die Art der Zeiteinteilung seines Vorgesetzten. Daraus kann er ablesen, worauf der Chef Wert legt. Ein Manager, der z. B. seinen Arbeitstag durch Unterbrechungen in Stücke reißen läßt, gibt seinen Mitarbeitern das Signal, daß ihm diese Unterbrechungen wichtiger sind als Planung und Sicherung der Erreichung ihrer Ziele.

Es gibt Vorgesetzte, die „unwichtige Dinge persönlich besprechen wollen" oder die eine solche Vorliebe für das Detail haben, daß sie den größten Teil ihrer Zeit mit der Überprüfung der Arbeit ihrer Untergebenen verbringen. Da ist „der Chef, den man nie sprechen kann, wenn man ihn braucht", da ist außerdem der Chef, der „die Prioritätenliste dauernd durcheinanderbringt, und die neuen Anforderungen haben oft wenig Ähnlichkeit mit den schon zugewiesenen Prioritäten."

Es ist außerordentlich wichtig, daß sich der Manager seines Einflusses auf die Zeit seiner Mitarbeiter bewußt ist. Drei Sünden werden mit aufreibender Häufigkeit immer wieder begangen:

- Man erteilt keine genügend klaren Instruktionen.
- Man läßt Untergebene warten.
- Man unterbricht ihre Arbeit.

Für die *Sicherstellung der folgenden Punkte* durch den Delegierenden gibt es *keinen Ersatz*. Der Mitarbeiter, der mit der Ausführung einer Aufgabe betraut wird, soll

1. genau begreifen, was man erwartet,
2. das Ausmaß seiner Führungsverantwortung und der delegierten Weisungsbefugnisse begreifen,
3. wissen, bis wann die Aufgabe erledigt sein soll.

Überprüfen Sie sich

Patentlösungen gibt es nicht. Aber die folgende Checkliste will noch einmal versuchen, Ihnen eine Hilfe zur Analyse mit anschließendem Maßnahmenplan (den Sie allerdings sich selbst nach der situativen Gegebenheit erstellen müssen) an die Hand zu geben:

Ja/Nein

☐ ☐ 1. Ist Ihr Chef zu kritisch gegenüber Ihnen und Ihrer Arbeit?

☐ ☐ 2. Trifft er Entscheidungen nur langsam und zögernd bis hin zur Verschleppung?

☐ ☐ 3. Legt er mit Ihnen Prioritäten vor Beginn einer Arbeit fest?

☐ ☐ 4. Ermutigt er Sie zur Teilnahme an Konferenzen und zu Kontakten auf höherer Ebene, wenn das Thema in Ihren Kompetenzbereich fällt?

☐ ☐ 5. Läßt er Sie über Geldausgaben in bestimmtem Rahmen verfügen?

☐ ☐ 6. Stellt er Ihnen freiwillig und genügend alle entscheidungswichtigen Informationen zur Verfügung?

☐ ☐ 7. Bewertet und berät er Sie mindestens viermal im Jahr zu Ihrer Arbeit und Karriereplanung?

☐ ☐ 8. Wendet er dabei eine ergebnisgezogene Bewertung an?

☐ ☐ 9. Lobt er Sie, wenn Sie eine gute Leistung bringen?

☐ ☐ 10. Teilt er Ihnen Gründe für wichtige Entscheidungen mit?

☐ ☐ 11. Fordert er Sie auf, Anregungen bezüglich seiner Führungs- und Arbeitsweise zu machen?

☐ ☐ 12. Bevorzugt er niemanden?

☐ ☐ 13. Tadelt er Sie nur unter vier Augen?

☐ ☐ 14. Steht er hinter Ihnen und Ihren Kollegen, wenn Sie in Schwierigkeiten geraten?

☐ ☐ 15. Konzentriert er sich in Arbeitsgesprächen auf die Planung und die Überprüfung von Zielen?

☐ ☐ 16. Delegiert er konsequent Befugnisse an Sie bei Angelegenheiten, die Ihre Arbeit direkt betreffen?

☐ ☐ 17. Hat er in den letzten fünf Jahren regelmäßig Urlaub genommen?

☐ ☐ 18. Arbeitet er länger als Sie?

☐ ☐ 19. Arbeitet er regelmäßig auch noch zu Hause?

☐ ☐ 20. Kommt er häufig außerhalb der normalen Arbeitszeit ins Büro?

☐ ☐ 21. Kommen Sie täglich mehrmals mit der Bitte um Rat oder Informationen zu ihm?

☐ ☐ 22. Hält er genügend Mitarbeiterbesprechungen (themenzentriert) ab?

☐ ☐ 23. Gesteht er Ihnen das Recht zu, Unrecht zu haben?

Wenn Sie alle Fragen bis auf die Nr. 1, 18, 19, 20, 21 mit Ja beantwortet haben, dann haben Sie eine sehr gute Ausgangsbasis für Ihre gemeinsamen Bemühungen mit Ihrem Vorgesetzten zur Verbesserung von Kommunikation und Motivation zu noch besseren Leistungen als bisher. Je mehr jedoch Ihre Antworten von diesem Idealergebnis abweichen, desto fester schnallen Sie Ihren Helm und gehen mit Ihrem Chef auf gemeinsamen Stoßtrupp zur Problemsuche – oder wechseln Sie die Abteilung oder die Firma.

Ein Abschnitt für Vorgesetzte

Die Hauptblockade gegen erfolgreiche Delegation ist und bleibt mangelndes Vertrauen gegenüber den Mitarbeitern. *Mackenzie:* „Nur wenige Manager erkennen, daß die Ursachen dazu in ihnen selbst begründet liegen. Wenn Mitarbeiter keine Talente oder Befähigung haben, die eine entsprechende Delegation rechtfertigen, hat der Manager in seinem Führungsverhalten versagt. Entweder hat er die Stellen nicht mit kompetentem Personal besetzt, oder er hat seine Mitarbeiter nicht geschult und gefördert.“

Sein Rat an Vorgesetzte:

> *Bilden Sie entweder Ihre Mitarbeiter zu effektiveren Mitarbeitern aus, oder ersetzen Sie sie durch fähigere Leute.*

Wie Sie als Vorgesetzter Rückdelegation vermeiden können:

Manche Mitarbeiter erinnern den gutwilligsten Vorgesetzten an kleine Kinder, die dem Vati den ganzen Tag lang ihr momentanes Lieblingsspielzeug zeigen wollen, oder an einen Hund, der seinem Herrchen dauernd stinkende Knochen herbeischleppt und dann belohnungsheischend mit dem Schwanz wedelt. Die Reaktion schwankt dabei zwischen Resignation und Brutalität: „Ich muß ja doch alles selbst machen.“ oder „Ich bin für niemanden mehr zu sprechen.“ Letztere Methode des Zusammenbruchs betriebsinterner Kommunikation gibt es auch in der subtileren Form des „3-Affen-Prinzips“ (US-Idiom: the monkey on your neck): Lassen Sie Ihren Mitarbeiter ruhig sein Problem auf Ihrem Schreibtisch abladen. Wenn er dann freudig erregt bereits der Tür zustrebt, sagen Sie freundlich und beiläufig: „Ach, mein Lieber, ich habe da auch noch etwas für Sie . . .“. Ihrem noch euphorisch gestimmten Mitarbeiter drücken Sie dann *drei* problematische Vorgänge in die Hand und entlassen ihn mit den ermutigenden Worten: „Sie werden das schon machen!“ Spätestens beim dritten Anlauf haben Sie nur noch drei Probleme durch ihn, er aber hat *neun* neue, macht für Sie ein Plus von sechs losgewordenen Vorgängen. Diese Methode ist hervorragend dazu geeignet,

a) die Kommunikation in kürzester Zeit einfrieren zu lassen,
b) eine hohe Fluktuation der Mitarbeiter zu erzielen,
c) das Unternehmen an den Rand des Ruins zu treiben.

Aber als taktischen Spaß und anschließende Eröffnung gegenüber den Mitarbeitern dürfen Sie es ruhig einmal versuchen. Besser ist da allerdings die von *Mackenzie* empfohlene Methode der Schildanfertigung:

> *BSMKF – BSMA*
> Bringen Sie mir keine Fragen, bringen Sie mir Antworten.

Womit nichts gegen den Einsatz sinnvoller Fragen seitens der Mitarbeiter gesagt sein soll. Fragen können auch den Intelligenzquotienten von Chef und Mitarbeitern erhellen. Aber: „Wenn Sie mir blöde Fragen stellen, kriegen Sie auch blöde Antworten“ *(Herman Kahn)*.

TEST:
Wie reagieren die meisten Manager (ob Mitarbeiter oder Chef) auf Arbeit wirklich? Ist sie ihnen willkommen, wollen sie ihr Bestes geben, oder tun sie gerade genug, sie wieder los zu werden?

Ja/Nein
☐ ☐ 1. Arbeiten Sie nur zügig, solange der Chef da ist?
☐ ☐ 2. Möchten Sie nur den Nutzen aus einer besseren Position, aber nicht mehr Verantwortung?
☐ ☐ 3. Sind Selbstkontrolle und Selbstführung bei Ihnen wirksamere Motivatoren als externe Kontrolle und Sanktionsandrohung durch den Vorgesetzten?
☐ ☐ 4. Arbeiten Sie nur für ein festes Gehalt und die Sozialleistungen?
☐ ☐ 5. Arbeite ich gerne, wenn die Arbeit eine Herausforderung an mich darstellt?

Wenn Sie 1, 2 und 4 mit Nein beantwortet haben, 3 und 5 mit Ja, dann dürfte Ihre Verhaltensweise nicht die Ursache eines von Ihnen zu beklagenden Führungsstils Ihres Chefs sein. Sie gehören dann nämlich in die Annahmegruppe „Theorie Y“ der Führungsstil-Theorie von *Douglas McGregor*. Sie besagt:

a) Physische und geistige Anstrengung bei der Arbeit ist ebenso natürlich und erstrebenswert wie beim Spiel.
b) Äußere Kontrolle und Androhung von Sanktionen sind nicht die einzig wirksamen Mittel zur Erreichung von Organisationszielen.

c) Mitarbeiter üben Selbstleitung und Selbstkontrolle im Dienste der Ziele aus.
d) Der Durchschnittsmensch lernt unter den geeigneten Umständen nicht nur Verantwortung zu akzeptieren, sondern sie zu suchen.
e) Engagement für Ziele ist eine Funktion der mit ihrer Erreichung verbundenen Belohnung.

Der „Theorie-X"-Mitarbeiter dagegen huldigt den folgenden Einstellungen:

a) Der Durchschnittsmensch hat eine naturgegebene Abneigung gegen Arbeit und vermeidet sie, wo er nur kann.
b) Deswegen müssen die meisten Mitarbeiter gezwungen, kontrolliert, gelenkt und auch mit Sanktionen bedroht werden, um sie dazu zu bringen, sich auf angemessene Weise um die Erreichung der Ziele zu bemühen.
c) Der Durchschnittsmitarbeiter zieht es vor, gelenkt zu werden, meidet Verantwortung, hat wenig Ehrgeiz und bleibt beim Sicherheitsdenken stehen.

Die meisten Führungskräfte sind in ihrer Denkweise natürlich irgendwo *zwischen* X und Y beheimatet. Frage: Ist Ihre eigene Einstellung zur Arbeit dieselbe wie die, auf der Ihr Chef seine Arbeitsbeziehung zu Ihnen begründet? Oder bekommen Sie einige Dinge und Signale, die er tut oder von sich gibt, ganz einfach in die falsche Kehle? Das Problem liegt darin, daß die meisten Manager für sich selbst und die Leute, denen sie unterstellt sind, an die Theorie Y glauben.

Die Theorie X gilt dann oft für diejenigen, die ihnen unterstellt sind. Überdenken Sie also immer wieder von neuem, wie Sie selbst Ihre Einstellung zur Arbeit sehen, z. B. in kritischen Situationen. Sind Sie nicht auch manchmal gelangweilt und nicht engagiert? Stöhnen Sie nicht auch über unbequeme Arbeit?

22. Spezielle zeitsparende Methoden

22.1 Systematisches Lesen

Wer sich für seine Arbeit bestimmte Grundlagen schaffen will, ist oft gezwungen, entsprechendes Material durchzuarbeiten, zum Beispiel ein umfangreiches Werk zu *lesen,* das Wichtiges für sein Vorhaben enthält. Es hat aber z. B. über 800 Seiten. Diese 800 Seiten erschlagen zunächst einmal.

Für den Leser ist es daher wichtig, sich zu Anfang einen Überblick zu verschaffen. Das kann er tun, indem er die Titelei, das Vorwort und das Inhaltsverzeichnis durchsieht und dann in dem Werk herumschmökert. Er kann sich über das Buch selbst auch noch etwas von einem Fachmann erzählen lassen, oder er schaut in einem Handbuch unter gewissen Stichworten nach. Auf diese Weise kommt er dem Buch näher. Es gewinnt für ihn an Wert, ruft seine Wißbegier wach und verstärkt das Interesse. Dann kann das Lesen beginnen. Das Lesen darf nicht zu langsam vor sich gehen, die Konzentration läßt sonst nach. Beginnt man erst einmal, während des Lesens eigenen Gedanken nachzuhängen, dann liest man ohne Verständnis weiter. Es ist erstaunlich, wieviel Seiten man lesen kann, ohne daß der Inhalt verstanden und aufgenommen worden wäre.

Beim Lesen sind wichtige Stellen gleich zu *unterstreichen,* sofern es ein eigenes Buch ist, und *Anmerkungen* zu machen. Ist das Buch entliehen, dann hilft man sich mit *Auszügen.* Nach Abschluß der Lektüre kommt die *Zusammenfassung* und dann die *kritische Stellungnahme* zu dem, was man dem Buch entnommen hat. So wird aus dem Lesen ein Durcharbeiten des Buches.

So sollte man also vorgehen, wenn man für seine Arbeit Material durchzuarbeiten hat, über das der Überblick nicht gleich mitgegeben wird. Aber wie oft kommt es vor, daß man vor der Fülle des Materials zurückschreckt, daß man Bücher ungelesen läßt, daß Zeitschriften nicht ausgewertet werden, weil ganz einfach die Zeit zum Lesen fehlt.

22.2 Schnell-Lesen

Hier bietet sich die Methode an, die uns lehrt, schneller zu lesen. Sie ist in den angelsächsischen Ländern entwickelt worden und hat dort großen Erfolg. In Deutschland hat man erst vor einigen Jahren begonnen, die Methode des Schnell-Lesens zu lehren.

Wenn vom Schnell-Lesen gesprochen wird, so ist damit kein oberflächliches Lesen gemeint. Beim Schnell-Lesen muß die Bedeutung jeder Zeile, jedes Abschnittes, jedes Kapitels unbedingt erfaßt werden. Daß das schneller geschieht, liegt am Training der Augen, die die Zeilen ausgreifender überfliegen, und an der Beschleunigung des Prozesses, der einen auch das verstehen läßt, was schnell gelesen wird. Außerdem wird dem Übenden das stille Mitsprechen beim Lesen abgewöhnt. Die Konzentration auf den Lesestoff wird erhöht.

Dieses Training wird von Jugendlichen und Erwachsenen mit gleichem Erfolg betrieben. Die Lesegeschwindigkeit läßt sich um 50 und mehr Prozent steigern. Sie nimmt bei fortgesetzter Übung weiterhin zu.

Bedeutungslos wird die Lesegeschwindigkeit natürlich für alle Lektüre, die wir aus Muße und zur Besinnung heranziehen. Für diese Art des Lesens eignet sich das Schnell-Lesen nicht.

Die Lesegeschwindigkeit wird gemessen, indem man die Übenden einen Text lesen läßt. Die Zeitdauer des Lesens wird gestoppt. Anschließend haben die Übenden dann eine Reihe von Fragen zu beantworten. Aus den Antworten geht hervor, ob der Text verstanden wurde oder nicht. Bei Studenten wurde zum Beispiel zu Beginn eines Schnell-Lesekurses festgestellt, daß sie in der Minute 237, 325 oder 400 Worte lasen. Nach dem Kursus lasen diese Studenten 360, 540 bzw. 675 Worte, ohne daß sie weniger vom Gelesenen verstanden hätten.

Nach *Norman Lewis* gibt es folgende sechs Grundregeln des schnelleren Lesens und des besseren Verstehens:

1. Man muß sich Zeit nehmen, um zu lesen. Wer nicht einen großen Teil seiner Zeit mit Lesen verbringen will, kann sich nicht im Schnell-Lesen üben.
2. Man muß sich angewöhnen, im Überblick zu lesen, sich also nicht zu sehr durch überflüssige Details aufhalten zu lassen. Man muß lernen, auch beim Lesen das Wesentliche vom Unwesentlichen zu unterscheiden.
3. Man teile sich seine Zeit ein und lege sich terminmäßig fest, bis wann man seinen Lesestoff durchgearbeitet haben will. Man zwingt sich auf diese Weise dazu, seine Zeit zu nutzen und sich auf seinen Lesestoff zu konzentrieren.
4. Man bestimme das Tempo, das für den Lesestoff das geeignetste ist, indem man etwa 15 Seiten liest und die Schwere des Stoffs prüft. Jedes Buch hat sein Tempo, das es zu bestimmen gilt. Bei diesem Tempo muß man dann bleiben, ohne zu lange Pausen einzuschalten.
5. Man lerne, sich auf den Lesestoff zu konzentrieren. Langsame Leser sind meist solche, die immer wieder vom Stoff abschweifen, die ihre

Gedanken wandern lassen. Der Erfolg der Konzentration ist: schärferes Verständnis, bessere Auffassung, klarerer Überblick, schnelleres Lesen und besseres Behalten.

6. Man übe deshalb nicht nur an leichten Texten, sondern greife zu immer schwereren Lesestoffen. Nach der Lektüre eines Textes muß man von sich und der Welt mehr verstehen. Schnelle Leser sind übrigens gute Leser, das heißt, sie haben eine leichte Auffassungsgabe und bemühen sich um immer neue Interessensgebiete.

Die Kennzeichen des guten Lesers sind nach *Norman Lewis:* Er liest etwa 400 bis 500 Wörter in der Minute. Er versteht das, was er liest, genau und umfassend. Es entgeht ihm kein Gedanke, der wichtig ist. Er erfaßt den Sinn des Ganzen, ohne das gleiche mehrmals lesen zu müssen. Er liest sinngemäß, nicht aber den Worten nach. Jede Zeile wird durch zwei bis drei Augenbewegungen erfaßt. Gelesen wird nur mit den Augen und dem Verstand, also ohne alle Mitsprecherei. Der gute Leser ist aktiv und schöpferisch. Er denkt mit dem Verfasser, nimmt ständig Stellung, denkt anschaulich mit. Er ist sich nur seiner schnellen Gedanken bewußt, aber hört sich nicht selbst. Unbedingte Konzentration und Hingabe an den Stoff zeichnen ihn beim Lesen aus. Unwichtige Worte, Gedanken, Abschweifungen des Verfassers werden mit verminderter Aufmerksamkeit überflogen. Der komplette Lesestoff wird ohne Ermüdung in einer Sitzung bewältigt. Der gute Leser erinnert sich auch lange Zeit später noch der wichtigen Einzelheiten, der wesentlichen Gedanken, der hervorstechendsten Gefühle, des Reizes, der vom Lesestoff ausging.

Der schlechte Leser dagegen bewältigt nur 150 bis 200 Worte pro Minute. Das Bedeutungs- und Sinnverständnis ist schlecht entwickelt. Einzelne Worte und Sätze werden öfter wiedergelesen. Beim Lesen geht er Wort für Wort vor, gelegentlich sogar silbenweise. Das Auge muß sechs bis sieben Bewegungen machen, um eine Zeile zu lesen. Es wird mit Augen, Lippen, Zunge, Kehlkopf und Stimmbändern gelesen. Die Worte werden passiv aufgenommen. Er hört jedes Wort mit dem inneren Ohr. „Er konzentriert sich nicht genügend und nimmt beim Lesen gleichzeitig alle äußeren Geräusche und Ereignisse wahr." – Durch das Lesen jeder einzelnen Silbe stellen sich bald Ermüdungserscheinungen ein, weil das Lesen zur schweren verwirrenden Aufgabe wird. Über ein Dutzend Seiten auf einmal kommt der schlechte Leser kaum hinweg und er behält nur wenig von dem, was er liest.

Das Training selbst läuft entsprechend ab. Mit Hilfe von Zahlenreihen wird zunächst einmal die Spannweite des in einem Blick erfaßten Bereiches erweitert, dann kommen ähnliche Übungen mit Sätzen, deren Sinn in einem Zuge erfaßt werden muß. Auf diese Weise wird der

Weg vorbereitet zu den wichtigsten Übungen, durch die man schneller und sicherer reagieren lernt auf die Gedanken, die einem auf einer Seite dargeboten werden. Das Endergebnis dieser Übungen ist die Sicherheit und die Bequemlichkeit, mit der im schnelleren Tempo als bisher die Seiten gelesen und aufgenommen werden.

Die nächsten Übungen beschäftigen sich mit dem Ausmerzen des inneren Mitsprechens beim Lesen. Es kommen Leseübungen, an denen der Umfang des Verständnisses geprüft wird, den man trotz schnellen Lesens erreicht hat. Nach Abschluß der Übungen wird daran gegangen, den Wortschatz des Übenden zu erweitern. Es werden Anweisungen gegeben, wie man seinen Wortschatz in kürzester Zeit nicht nur vermehren, sondern ihn auch einsatzbereiter machen kann. Die Unterabschnitte dieses Kapitels bei *Norman Lewis* heißen „Die Bedeutung des erweiterten Wortschatzes“, „Wörter, die Autoren sehr häufig gebrauchen“, „Wieso der Aufbau eines Lesestoffes so leicht ist“, „Neue Wörter ohne Zuhilfenahme des Wörterbuches“, „Behandlungen neuer Wörter“, „Die 500 wichtigsten Wörter“.

In diesem Zusammenhang muß auch darauf hingewiesen werden, daß der passive Wortschatz aktiviert wird: Jeder kennt nämlich weitaus mehr Wörter, als er allgemein beim Sprechen und Reden gebraucht. Man sollte beim Reden und Schreiben auf „Wechsel im Ausdruck“ achten. Findet man für einen oft gebrauchten Ausdruck nicht sofort einen anderen, dann sollte man ein vergleichendes Wörterbuch (Synonyma-Lexikon) zu Rate ziehen.

22.3 Behalten

Wer das Schnell-Lesen gelernt hat, muß auch beim Erfassen des Inhaltes methodisch richtig vorgehen. Um das, was er gelesen hat, zu behalten, sollte er folgendes beachten:

1. Wer liest, um etwas zu behalten, muß körperlich frisch und geistig aufgeschlossen sein.
2. Wer lustlos ist oder psychisch gesättigt, ist nicht aufnahmefähig und deswegen nicht bereit, etwas zu behalten.
3. Wer behalten will, darf nicht einen Stoff dem anderen unmittelbar folgen lassen. 15 Minuten Pause zwischen den Lese- und Lernstoffen sind angebracht.
4. Konzentration ist für den Leseerfolg notwendig, doch kann ein zu starker Grad der Anspannung den Erfolg mindern.
5. Wer liest, sollte alle Außenreize (Lärm, Gespräche, Radio) abschalten oder leise halten.

6. Es ist besser, daß eines gründlich als vieles oberflächlich gelesen wird. Das oberflächlich Gelesene wird nicht behalten. Auch werden nicht alle Stoffe gleich gut behalten. Das Interesse für den jeweiligen Stoff entscheidet darüber, ob etwas behalten wird. Vor allem hüte man sich beim Lesen vor dem bloßen Anlesen.
7. Wer zuviel auf einmal liest und es behalten will, übt nicht seine Merkfähigkeit; Überforderung rächt sich.
8. Der Lesestoff wird nur dann behalten, wenn er für uns eine gedankliche und logisch aufgebaute Einheit bildet. Er prägt sich in der Übersicht besser ein als über zuviele Details.
9. Lesestoffe sind in sich zu gliedern und voneinander abzugrenzen. Das erhöht den Überblick. Das, was überblickt wird, prägt sich besser ein. Zuviele Details stören den Prozeß des Behaltens.
10. Lese- und Lernstoffe, die zur gleichen Zeit bearbeitet werden müssen, dürfen einander nicht zu ähnlich sein. Das Gelesene kann dann nicht systematisch genug gespeichert werden.
11. Zwar reizt der Lesestoff, wenn er neu ist, besonders, doch sollte er sich nicht als etwas ganz Unbekanntes darbieten. Das Neue soll sich an Bekanntes anschließen.
12. Der Lesestoff prägt sich besser ein, wenn er zu weiterem Suchen und neuen Beispielen führt.
13. Der Lesestoff soll sich mit einem fest umrissenen Ziel verbinden. Dadurch wird man zum Lesen motiviert, und das Gelesene wird auch behalten.
14. Anerkennung des Lesens durch andere fördert den Effekt des Lesens; Tadel und Strafe mindern ihn.
15. Das Gelesene prägt sich stärker ein als das nur Gehörte. Das Unterstreichen, die Anmerkungen und die Auszüge lohnen sich, weil man gleichzeitig visuell, akustisch und motorisch eingespannt wird.
16. Wer das, was er liest, praktisch zu verwerten vermag, indem er es zum Beispiel anderen mitteilt, mit anderen bespricht oder das Gelesene in die Tat umsetzt, behält den Lesestoff besser.
17. Mit dem einmaligen Lesen wichtiger Stoffe ist es nicht immer getan. Soll das Gelesene im Gedächtnis bleiben, dann sollte der Stoff immer wieder von neuem gelesen werden, aber nicht nur mechanisch. Der Stoff und das Lesen müssen vielmehr stets mit neu geweckter Motivation, neuem Interesse, neuen Antrieben und einer neuen Einstellung verbunden werden. Auf solche Art erscheinen gelegentlich auch die Auszüge und Zusammenfassungen selbst dann wie etwas ganz Neues, auch wenn man es bereits aufgenommen zu haben glaubte.

23. Problemanalyse und Problemlösungstechniken

23.1 Verhalten in komplexen Situationen

Schon in den 70er Jahren formulierte *D. Dörner*[25], den wir bereits im Kapitel über strategische Planung kennenlernten, die häufigsten Strategiefehler im Umgang mit komplexen Systemen.

Erster Fehler: Mangelhafte Zielerkennung. Das System wird abgetastet, bis ein Mißstand gefunden wird. Dieser wird beseitigt, dann der nächste Mißstand gesucht (Reparaturdienstverhalten). Wie bei einem Anfänger im Schachspiel geschieht die Planung ohne große Linie.

Zweiter Fehler: Man beschränkt sich auf Ausschnitte der Gesamtsituation. Große Datenmengen werden gesammelt, die zwar enorme Listen ergeben, jedoch kaum Beziehungen aufzeigen. Dadurch sind sie in keine Ordnung zu bringen, und die Dynamik des Systems bleibt unerkannt.

Dritter Fehler: Einseitige Schwerpunktbildung. Man versteift sich auf einen Schwerpunkt, der richtig erkannt wurde. Hierdurch bleiben jedoch gravierende Konsequenzen in anderen Bereichen unbeachtet.

Vierter Fehler: Unbeachtete Nebenwirkungen. In eindimensionalem Denken befangen, geht man bei der Suche nach geeigneten Maßnahmen zur Systemverbesserung sehr „zielstrebig", d. h. geradlinig und ohne Verzweigungen vor. Nebenwirkungen werden nicht analysiert.

Fünfter Fehler: Tendenz zur Übersteuerung. Häufig wird zunächst sehr zögernd vorgegangen. Wenn sich dann im System nichts tut, greift man kräftig ein, um bei der ersten unbeabsichtigten Rückwirkung wieder komplett zu bremsen.

Sechster Fehler: Tendenz zu autoritärem Verhalten. Die Macht, das System verändern zu dürfen, und der Glaube, es durchschaut zu haben, führt zum Diktatorverhalten, das jedoch für komplexe Systeme völlig ungeeignet ist. Für diese ist ein „anschmiegsames Verhalten", welches mit dem Strom schwimmend verändert, am wirkungsvollsten.

---

25 Zitiert in *Frederic Vester,* Neuland des Denkens, Stuttgart 1980.

23.2 Häufige Probleme

Ein häufig auftauchendes Problem für Selbständige und Mitarbeiter in einer Organisation sind z. B.:

- Unzufriedenheit mit der Arbeitsbelastung
- Schlechte Arbeitsbedingungen
- Unzulängliche Arbeitsmittel
- Entscheidungen zur Arbeitsplanung
- Zu wenig Vertrauen in die eigenen Fähigkeiten, Schwierigkeiten meistern zu können
- Schwierigkeiten hinsichtlich der Qualität, z. B. durch Wechsel von Mitarbeitern
- Verhalten von Vorgesetzten
- Zusammenarbeit mit anderen
- Beziehungen zu anderen Abteilungen
- Unzulängliche Kenntnisse (Firmenpolitik, Strategie, Taktik)

Vier Aktionsschritte führen zur Lösung. Diese Schritte erfolgen im Prozeß von Problemanalyse und Entscheidungsfindung mehr oder weniger gleichzeitig mit den unterschiedlichen Schwerpunkten:

Darstellen
Suchen
Bewerten
Optimieren.

In der aktuellen Management-Literatur finden wir kurze Hinweise zu Problemlösungen wie die folgenden:

Definiere das Problem Sammle die Tatsachen Analysiere die Tatsachen Führe die Alternativen auf Wähle die beste Alternative	Beobachte die Situation Identifiziere das Problem und definiere es Formuliere die Hypothese Experimentiere (Lösungsmodell, Testlösung, entwickle Kontrollen und Grenzen des Modells)
Definiere das Problem Stelle die Ursachen fest Bestimme die Standards Entwickle Alternativen Wähle die beste Alternative aus	Setze Ziele und lege Prioritäten fest Stelle Pläne für die Durchführung auf Setze Meilensteine mit Terminen Bewerte den Fortschritt Ergreife korrigierende Maßnahmen

Der Teufel liegt jedoch im Detail des Ablaufes dieser so griffig formulierten Anweisungen. Schon mancher Nachwuchsverkäufer ist daran gescheitert, wenn er glaubte, eine griffige Formel aus dem Verkaufstraining passe auf jeden Kunden und führe bei *stereotyper* oder *sklavischer* Wiederholung oder Anwendung zum erhofften Verkaufsabschluß. Ähnlich sieht es auch beim Versuch aus, Probleme zu lösen bzw. Entscheidungen zu treffen. Nicht jedes Problem ist lösbar. Jede Problemsituation hat andere *Schwerpunkte* bzw. Ursachen als frühere oder kommende Probleme. Menschen sind keine Maschinen bzw. genau vorgegebene Arbeitsvorgänge. Vor allem bei Führungsproblemen greifen solche Formeln nur selten oder haben lediglich den Stellenwert von Abschnittsüberschriften.

Zwei wichtige Fragen sollten Sie sich stellen, *bevor* Sie zur Tat schreiten:

1. Was geschieht, wenn Sie gar nichts unternehmen und einfach wie bisher weiterarbeiten?
2. Wodurch sind Richtung und Ausweitung Ihrer Tätigkeit eingeschränkt oder begrenzt?

Entschließen Sie sich zur Aktion, so werden zuerst Fragen hinsichtlich des Lösungs- oder Steuerungszieles und möglicher Alternativen entstehen:

A Ziele: *Wohin steuern wir?*

a) Ziele müssen erreichbar sein.
b) Ziele müssen miteinander vereinbar sein.
c) Ziele müssen von den Kosten und vom Personaleinsatz her akzeptierbar sein.
d) Ziele sollten einen Anreiz (Verbesserung für alle Beteiligten) darstellen.
e) Sie und Ihre Mitarbeiter müssen sich mit den Zielen identifizieren können.

B Alternativen *(Strategien) – Wie können Sie Ihre Ziele erreichen?*

a) Möglichkeiten mit zu geringer Erfolgsaussicht sind auszuschalten.
b) Stellen Sie für jede Alternative den erreichbaren Grad an Einsatzbereitschaft Ihrer Mitarbeiter fest. Ein mit innerem Engagement betriebenes neues Programm „zweiter Wahl" kann in einer Organisation mehr Aussicht auf Erfolg haben als ein erstklassiges unter Zwang.

23.3 Problemuntersuchung

1. Warum habe ich gerade dieses Problem, gerade dieses Gebiet herausgesucht?
2. Kann ich mit Recht behaupten, jeden Aspekt des Problems erfaßt zu haben?
3. Habe ich Spielraum für alle möglichen alternativen Ansätze gelassen?
4. Kann ich auf von mir kommende kreative Elemente und neue Einsichten in das Problem verweisen?
5. Auf was reduziert sich das von mir vertretene Argument logischerweise?
   Oft wird man darum gebeten, das Problem mit wenigen Worten gegenüber den Vorgesetzten zu erläutern. Es kommt nicht sehr oft vor, daß man lange und ausführlich darüber berichten kann. Die stärksten Ideen und Argumente sind oft die, die sich einfach ausdrücken lassen.
6. Was mache ich aus der Präsentation des Berichtes?
7. Welchen Stellenwert hat das Projekt für die Firma und den Arbeitsplatz?
8. Wie deutlich treten die damit verbundenen Kosten und Folgekosten zum Vorschein?
9. Wie realistisch sind die Empfehlungen?
10. Lassen sie sich durchführen?

Die wichtigsten Fragen noch einmal:

Was ist Ihr Ziel?
Was ist der Zweck der Untersuchung?
Wie sehen die Grenzen aus?

23.4 Informationssammlung

1. Welche Informationen werden benötigt?
2. Existieren diese Informationen in brauchbarer Form?

Meistens sind die Informationen bei Beginn einer Untersuchung nicht so verfügbar, wie man sie braucht.

Es gibt eine ganze Reihe von Techniken, mit denen man die nötigen Daten erlangen kann, u. a.:

1. Befragung von Mitarbeitern und anderen, die unter Umständen beteiligt sind
2. Durchführung von Experimenten, Festhalten von Ergebnissen

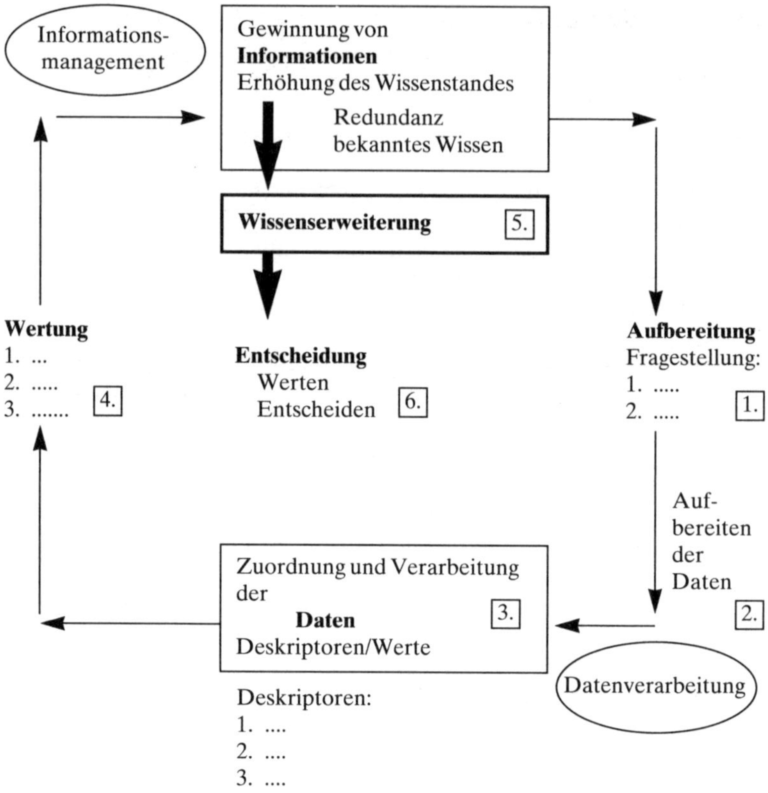

Von der Fragestellung ausgehend muß der o. a. Kreislauf 1. – 6. ggf. mehrmals durchlaufen werden.

Gleiche Zyklen gelten für Entscheidungen auf operativer, dispositiver und strategischer Ebene des Unternehmens.

Abb 19: Der Daten-Informations-Kreislauf[26]

3. Fragebogen ausfüllen lassen
4. Überprüfung von existierenden Regeln
5. Stichprobenartige Erhebung von Tätigkeiten
6. Untersuchung von Spezifikationen, Zeichnungen und Fotos

Man muß sich darüber im klaren sein, welche Details und welcher Genauigkeitsgrad notwendig sind. Außerdem gilt es zu wissen, ob die

26 *Manfred Laun,* ZPT, 9/91.

ermittelten Tatsachen zuverlässige Informationen darstellen und ob man sie verifizieren kann.

23.5 Entscheidungen analysieren

Entscheidungen und Kommunikation gehören zum Kern der Führung. Entscheidungsfindung ist ein Instrument, das zum Erreichen von Zielen notwendig ist. Entscheidungen selbst können variieren in Größe, Form und Komplexität. *Peter G. Kirby* hat vier Haupttypen von Entscheidungen unterschieden[27]:

1. *Wohlüberlegte Entscheidungen* haben einen großen Einfluß auf die gesamte Organisation, Operation oder den eigenen Lebensweg. Es ist gut, diese Entscheidungen, wie *Peter Drucker* meint, „strittig" vorzubereiten. Sie können in der Vorentscheidungsphase gar nicht genug Alternativen und immer wieder bohrende Fragen entwickeln. Wenn die Entscheidung gefällt ist, sollte zwar nicht nachgekartet werden, wohl aber die Entwicklung nach den Prämissen genau beobachtet und rechtzeitig korrigiert werden.
2. *Operationale Entscheidungen* treten täglich auf und halten den Organisationsprozeß in Gang. Sie sollten die Fähigkeit zu solchen Entscheidungen so lange trainieren, bis alle Mitarbeiter diese Entscheidungen ganz oder teilweise selbst treffen können, wenn derartige Entscheidungen immer wieder vorkommen.
3. *„Harte Brocken für andere" – Entscheidungen* (swallow hard decisions). Das sind Entscheidungen, die eine Führungskraft nicht gerne trifft, weil sie Ärger und Unbehagen mit sich bringen: Änderungen zum Nachteil anderer oder zum eigenen Nachteil, Kritik mit Folgen etc. Sie können zu Mitarbeiterkündigungen, Verschlechterung des Betriebsklimas und niedrigerer Produktionsqualität führen.
4. *Zehn-Sekunden-Entscheidungen* sind oft notwendig und sind ohne viel Nachdenken zu fällen. Nach *Peter Drucker* kommen solche Schnappschußentscheidungen mit hoher Feuergeschwindigkeit und treffen viele Ziele, lösen aber kaum das eigentliche Problem.

Stellen Sie sich deshalb vor der Entscheidung drei Fragen:

1. Muß die Entscheidung sofort getroffen werden?
2. Was erreiche ich durch diese Entscheidung?
3. Welche Alternativen habe ich dazu?

---

27 Zusammengefaßt nach einem Aufsatz von *Peter G. Kirby*, Supervisory Management, Februar 1977, S. 2–7.

23.6 Probleme lösen

Eine Zusammenfassung von Problemlösungsverfahren finden wir bei *Charles E. Watson* von der Miami University, Oxford, Ohio[28]:

Ein gut definiertes Problem ist schon halb gelöst. Ein Problem kann als Abweichung von einem erwünschten Zustand spezifischer Bedingungen oder einer Spanne von akzeptablen Bedingungen angesehen werden. Diese Bedingungen können Ziele, Standards, Situationen sein, die als optimal angesehen werden. Der Unterschied zwischen derzeitigen Bedingungen und denen, die gewünscht werden, ist ein Problem. Die Ursachen eines Problems sind die Ereignisse, die eingetreten sind oder nicht eingetreten sind, oder Kräfte, die durch ihre Anwesenheit oder Abwesenheit diesen Unterschied (Differenz) bewirkt haben.

Problem- und Ursachenidentifizierung

Drei prinzipielle Gründe, warum Personen scheitern, wenn sie Probleme und ihre Ursachen genau identifizieren sollen:

1. Der Problemlöser sieht das Problem gar nicht, er ist blind dafür.
2. Das falsche Problem oder die falschen Ursachen (oder beide) werden identifiziert.
3. Die Problemidentifizierungsphase wird übersprungen und ignoriert – es werden sofort Versuche unternommen, das Problem zu *lösen.*

Diese Scheiterungsgründe müssen näher erläutert werden.

1. Der Problemlöser sieht das Problem gar nicht, er ist blind dafür.

   Einige Menschen tendieren dazu, Probleme zu personalisieren (Ego Defense, Filtern von Informationen, Beschuldigen, Bewußtsein verschließen).

   Es wird keine Information empfangen, die signalisiert, daß ein Problem existiert (der Manager hat kein Feedback und kein Rückwarnsystem).

   Das Problem ist für den Empfänger zu kompliziert, als daß er es verstehen könnte (er versteht es nicht oder vereinfacht es allzu sehr).

   Probleme tauchen in einem Zusammenhang auf, in dem noch keine Erfahrungen vorhanden sind (Sie sehen zwar das Ereignis, können es aber nicht einordnen oder definieren, inwieweit es von der Normalität abweicht).

---

28 Business Horizons, August 1976, S. 88–94.

Mangel an Zielen und Normen.

Es gibt eine allgemeine Definition eines Problems als ein Hindernis oder eine Barriere, die das Erreichen eines Zieles verhindern. (*Watson* definiert dagegen ein Hindernis oder eine Barriere als die Ursache eines Problems. Ohne ein Ziel gibt es keine Probleme. Ich setze mir keine Ziele, daher habe ich auch keine Probleme, so einfach ist das.)

2. Das falsche Problem oder die falschen Ursachen (oder beide) werden identifiziert.

Die Problemlöser scheitern daran, daß sie nur die offensichtlichen Abweichungen identifizieren und nicht die sensitiven.

Offensichtliche Probleme sind oft die Symptome viel tieferer Probleme. Wenn nur die oberflächlichen Ursachen empfangen werden, dann führen die tieferen zu inkorrekten Lösungen.

Die Beschwerde eines Arbeiters über inkorrekte Sicherheitsmaßnahmen in einer Fabrik kann zu neuen, sinnlosen Sicherheitsmaßnahmen führen. Die wirkliche Motivation für die Beschwerde waren Unzufriedenheit mit der Unternehmenspolitik und einem bestimmten Vorgesetzten.

Die Unfähigkeit, akkurat das zu identifizieren, was im argen ist, kann zu inakkurater Problemidentifizierung führen (Umsätze gehen zurück – zu wenig Kundenanrufe – aha, wegen zuviel Schreibtischarbeit – wirklich?)

Inkorrekte Schlüsse können zu inakkuraten Problemidentifizierungen führen. „Inferences“ sind Schlüsse, die wir aus Beobachtungen und Fakten ziehen, die gerade zur Hand sind und die dann eine unmittelbare Aktion auslösen. (Aus einem Haus kommt kein Rauch mehr – ist damit das Feuer wirklich und endgültig gelöscht?)

Schlechte Fragen, die nutzlose und irreführende Informationen ergeben, führen Problemlöser auf die falsche Fährte. Es kommt darauf an, die richtige Frage zu stellen, dann kann die Antwort auf das Problem sofort gefunden werden. Der Trick liegt darin, die richtige Frage zu stellen. (Wann fing das Problem an?) Einstellungen und Überzeugungen können den Problemlöser gegenüber den wirklichen Ursachen einer unerwünschten Situation blind machen.

Probleme und ihre Ursachen werden zu sehr vereinfacht und fordern nutzlose Problemlösungen heraus. (Es ist ein Kommunikationsproblem, es ist ein Konflikt der Persönlichkeiten, ein Organisationsproblem – zu vage.)

Der Schuldige, nicht die Ursachensuche, wird als Quelle des Problems gesehen. Wenn der Schuldige entfernt werden kann, ist sichergestellt, daß die Person, die schuld war, das Problem nicht noch einmal erzeugen kann, aber die Gründe sind immer noch nicht entdeckt.

Oft wird ein einziger Aspekt des Dilemmas mit seinem ganzen Ausmaß verwechselt. (Verteidigungshaushalt um 20 % senken, um Arbeitslosigkeit zu beseitigen – und was wird aus denen, die deswegen Arbeit und Brot verlieren?)

3. Die Problemidentifizierungsphase wird übersprungen und ignoriert – es werden sofort Versuche unternommen, das Problem zu *lösen*.

   Nicht: „Im Zweifel galoppieren", sondern: geistige Disziplin, kein blinder Aktionismus.

   Meistens sind die Menschen nur fähig, Probleme mit dem zu lösen, was sie schon besitzen (Medizintasche – Das Mögliche im Auge behalten.)

23.7 Phasen der Problemlösung

Fehler:

1. Die Annahme, es gebe für jedes Problem eine Lösung.
2. Es kommen keine Lösungen zustande, weil nicht alle erreichbaren Informationen genutzt werden. Manchmal fallen uns Lösungen nicht ein, weil sie nicht in unser Vorstellungsvermögen passen, obwohl die Stücke vor uns liegen, wir sie nur zusammenfügen müssen.
3. Rigides Denken und die Auffassung, daß es nur einen Weg gibt, um die Dinge zu tun, führen zu Schwierigkeiten (alternatives Denken!). Wer auf einen falschen Ansatz aufmerksam gemacht wird und doch auf seiner einen Lösung beharrt, macht sich des „Mumpsimus" schuldig (aus dem Mittelalter stammend, wenn ein Mönch immer wieder mumpsimus statt sumpsimus [nehmen] sagte).
4. Es werden keine kreativen Änderungsversuche unternommen (Beamte – Bürokraten).
   a) Das war schon immer so.
   b) Das haben wir noch nie so gemacht.
   c) Da kann ja jeder kommen.
   d) Haben Sie einmal an die Kosten gedacht?
   (Berühmtes 9-Punkte-Problem: Die neun Punkte durch vier Linien miteinander verbinden, ohne den Bleistift vom Papier zu nehmen

und neu ansetzen zu müssen. Viele kommen nicht auf die Idee, außerhalb der neun Punkte mit dem Strich anzusetzen.)

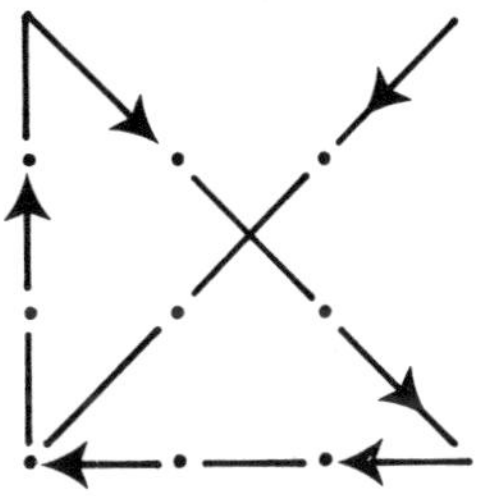

5. Lösungen sind nicht anhand der Problemdefinition überprüft worden. Sie müssen mit *allen* Aspekten der Definition überprüft werden.
6. Die Kosten der Problemlösung sind zu groß, größer als die daraus erwachsenden Vorteile (Ölverbrauch bei alten Autos – lieber ein Dichtungsmittel als teure Reparatur).

23.8 Werkzeuge für Problemlösungen

Als Werkzeuge für Problemlösungen werden von *Watson* u. a. empfohlen:

1. Das Problem als eine Differenz zwischen gegenwärtigen und erwünschten Bedingungen zu definieren, führt zur Zieldefinition.
2. Definieren der wirklichen Ursachen eines Problems mit Hilfe eines Problem-Diagramms, das die wahren Ursachen sichtbar machen kann:
    1. Liste alle Probleme, Symptome und verwandten Probleme auf.
    2. Numeriere sie.
    3. Mache einen Kreis um sie.
    4. Verteile sie (Punkte) auf dem Papier.

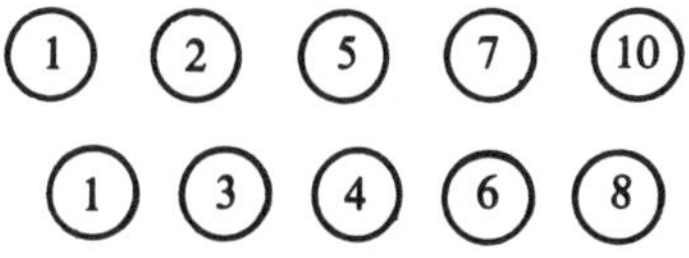

5. Zeichne Pfeile ein, um auszudrücken, welcher Punkt welchen bewirkt.
   Wenn Problem ⑦ Ursache für Problem ⑨ ist, sieht das so aus:

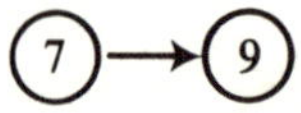

6. Jeder Kreis wird unter der folgenden Fragestellung behandelt: Welches andere Problem verursacht dieses, oder welches andere Problem trägt zur Verursachung dieses Problems bei?
7. Ein Netzwerk wird das Ergebnis sein.
8. Die Ursache wird das Problem sein, auf das keine Pfeile hinweisen, sondern von dem nur Pfeile ausgehen. Hier ist ⑦ das Problem.

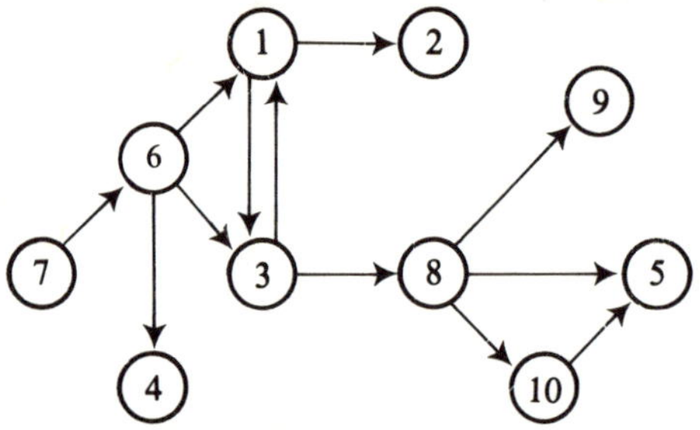

Eine andere Formel für Problemlösungen schlägt *Leonard Snyder* vor[29]:

1. Problem klar definieren
2. Fakten finden
3. Alternativen entwickeln
4. Alternativen erhöhen – kann zu besseren Gruppenentscheidungen führen.

   „Eine Sequenz ist eine Serie von Aktionen, Ereignissen oder Operationen, die innerhalb einer bestimmten Zeit, auf Fortschritte, auf ein kurz- oder langfristiges Ziel hin orientiert sind. Das ergibt einen Prozeß."

5. Barrieren gegen Entscheidungen sind ineffektive Kommunikationen.
6. Gruppenentscheidungen – Entscheidungen zusammen mit anderen – sind besser als Einzelentscheidungen. Sie sind qualitativ besser, und sie verteilen das Risiko.

---

29 Public Relations Journal, März 1976, S. 20–22.

Snyder schlägt folgende Entscheidungssequenz vor: REDYNS (Anagramm for Readiness). Es schafft Voraussetzungen für Unterentscheidungen:

R	Research	Erforschung
E	Evaluation	Auswertung der Bedeutung für die Entscheidung *Fragen:* Was sagt diese Information? Wie kann das Problem am besten gemeistert werden? Werden mehr Fakten benötigt?
D	Decision	Entscheidung darüber, welche Aktion unternommen werden *sollte*
Y	Yes	Ja (Rückkopplung)
N	No	Nein (Advokat des Teufels – dagegensprechen)
	Diese Ja/Nein-Entscheidung führt auf D zurück: *Logik und Urteilskraft werden verbreitert.*	
S	Simulation	Simulierung der Entscheidung – Test!

Wir können aber auch *Deverell*[30] folgen, wenn er die folgenden Phasenabfolgen vorschlägt:

Phasen der Problemlösung

Ziele definieren

Lösung nach Kosten und Wert abschätzen

Ist das Problem der Lösung wert? ________Nein

Tatsachen sammeln, beobachten und aufzeichnen

Das Problem in seinen einzelnen Bestandteilen analysieren

Die wichtigsten Problemgebiete feststellen

Ist das Problem A______Ja unvermeidbar?

Ist das Problem B________Ja unvermeidbar?

Wird sich das Finden einer Lösung auszahlen? ________Nein

Lösungen ausarbeiten

Lösungen bewerten

Lösungen durchführen

Gültigkeit der Lösung überprüfen

30 *Deverell,* Supervisory Management, ÜSUR.

Die bereits gegebenen Vorschläge internationaler Praktiker haben dem Leser bereits einen Einblick in Ansätze zu Problemlösungen gegeben. Wenn der Leser jeweils ein detailliertes Modell zur Entscheidungsfindung mit anschließender Maßnahmenstrategie sucht, dann kann er sich der drei kombinierten Vorbereitungs-Checklisten bedienen:

Checkliste zur Entscheidungsfindung

Schrittfolge	Prozeß	Hilfsmittel
A	Spontane Problemdefinierung und Zielsetzung	
1.	Nachdenken	Matrix
2.	Informieren	Checkliste B/E
3.	Dokumentieren = Bestandsaufnahme	Faktensammlung
4.	Kontrolle/Rückkoppelung	Checkliste B/E/Faktensammlung
5.	Zielformulierung im Detail präzisieren	Blatt Papier/Bleistift
6.	Alternative Wege zum Ziel entwickeln (Strategie) mindestens drei – a) zielbezogen b) mittelbezogen c) prioritätenbezogen	Blatt Papier und Checkliste B/E
7.	Bewertung und Beurteilung der Alternativen nach Vor- und Nachteilen/Pro und Contra	Checkliste B/E
8.	Vorläufige Entscheidung für den Weg	Blatt Papier/Formulierung
9.	Rückkoppelung/Kontrolle nach Effektivitätsgesichtspunkten (Ergebnisplanung)	Checkliste B/E und Punkt 5
10.	Abschließende Dokumentation	Schreibmaschinengeschriebene Seiten + Anhang zur Überprüfung der Entscheidungsfindung, wenn nötig
11.	Endgültige Ist-Soll-Daten und Normen	Gespräch mit Vorgesetztem
12.	Endgültige gemeinsame Entscheidung	Gespräch mit Vorgesetztem
B	Erstellen eines Aktionsprogrammes Beginn der Realisierung	Formblätter und Gespräch mit Beteiligten

Checkliste

„Beeinflussungsfaktoren von Entscheidungen“[31] (B/E), z. B.:

Einflüsse von außerhalb der eigenen Gruppe/Abteilung
Betroffenenaussagen und deren Kompetenzen
Eigene Ideen
Technische Mittel
Termine und Fristen
Mögliche Ratschläge von innerhalb und außerhalb des eigenen Bereiches
Infrastruktur
„Politische“ Gesichtspunkte
Vorschriften

Ursachenanalyse durch Fragetechnik
Was ist betroffen?
Wer ist betroffen?
Wann trat das Problem auf?
Wie groß ist das Problem im Maßstab Abteilung/Gesamtunternehmen?

23.9 Präsentation von Problemlösungen

1. Kurze Zusammenfassung des Vorschlages
2. Zählen Sie die vorhergesehenen Änderungen auf (Einsparungen, den vergrößerten Ausstoß oder die verbesserten Beziehungen zu den Mitarbeitern).
3. Führen Sie die Änderungen Schritt für Schritt vor: mit Übersichten, Tabellen, Zeichnungen, Skizzen, Fotos.
4. Erläutern Sie die Kosten.
5. Wiederholen Sie noch einmal zusammenfassend die entstehenden Vorteile und den zu gewinnenden Nutzen.

31 Zahlreiche und systematisierte Checklisten zu unternehmerischen Beeinflussungsfaktoren von Entscheidungen in: *Alexander von Ungern-Sternberg* „Das Unternehmen auf dem Prüfstand“, Heidelberg.

Checkliste für Entscheidungen bei Einzelschritten

Spezifische Aktion (Veranlassung)

Bitte/Forderung ablehnen
Bitte/Forderung erfüllen
Keine Aktion (kann auch wegwerfen heißen)
Bitte um zusätzliche Informationen (festlegen, wer welche Informationen einholt)
Grund/Informationen liefern
Weitergabe an einen Mitarbeiter (Weitergabe an wen, welche Befugnisse?)
Aktion oder Nicht-Aktion erklären
Ablehnung empfehlen
Alternativaktion vorschlagen
Jegliche Aktion aufschieben/Zeitgewinn
Intern ausdiskutieren
Sich persönlich um zusätzliche Informationen bemühen
Sonstiges

Kommunikation der Aktion (Veranlassung)

Verbal, Telefongespräch
Verbal, individuell (formell oder informell)
Schriftlich, Brief
Schriftlich, Aktennotiz
Schriftlich, Bericht
Sonstiges

Checkliste: Problemlösung in der Produktion

Ziel: Ineffizienz ausschalten
Bessere Methoden einführen
Bessere Steuerung und Überwachung erzielen

1. Mit welchen Kosten ist das gegenwärtige Arbeitssystem belastet?
2. Wieviel Ausschuß wird produziert?
3. Wie hoch ist der Prozentsatz an Ausschuß pro Mitarbeiter in diesem Bereich?
4. Wo liegen die Ursachen für diese Ausschußproduktion?
5. Welche relative Bedeutung haben die einzelnen Ursachen in bezug auf
   - Kosten,

– Häufigkeit des Vorkommens,
– Verzögerungen im Ausstoß usw.?
6. Welche Bearbeitungskosten treten auf?
7. Wieviel Zeit wird auf Ausbildung und Schulung verwandt?
8. Welche Schwierigkeit treten bei neuen Mitarbeitern auf?
9. Wie steht es mit der Fluktuation?
Welcher Trend ist daraus erkennbar?
10. Welche Dienste werden an diesen Arbeitsplätzen benötigt?
11. Welche indirekten Materialien werden benötigt?
In welcher Art und Qualität?
12. Wie sehen die Reparaturkosten aus?
Wie steht es mit der Reparaturanfälligkeit?
13. Wieviel Überstunden müssen geleistet werden?
14. Wie würde sich das Einstellen bestimmter Arbeiten auswirken?
15. Wann wird die Arbeit durchgeführt?
Wird sie zum bestmöglichen Zeitpunkt durchgeführt?
16. Wer führt sie durch?
17. Könnte ein anderer sie besser erledigen?
18. Welche Methode wird benutzt?
Handelt es sich dabei um die sparsamste Methode?

23.10 Maßnahmenstrategie (Beispiel)

1. Schritt – *Ziel wählen.*

Mit einem dringenden Problem beginnen
Notwendige Informationen sammeln
Mitarbeiter an der Bestimmung der Ziele teilhaben lassen

2. Schritt – *Mindesterwartung an die Ergebnisse spezifizieren.*

Umfassende Ziele auf ein oder zwei spezifische, meßbare begrenzen
Maßnahme durchführen
Aus dem Ergebnis Schlußfolgerungen für umfassenderes Ziel ziehen

3. Schritt – *Sprechen Sie Ihre Erwartungen deutlich aus.*

Zielbestimmung, Verantwortlichkeiten, Zeitplan und Zwänge mit den Verantwortlichen teilen.
Machen Sie deutlich, daß es sich nicht um ein Ziel handelt, das erreicht werden sollte, sondern das erreicht werden *muß*.

4. Schritt – *Den Fortgang des Projektes überwachen, aber die Verantwortung delegieren.*

Schriftlichen Arbeitsplan aufstellen.
Verantwortung für die Erreichung jeweils eines Zieles auf *einen* Mitarbeiter übertragen, obwohl viele zu seiner Erreichung beitragen werden (dadurch kann man Rückdelegation vermeiden).

5. Schritt – *Den Prozeß ausweiten und verlängern.*

Sobald ein Erfolg in bezug auf ein Ziel erreicht worden ist, sollte es möglich sein, den Prozeß für neue Ziele oder für umfassendere Ziele zu wiederholen.
Erster Erfolg ist erreicht – man geht ehrgeizigere Ziele an – Manager sind davon überzeugt, daß sie höhere Anforderungen stellen können – Mitarbeiter vertrauen darauf, auch diesen höheren Anforderungen gerecht werden zu können.

23.11 Neue Akzente (z. B. ZOPP)

Neue Entwicklungen im Führungsprozeß haben die Problemanalyse inzwischen aus ihrem intrumentellen Charakter gelöst und zu einer speziellen Gewichtung von Prozeßdenken in Zusammenhängen geführt:

- Probleme identifizieren, aber dabei immer stärker
- Zusammenhänge verdeutlichen.

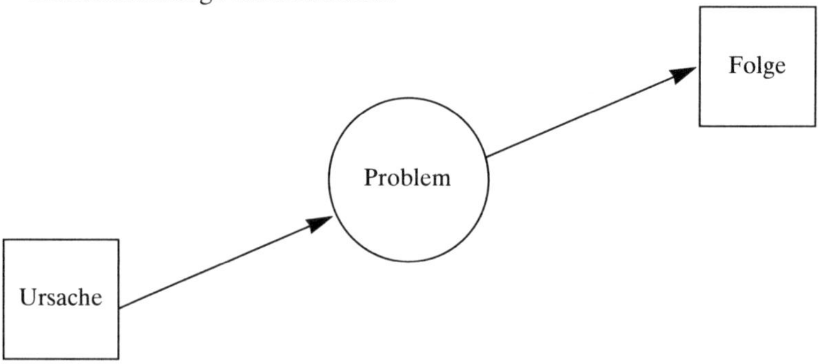

Problem = als unbefriedigend empfundener Zustand:
- Mangel
- Gefahr
- ungenutzte Chance
- nicht: Fehlen einer möglichen Lösung

Abb. 20

Die Beteiligtenanalyse ist wichtig geworden. Sie wird z. B. von der GTZ (Gesellschaft für Technische Zusammenarbeit [Eschborn] in ihrem ZOPP-Instrument (**Ziel**o**rientierte** **P**rojekt**p**lanung) genutzt:

Warum?

- Probleme und Ziele sind subjektiv
- Projekterfolge sind abhängig von Unterstützung oder Widerständen Dritter

Wie?

- Auflisten aller Beteiligten
- Auflisten ihrer Aufgaben und Interessen
- Kategorisieren der Beteiligten und ihrer Interessen

Basierend auf der Beschreibung von Aufgaben und Interessen der Beteiligten sind tiefergreifende Analyseschritte möglich.

12 Arbeitsschritte fallen dabei an:

Beteiligten-analyse	1	Analysieren von durch das Projekt Betroffenen und Beteiligten
Problem-analyse	2	Festlegen eines Kernproblems
	3	Identifizieren von Ursachen und Folgen
Ziel-analyse	4	Umwandeln von Problemen in Ziele
	5	Zielalternativen identifizieren
Projekt-konzipierung	6	Zusammenfassend beschreibend
	7	Annahmen ermitteln
	8	Indikatoren formulieren
	9	Quellen der Nachprüfbarkeit identifizieren
	10	Relevanz und Risiken der Annahmen prüfen
	11	Prüfen, ob das Projektmanagement die Ergebnisse garantieren kann
	12	Bestimmen der notwendigen Inputs und Kosten

Übersichtsblatt: Aktionsplan für Problemlösung

Name:________________________________ Datum:____________

A. Das Problem (Beschreibung) Kosten

B. Mögliche Ursachen

C. Lösungsvorschläge Kosten

D. Entscheidung

E. Aktionsplan Termin Kosten

F. Erledigt ○ Ja ○ Nein
Wann? Warum nicht?

Übersichtsblatt:

Merkmal	Derzeitige Lösung	Erwünschte Entwicklung	Mögliche andere Gestaltung

24. Unternehmenskommunikation – Blutkreislauf der Führung

Unternehmenskommunikation ist der Blutkreislauf bei der Erzielung von Ergebnissen.

Unternehmenskommunikation als Prozeß ist dann am wirksamsten, wenn sie in einem offenen System stattfindet.

Die Haltung der Unternehmensführung gegenüber dem Mitarbeiter bildet die Grundlage der Unternehmenskommunikation. Der Mitarbeiter fühlt sich dann motiviert, wenn das Mitarbeiter-Informationssystem die Erfüllung seiner Informationsbedürfnisse anstrebt und sich dies in offenem Dialog jenseits der hierachischen Organisationsstruktur vollzieht.

Im Kommunikations-Zeitalter hat jedes Ereignis, jede Nachricht ein vielfältiges Publikum mit unterschiedlichem Betroffensein.

Unter der Rubrik „beteiligte Dialoggruppen" können wir eine Unterteilung vornehmen in

a) Mitwirkende
b) Nutzenziehende (Begünstigte)
c) Betroffene.

Grundsätzlich sind sämtliche Zielgruppen des Unternehmens Ansprechpartner, Mitwirkende, Begünstigte und Betroffene der Mitarbeiter-Kommunikation. Unternehmensleitlinien, Unternehmenskonzept und Unternehmensfunktion stellen den Rahmen für ein kommunikatives Führungssystem in der Gesamtorganisation dar. Deswegen ist z. B. Mitarbeiter-Information eine zentrale Führungsaufgabe. Ein geplantes und sorgfältig abgestimmtes Mitarbeiter-Informationssystem dient der Umsetzung der Strategie zur Lösung dieser Führungsaufgabe.

Der Vorgang interner Kommunikation vollzieht sich unter den Rahmenbedingungen von gesellschaftlicher Verantwortung, freiwilliger Berücksichtigung von gesellschaftlichen Erwartungen und sozialer Verantwortung. Die materielle und soziale Sicherung der Existenz der Mitarbeiter stehen im Mittelpunkt von dessen Denken und Handeln. Spezielles Ziel des Unternehmens ist die ständige Erhaltung seiner Anpassungsfähigkeit, d. h., das gesamte Aktionspotential unter wechselnden Bedingungen und unter Berücksichtigung innerer und äußerer Störungen auf ein vorgegebenes oder vereinbartes Ziel hinzuführen.

Das Ziel interner Kommunikation ist die Identifikation der Mitarbeiter mit dem Unternehmen. Dadurch wird der Vorgang der internen Kommunikation zu einem wichtigen Motivationsfaktor. Die Schaffung von Glaubwürdigkeit und der Aufbau von Vertrauen sind Voraussetzungen dafür, daß die Mitarbeiter intern wie extern an einem Prozeß der Führungsentwicklung mitwirken können.

Inhalte von Mitarbeiter-Informationen und Mitarbeitergesprächen sind aktuell im Unternehmen diskutierte Themen, Meinungsumfragen, Gespräche und in der Öffentlichkeit diskutierte Themen, die das Unternehmen betreffen.

Wenn nicht das Unternehmen die interne Kommunikation entwickelt, werden es andere informell und dabei nicht immer positiv tun.

Interne Kommunikation bezieht die Möglichkeiten zahlreicher informeller Klein-Kreise und kollateraler, sprich: sich aktuell bildender und rasch nach Erledigung des Auftrages wieder auflösender Parallelteams in der Organisation ein.

Unter Unternehmenskultur verstehen wir ein langfristig angelegtes Betriebsklima, das zwar Schwankungen unterliegt, aus sich heraus aber Stil, Geist und Inhalt des Hauses wiedergibt. So entwickelt eine Organisation grundlegende Normen, die den Kern ihrer Unternehmenskultur bestimmen. Diese werden von den Mitarbeitern geschaffen und ständig flexibel geändert. Sie müssen erlernbar und erfahrbar gehalten werden. Die Mitarbeiter-Kommunikation übernimmt den ständigen Dialog mit Informationen über Unternehmensziele und Unternehmenskultur und hält durch die Schaffung von Gesprächsformen die Diskussion darüber lebendig.

Ein Mitarbeiter-Informationssystem darf weder nach Informationsinhalten noch nach Informationsgestaltung eine andere „Sprache" sprechen als die Information der Führungspolitik, der Personalpolitik, der PR-Politik und der Werbepolitik. Die Information und Kommunikation mit den internen Öffentlichkeiten, den Mitarbeitern, erfolgt zeitlich *vor* den nach außen gerichteten Aktionen.

Zusammenfassend:

1. Eine richtig betriebene interne Kommunikation kann der Organisation eine große Hilfe bei der Erreichung ihrer Ziele sein.
2. Sie kann den Mitarbeitern dabei helfen, eine Situation von einer falschen Richtung in eine andere bessere zu lenken.
3. Sie kann die Mitarbeiter dazu bringen, in einer positiven, bestimmten Weise zu handeln.

4. Sie kann ein akzeptiertes Sprachrohr der Unternehmensleitung werden, ohne dabei erdrückend die Interessen der Unternehmensleitung in den Vordergrund zu rücken.
5. Informell und prozessual fügt sie sich lückenlos in das Identitätskonzept der Führung ein. Sie ist ein unverzichtbarer Bestandteil des Führungsprozesses.
6. In Sprachregelung, Vermeidung von Kommunikationshemmnissen und Förderung der Kommunikation folgt sie dem Corporate-Design-Konzept.
7. Sie ist stark rückkopplungsorientiert und bezieht den Mitarbeiter als aktiven Partner ständig ein.
8. Eine tatsächliche Zwei-Wege-Kommunikation mit allen Mitarbeitern des weitverzweigten Konzerns wird nur in einem ständigen langlebigen Prozeß verwirklicht.
9. Medien und Design sind wichtig, aber nicht so wichtig wie der Inhalt.

Fred L. Casmir definiert „Kommunikation" wie folgt:

„1. Kommunikation ist ein Prozeß und kein lineares Ereignis.
2. Menschliche Organisationen sind Erweiterungen des menschlichen Wesens. Sie stehen dafür, wie wir „uns selbst" sehen.
3. Eine effektive Organisation ist wie das menschliche Wesen ein offenes System und nicht ein geschlossenes System.
4. In Organisationen wird die Kommunikation oder werden „Kommunikationstechniken" nicht lediglich „benutzt", sondern sie „sind" Kommunikationsprozesse. Nur die Kommunikationsansätze oder Kommunikationstechniken unterscheiden sich je nach vertretener Philosophie.
5. Die traditionellen hierarchischen Organisationskonzepte sind für die heutigen Organisationen unzureichend.
6. Die Haltung gegenüber dem menschlichen Wesen als Individuum – gegenüber seinen Bedürfnissen, seiner Natur – bildet die Grundlage der Kommunikation und der Organisation.
7. Das menschliche Wesen neigt dazu, dadurch motiviert zu sein, was es im Einklang mit seiner Herkunft, seinem Wissen und Verständnis usw. als Erfüllung seiner Bedürfnisse ansieht."

25. Mit anderen zusammenarbeiten, reden, zuhören – Motivierender Umgang mit Mitarbeitern, Kollegen und Vorgesetzten

Wenn die Beziehungen mit anderen Menschen in Ordnung sind, kommt es zu einer engen Zusammenarbeit und damit zur Entlastung.

Es ist ein Ammenglauben bzw. eine schlechte Formulierung, daß der Vorgesetzte seine Mitarbeiter motivieren könnte. Das ist zu allgemein. Präziser ausgedrückt müßte es heißen, er kann Anstöße zur Selbstmotivation seiner Mitarbeiter geben. Der alte Glaube, man könne seine Mitarbeiter motivieren, resultiert noch aus einem autoritären Führungsverständnis, aus dem Stimulus-response-Denken vergangener Jahrzehnte.

Die moderne Organisation geht davon aus, daß der Mitarbeiter ein hohes Maß an Selbstmotivation und Selbststeuerung haben muß, wenn die Organisation problemloser laufen soll. Der Manager der Zukunft wird, wie wir bereits eingangs ausgeführt haben, durch seine eigene Identität, durch seine Fähigkeit, sich in die Mitarbeiter hineinzuversetzen, kurz durch Empathie, durch Glaubwürdigkeit und vor allem durch Fachwissen, erkennbar in der richtigen Fragestellung, als Innovator und als Vorbild tätig werden müssen. Nur so kann er verhindern, daß er statt zum „anstiftenden Motivator“ zum Manipulator wird.

Die Fähigkeiten eines guten Vorgesetzten haben wir nach *Thompson/Pitts* in Abb. 21 festgehalten. Die Arbeit und nicht so sehr die geldliche Entlohnung spielen hier die wichtigste Rolle. Das Gewicht liegt vor allem auf dem Sinn von Aufgaben, der Autonomie und der Rückkopplung, die wichtig sind für die erlebte Bedeutung der Aufgabe, für die Mitverantwortung in der Aufgabe und vor allem im Wissen um die Ergebnisse der Tätigkeit für sich selbst, für die Gruppe, für das Unternehmen. Die Konsequenzen daraus für den einzelnen Mitarbeiter und die Organisation sind hohe Arbeitsmotivation, Qualität seiner Arbeit, eine hohe Zufriedenheit und weniger Störfaktoren. Die sieben Haupteinflußfaktoren des Selbstwertgefühls liegen für den einzelnen Mitarbeiter in der optimalen Übereinstimmung von Ich und Ideal-Ich, in seiner Übereinstimmung mit dem eigenen Gewissen, in einer auch erotisch-sexuellen Befriedigung, in angepaßter Aggressivität, in dem Gefühl, gemocht zu werden, und in den sichtbaren Erfolgen der eige-

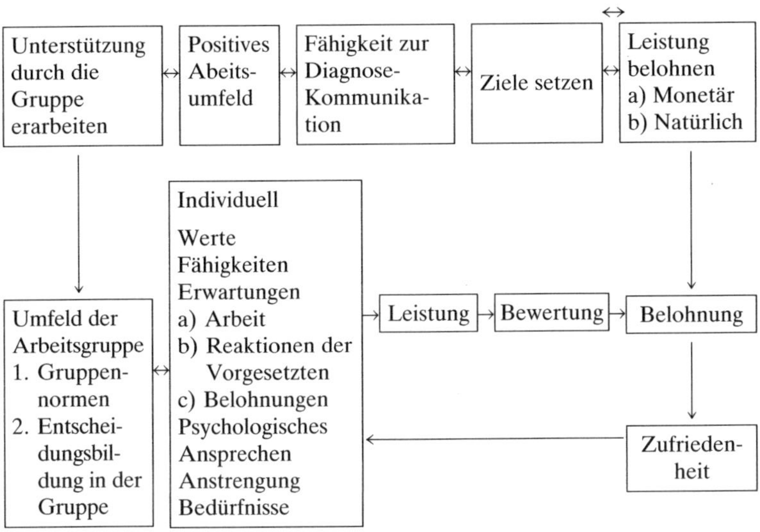

Abb. 21: Fähigkeiten eines guten Vorgesetzten[32]

nen Arbeit, aus denen dann der siebte und wichtigste Punkt resultiert, nämlich die Gesundheit.

Der einzelne Mitarbeiter hat Grenzprobleme: Bin ich „in“ oder bin ich „out“? Bin ich oben oder bin ich unten? Bin ich weit oder bin ich nah zu meinen Bezugspersonen?

Und aus diesen Grenzproblemen erwachsen Probleme für die Entscheidungen und ihren Einfluß auf die Integration in sich selbst oder in das Team. Das beeinflußt sehr stark das gesamte Arbeitsverhalten, zum Beispiel in einer Gruppe auf dem Weg zum Vertrauen. Vom geringen Vertrauen, das man hat, wenn man out ist, gegenüber allen, geht er über Bekannte bis hin zur Freundschaft und zur Liebe. Es muß also der Auftrag des Vorgesetzten sein, die Nähe zu verdichten, ohne daß sie penetrant wird. Es ist ein permanenter Auftrag, der vor allem beim Einsatz von Führungsentwicklungstechniken sichtbar wird (siehe Abb. 22 auf S. 172).

32 Quelle: *Thompson/Pitts*, AMACOM 1979 / If MS 80.

OD-Techniken werden eingesetzt:

individuell	in Teams	bei Gruppen untereinander	in der Gesamtorganisation
Planung des eigenen Lebens	**Arbeitsverfahren**	Gegenseitiges Verständnis	Planung
Individuelle Bedürfnisse	Aufgabenbewältigung	Zusammenarbeit	Zweck
Aus- und Weiterbildungsbedürfnisse	Pläne zur Entscheidungsbildung	Reduzierung funktionsstörender Konkurrenz	Langfristige Ziele
	Zwischenmenschliche Beziehungen	Kommunikationsprobleme	Kurzfristige Ziele
	Gefühle		Organisationsflexibilität
	Einstellungen		Form folgt der Funktion
			Kommunikation

Abb. 22: Einsatz von OD-Techniken

Auch in der Arbeitswelt gibt es immer noch Ideologen, die in einer Beschäftigung der Führungskraft mit den tatsächlichen Motiven ihrer Mitarbeiter und der Formulierung der daraus resultierenden möglichen Gruppenmotive eine Bevormundung bzw. eine Ausforschung der Mitarbeiter sehen. Daß dem nicht so ist, wissen die meisten Führungskräfte. Aber einige schwarze Schafe, die in einer zu harten Personalinterview- oder „Kripofragetechnik“ nicht den richtigen Ton finden, tragen mit dazu bei, daß sich dieses Vorurteil hält.

Was ist denn ein Motiv? Ein Motiv bewegt einen einzelnen oder eine Gruppe oder im Rahmen der Unternehmensidentität eine ganze Organisation, so zu handeln und zu reagieren, daß menschliche und gruppenorientierte Bedürfnisse, Wünsche, Sehnsüchte und Erwartungen befriedigt werden, die zu einem bestimmten Zeitpunkt vorherrschen. Die Betonung liegt hier auf dem Zeitpunkt der Aktualisierung solcher Motive.

Für die Möglichkeiten der Beeinflussung von Mitarbeitern durch Motivation oder Manipulation hat *A. Kaiser* eine präzise Definition geliefert. Unter Motivation versteht er die Bereitschaft einer Person, durch Wahrnehmen, Denken und Tun ein Bedürfnis zu befriedigen. Die Anregung, der Grund des Tuns und das Ziel sind der Person bewußt und entsprechen den eigenen Bedürfnissen. Eine Motivationsstrategie wird deswegen abstellen auf den einzelnen und die gemeinsame Zielset-

„Mehr durch sein Beispiel als durch Worte . . .“[33]

Der Abt zeige mehr durch sein Beispiel als durch Worte, was gut und heilig ist[34].

Er soll wissen, daß er mehr zum Helfen als zum Befehlen da ist[35]. Muß er zurechtweisen, handle er klug und gehe nie zu weit, damit das Gefäß nicht zerbricht, wenn er es allzu sauber vom Rost reinigen will. Damit wollen wir nicht sagen, er dürfe Fehler wuchern lassen. Im Gegenteil: Er rotte sie . . . klug und liebevoll aus, wie er es für jeden zuträglich hält. Und er suche mehr geliebt als gefürchtet zu werden[36].

Weise zurecht, ermutige, tadle! Das heißt: Je nach Zeit und Umständen verbinde er mit der Strenge die Milde; er zeige bald den Ernst des Meisters, bald die Güte des Vaters[37].

Er sei nicht aufgeregt und überängstlich, nicht maßlos und eigensinnig, nicht eifersüchtig und nicht argwöhnisch, sonst kommt er ja nie zur Ruhe[38].

Sätze aus der Regel des hl. Benedikt von Nursia (um 480 bis 543), dem Gründer des abendländischen Mönchswesens, zum Führungsauftrag des Abtes.

zung, eine gemeinsame Bedürfnisbefriedigung. Sie muß die Gedanken und Zielsetzungen des Vorgesetzten verständlich machen in Form von Überzeugungsdialogen und nicht durch Überredungstaktiken. Manipulation ist dagegen für *Kaiser* die gezielte Beeinflussung des anderen im Sinne der eigenen Interessen, die sich natürlich auch mit denen des anderen gelegentlich decken können. Dem anderen ist dabei nicht bewußt, daß und wie er gezielt zugunsten fremder Interessen beeinflußt wird. Eine Manipulationsstrategie wird deswegen versuchen, den Interessenkonflikt zu verschleiern und Mittel benutzen, die weitgehend unbewußt wirken.

33 *Carl Zimmerer,* Wir Wirtschaftswunderknaben . . .
34 Cap. 2, 12.
35 Cap. 64, 8.
36 Cap. 64, 11, 13–15.
37 Cap. 2, 23–24.
38 Cap. 64, 16.

Bei *Günter Stoewer* finden wir „Motivierungshilfen aus der Praxis", die er gemeinsam mit Gruppenleitern eines Industriebetriebs erstellt hat. Er verwertet Antworten auf die Frage: „Wodurch und wie erfahre ich die wirklichen Handlungsantriebe meiner Partner?" Er empfiehlt folgende Arten des Vorgehens:

1. Gezielte Fragen. Dazu gehören die Erfordernisse Vertrauen und Struktur. Die Gefahren liegen in mangelnder Offenheit, in einem Eindringen in die Intimsphäre, die Ängste auslösen, so daß von vorsichtigen Mitarbeitern nur sozial erwünschte Motive genannt werden.
2. Längeres Beobachten. Dabei könnte das Gefühl entstehen, kontrolliert zu werden, was zur Verunsicherung oder zu einer Orientierung an den Motiven des Beobachtenden führen kann.
3. Zuhören. Das erfordert Objektivität sich selbst gegenüber, abgesicherte Information, eine Fähigkeit, sich in den anderen hineinzuversetzen und die eigenen Bedürfnisse zurückzustellen.

Als dabei auftretende Gefahren nennt *Stoewer* Übertreibung oder die Gefahr des Sichverlierens beim Befragten, die Möglichkeiten von Tiefstapelei, Täuschung oder Bluff, das Nennen nur vordergründiger Motive und beim Zuhörer die Unfähigkeit zum richtigen Zuhören, weil er es nicht fertig bringt, sich von seinen eigenen Ideen zu lösen und sich in den anderen hineinzuversetzen.

Was ergibt sich daraus für Kommunikations-, Führungs- und Ergebnispraxis? Wir haben bereits über die Möglichkeiten von Zielvorgaben und die Vereinbarung und Erarbeitung von Zielen gesprochen. Die Art der Kommunikation bewegt sich auf einer Skala vom Sprechen und Präsentieren hin zur Diskussion, die in Debatte oder Dialog erfolgen kann und schließlich bei der Beratung endet, in der sich die Führungskraft weitgehend zurücknimmt. Der dabei ablaufende Prozeß kann in einem Konflikt, einem Alles oder Nichts, in einer Präsentation oder auf der Vorgabeebene enden. Am Ende der Diskussion steht oft eine Vereinbarung, die einen Kompromiß und damit ein Opfer auf beiden Seiten enthält, während das Ergebnis eines beratenden Verhaltens des Vorgesetzten in Konsens und Gewinn für beide Seiten liegt.

Ein praktischer Hinweis: Versuchen Sie, in Gesprächen nicht das letzte Wort zu behalten, sondern beenden Sie das Gespräch mit einer Frage an den Mitarbeiter, deren Beantwortung das Ende des Gesprächs bildet. Versuchen Sie, von beispielsweise 30 Minuten, die zur Verfügung stehen, selbst nur 10 Minuten zu sprechen. Wir nennen das eine Ein-Drittel-/Zwei-Drittel-Lösung für den Vorgesetzten, der zusammenfassender und bündelnder denkt. Der Mitarbeiter wird mit dem Gefühl

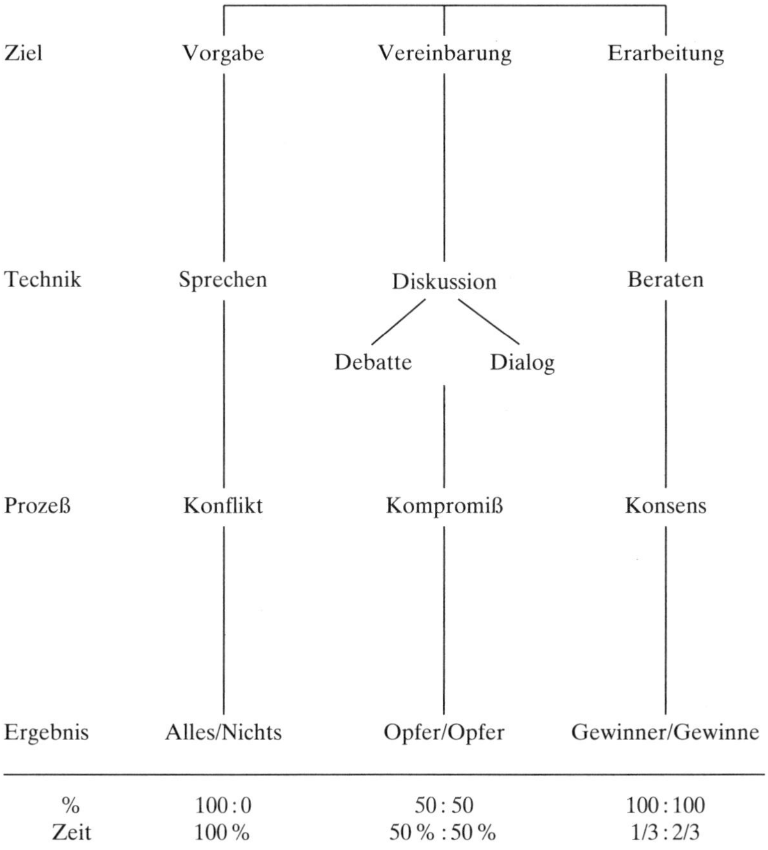

Abb. 23: Kommunikations-Führungs-Ergebnis-Skala

weggehen, ein gutes Gespräch mit Ihnen geführt zu haben und nicht mit dem Gedanken an einen „Meinungsaustausch“: „Meinungsaustausch ist, wenn du mit deiner Meinung beim Chef reingehst und mit seiner Meinung wieder rauskommst.“

Wichtige Elemente für ein Mitarbeiterbewertungsgespräch:

1. Sich auf das Gespräch vorbereiten
2. Einen tageszeitmäßig annehmbaren Termin vereinbaren
3. Eine angenehme Gesprächsatmosphäre schaffen

4. Unterbrechungen von außen nicht zulassen
5. Ein Bewertungsgespräch ist ein wechselseitiges Gespräch zwischen Vorgesetztem und Mitarbeiter
6. Fragen, nicht selbst ins Erzählen geraten!
7. Zuhören, zuhören, zuhören!
8. Bei den Stärken des Mitarbeiters beginnen
9. Fragen, was dem Mitarbeiter am meisten Spaß gemacht hat
10. Fragen, was dem Mitarbeiter am schwersten gefallen ist
11. Das Gespräch auf die Leistung am Arbeitsplatz konzentrieren
12. Objektiv bleiben
13. Nie über andere Projekte oder Mitarbeiter sprechen
14. Geben Sie dem Mitarbeiter Gelegenheit, aufgestauten Ärger loszuwerden, wenn er wütend wird
15. Lieber loben als kritisieren
16. Nicht freiwillig über Geld reden bzw. keine Versprechungen machen, die Sie nicht im Alleingang halten können
17. Finden Sie heraus, welche Ziele der Mitarbeiter hat
18. Lassen Sie den Mitarbeiter zusammenfassen
19. Korrigieren Sie ihn nur, wenn er *Wesentliches* nicht oder falsch verstanden hat
20. Lassen Sie ihm das letzte Wort

Erfolgreich durch Rücksichtslosigkeit?

Nabisco-Johnsons Wahlsprüche:

- Zahle nie in bar
- Halte dich nie an die Spielregeln
- Sage nie die Wahrheit

haben ihm einen erfolgreichen Mißerfolg beschert. Aber *Grazian* hat schon in seinem „Handorakel" hilfreiche Hinweise gegeben:

> Sei zu gleicher Zeit Löwe und Fuchs.
> Tue nie das, was Du zu tun vorgibst.
> Spiele nie mit offenen Karten.
> Wandle die eigenen Fehler in Zierden um, damit sie von anderen bewundert werden.
> Habe Daumenschrauben parat, und zwar für jeden einzelnen speziell. Nütze sie.
> Halte nichts vom Beifall anderer, aber fordere ihn heraus.

Erscheine anderen gefällig.
Gehe mit denen um, die Dir nützen können.
Kritisiere nie diejenigen, von denen Du abhängst.
Kenne vor allen Dingen die Götzen der Oberen.
Pflege Beziehungen zu Glücklichen, den Unglücklichen fliehe.

So mancher skrupellose Karrierist mag sich daran ein zeitloses Beispiel genommen haben und andere, wertvollere „Handreichungen“ übersehen haben:

Strapaziere nicht Dein Glück.
Gehöre anderen nicht zu sehr an, bleib Dir selber treu.
Überfordere Deine Freunde nicht.
Mache Dir andere dienstbar.
Hege keine übermäßigen Erwartungen in bezug auf andere.
Verstehe die Zeichen der Zeit zu deuten.
Lerne die Winke des Schicksals verstehen und auswerten.

Checkliste zu einem eigenen Führungsstil

1. Habe ich deutlich gemacht, was ergebnismäßig erwartet wird? Habe ich diese Ergebnisse mit den Mitarbeitern besprochen?
2. Habe ich meine Mitarbeiter wissen lassen, wo sie stehen?
3. Wissen die Mitarbeiter, wie sie ihre Arbeit erledigen sollen?
4. Habe ich in der Aus- und Weiterbildung, in der Mitarbeiterentwicklung gute Arbeit geleistet?
5. Gebe ich meinen Mitarbeitern alle erdenkliche Unterstützung?
6. Was habe ich getan, oder versäumt, um persönliche Beziehungen zu pflegen?
7. Wissen die Mitarbeiter, daß ihre Arbeit wichtig ist? Wissen sie, wie sie innerhalb der Unternehmensstruktur aufgehängt sind? Wissen sie, wie weitverzweigt sich schlechte Leistungen auswirken können?
8. Werden die Mitarbeiter über alle Vorgänge in ihrer Abteilung und im Unternehmen auf dem laufenden gehalten? Dabei geht es nicht um unbedingt „notwendige“ Informationen, sondern um Dinge, die „schön zu wissen“ sind.
9. Haben die Mitarbeiter genügend Spielraum in ihrer Arbeit?
10. Werden die Mitarbeiter in bezug auf ihre Leistung zu oft in die Defensive gedrängt?

Leistungsbeurteilung – einmal humorvoll (nach einer amerikanischen Unterlage)

Einstufung / Beurteilungskriterien	weit über den Anforderungen	über den Anforderungen	wird den Anforderungen gerecht	muß noch Fortschritte machen	unbrauchbar
Verhandlungstalent	spricht mit dem lieben Gott	spricht mit den Engeln	spricht mit sich selbst	streitet mit sich selbst	verliert den Streit mit sich selbst
Schnelligkeit	schneller als Gewehrkugel	so schnell wie Gewehrkugel	etwas weniger schnell als Gewehrkugel	schiebt ruhige Kugel	verletzt sich beim Schieben der ruhigen Kugel
Anpassungsfähigkeit	wandelt gelegentlich auf Wasser	kann in Notfällen auf Wasser wandeln	wäscht und kocht mit Wasser	trinkt Wasser	läßt in Notfällen Wasser
Beweglichkeit	überspringt Hochhäuser aus dem Stand	benötigt Anlauf zum Überspringen von Hochhäusern	überspringt Wohnhäuser oder ein Geschäftshaus ohne Giebel	kollidiert beim Springversuch mit den Häusern	kann keine Gebäude erkennen, geschweige denn überspringen
Durchsetzungsvermögen	Durchschlagskraft einer Lokomotive	Durchschlagskraft eines Elefanten	Durchschlagskraft eines Stiers	stur wie ein Ochse	sturer Bock

11. Was habe ich getan, damit sich die Mitarbeiter geistig und emotional für ihre Arbeit engagieren?
12. Haben die Mitarbeiter Mitspracherecht beim Setzen von Zielen und bei der Entscheidung über die zur Zielerreichung notwendigen Mittel erhalten?
13. Sind gute Leistungen angemessen und zeitgerecht anerkannt worden?
14. Betone ich das Positive anstelle des Negativen?
15. Habe ich mich genügend um die Mitarbeiter als individuelle Wesen gekümmert? Habe ich mich genügend um ihre persönlichen Ziele gekümmert?
16. Bin ich flexibel, wenn es darum geht, Mitarbeitern zuzuhören und ihnen die Möglichkeit zu geben, Ideen und Vorschläge durchzuführen?
17. Habe ich mich jemals bewußt mit den Stärken und Schwächen meiner Mitarbeiter befaßt mit dem Ziel, die Arbeit so auszulegen, daß alle von ihren Stärken profitieren können?
18. Werden die Mitarbeiter angemessen und vernünftig gefordert?

Nach *Scanlan* ist es für eine Führungskraft wichtig, ein positives Arbeitsklima aufzubauen, in dem alle Mitarbeiter das Gefühl haben, Unterstützung zu erhalten. Dabei sollte sich die Führungskraft um folgende Verhaltensweisen bemühen:

1. Den Mitarbeitern vertrauen, ihnen etwas zutrauen. Mitarbeiter verfolgen ihre Ziele, ohne ständig Bericht erstatten zu müssen, ohne ständig übermäßig kontrolliert zu werden.
2. Positive Maßnahmen ergreifen, um Mitarbeitern Weiterbildung und Entwicklung zu ermöglichen.
3. Mögliche Problemursachen und Lösungen gemeinsam erörtern bei Problemen, die dem Mitarbeiter die Arbeit schwer machen.
4. Mitarbeiter anleiten, ausbilden. Mitarbeitern helfen, ihre Arbeit besser zu tun.
5. Bei der Lösung von Problemen coachen, anstatt alle Antworten vorzusagen.
6. Mitarbeiterideen suchen und auf sie eingehen. Nicht immer sagen: „So wie ich es mache, ist es am besten!“
7. Immer so für die Mitarbeiter da sein, daß etwas mehr entsteht als eine formale Vorgesetzten-Mitarbeiter-Beziehung.

Bei Ziel- und Leistungsgesprächen müssen Vorgesetzte und Mitarbeiter in fünf grundlegenden Punkten Übereinstimmung durch Vereinbarungen bzw. Erarbeitung erzielen:

1. Über die Haupttätigkeiten, für die er verantwortlich ist

2. Darüber, wie die Arbeit in das Gesamtbild hineinpaßt und warum die Arbeit wichtig ist
3. Über die Faktoren, anhand derer die Leistung beurteilt wird: z. B. Qualität, Quantität, Kosten, Innovation, Genauigkeit, Selbstentwicklung, Zusammenarbeit mit Kollegen oder anderen Abteilungen
4. Darüber, wie die Leistung bewertet wird. Es können beispielsweise quantitative Maßstäbe angelegt werden, oder man beschreibt den Zustand, der eintreten wird, wenn dieser Arbeitsteil oder diese Aufgabe richtig erledigt worden ist.
5. Über bestimmte Mindestergebnisse oder Mindestleistungsnormen, die auf jedem Verantwortungsgebiet erreicht werden sollten.

Zur späteren Dokumentation eines Gespräches hat sich die folgende Feedback-Checkliste von *McGill* als sehr hilfreich erwiesen. Sie bietet die Möglichkeit, in relativ kurzer Zeit einen Gesamtüberblick über das Verhalten des Gesprächspartners zu gewinnen, ihn in verschiedenen Gesprächssituationen positiv-kritisch zu beobachten und sich nach mehreren Gesprächen ein Urteil über ihn zu bilden (siehe Abb. 24).

Es gibt eine Menge Untersuchungen darüber, wie sehr Mitarbeiter in Ängsten oder deren Vorstufen gefangen sind. Wir müssen daher Furcht, Paralyse, erzwungene Befriedung oder Hilfe durch den Vorgesetzten vermeiden. Anzustreben ist vielmehr Glaubwürdigkeit durch Definitions- und Differenzierungsvermögen. *Michael Hofmann* hat in seiner Studie „Personalentwicklung und mittlere Führungskräfte" eine Untersuchung von Lebenskrisen und Mitarbeiterverhalten vorgenommen (siehe Tabelle auf S. 182/183).

Neben den Krisen treten aber tagtäglich alle möglichen anderen Konflikte auf: persönliche Konflikte, Paar- und Dreieckskonflikte, Identitätskonflikte, Distanzkonflikte, Entwicklungskonflikte, Gruppenkonflikte, Transaktionskonflikte, Stammeskonflikte, Konkurrenz- und Rivalitätskonflikte, Territorialkonflikte, Untergruppenkonflikte, Zugehörigkeitskonflikte, Führungskonflikte, Reibungs- und Auflösungskonflikte, Situationskonflikte, Verteidigungskonflikte, Normierungs-, Bestrafungskonflikte, Doppelmitgliedschaftskonflikte, Veränderungskonflikte, Strukturkonflikte. Wir wollen auf diese dem Harvard-Manager entnommenen Möglichkeiten hier nicht eingehen, sondern lediglich zwei Hinweise geben, die bei der Bewältigung von Konflikten für den Vorgesetzten hilfreich sein können.

1. Es gibt das Kommunikationsmuster der Verschlossenheit oder der Offenheit. Wann immer Sie werten, kontrollieren, manipulieren, zu neutral sind, überlegen und zu sicher wirken, die Antwort schon wissen oder Ihre Macht oder Position ausspielen, den anderen nur als Objekt betrachten und die eigenen Ziele nicht preisgeben, wer-

Feedback-Checkliste
Bemerkungen über: ______________________ Datum: __________

Beobachtetes Verhalten	Nie 1	2	3	4	Immer 5
1. Trägt zur Diskussion bei					
2. Zeigt Aufmerksamkeit					
3. Zeigt Interesse am Thema					
4. Identifiziert Probleme auf effektive Weise					
5. Löst identifizierte Probleme effektiv					
6. Ist effektiv in der Entscheidungsbildung					
7. Reagiert mit Feingefühl auf andere					
8. Zeigt gute Zuhörfähigkeiten					
9. Ist ehrlich mit sich selbst und anderen					
10. Drückt Ideen klar aus					
11. Zeigt Objektivität					
12. Unterstützt andere					
13. Erkennt wichtige Punkte					
14. Zeigt kritische Selbstanalyse					
15. Ist sehr lernwillig					
16. Sorgt dafür, daß auch andere lernen					
17. Hält Schritt mit der Diskussion					
18. Regt andere zum Nachdenken an					
19. Ist aufgeschlossen					
20. Ist empfänglich für neue Ideen					
21. Hat Informationen					
22. Ist kreativ					
23. Projekte u. Aufgaben werden promt erledigt					
24. Hat eine effiziente Zeiteinteilung					
25. Hat hohe Leistungsmaßstäbe					

Abb. 24: Beobachtungsliste

Lebenskrisen und Mitarbeiterverhalten

Stadienabfolge	A Psycho-soziale Krisen = Lebens-krisen	B Alter des ersten Auftretens	C Verhaltensinventar, das besonders betriebsrelevant erscheint, u. a.:
I	Vertrauens-krise	Säuglings-alter	Risikobereitschaft, Delegationsfähigkeit, Vertrauen, Glaubensstärke – versus: Mißtrauen, Sicherheitsbedürfnis, Glaubensschwäche
II	Autonomie-Krise	Kleinkind-alter	Eigentumssinn, Sparbereitschaft, Ordnungssinn, Systematik, Zwanghaftigkeit, Schamhaftigkeit und Zweifel, Konformität – versus: Unordnung, Verschwendungssucht, Großzügigkeit
III	Initiativ-Krise	Spielalter	Draufgängertum, Unternehmungsgeist, Aktivität, Konfliktvermögen, Rivalitätspotenz, Wißbegier, Zielstrebigkeit, Gewissenhaftigkeit – versus: Ängstlichkeit, Passivität, Energielosigkeit, Schuldgefühle
IV	Leistungs-krise	Schulalter	Selbstwertgefühl, Leistungssinn, Pflichtgefühl, Leistungsbereitschaft, Aufgabenorientiertheit, Fleiß, Zähigkeit, Stolz, Durchhaltevermögen, Verantwortung – versus: Minderwertigkeitsgefühl, Resignation, Unzulänglichkeit
V	Identitäts-krise	Adoleszenz	Identität, Zielklarheit, Entschiedenheit, Eindeutigkeit, Ich-Stärke, Beharrungsvermögen, Selbstvertrauen – versus: Ich-Schwäche, Ich-Verwirrung, Überidentifizierung
VI	Intimitäts-krise	Frühes Er-wachsenen-alter	Freundschaftsvermögen, Wettstreitsfähigkeit, Loyalität, Liebesfähigkeit, Intimitätsbefähigung, Kooperationsfähigkeit – versus: Distanzierungsbedürfnis, Isolation, unkooperatives illoyales Verhalten, Intimitätsunfähigkeit

Lebenskrisen und Mitarbeiterverhalten (Fortsetzung)

Stadienabfolge	A	B	C
	Psycho-soziale Krisen = Lebens-krisen	Alter des ersten Auftretens	Verhaltensinventar, das besonders betriebsrelevant erscheint, u. a.:
VII	Generativitätskrise	Erwach-senenalter	Lehrfähigkeit, wachstums- und aufbau-orientiert, Elternschaft, Sorge für andere – versus: stagnativ, Stillstand und Verarmung in den Beziehungen, Lehrunwilligkeit, Unfähigkeit und Nicht-Bereitschaft, Wachstums- und Erhaltungsverantwortung zu übernehmen
VIII	Integritäts-krise	Reifes Erwachsenen-alter	Selbstakzeptanz, Annahme des Vergangenen, Sinn und Verantwortungsbereitschaft für die Allgemeinheit, Integrität, Bereitschaft, Führungsverantwortung auf sich zu nehmen – versus: Verzweiflung, Einsamkeit, Selbstverachtung, Menschheitsverachtung, Lebensüberdruß

(*Michael Hofmann,* Personalentwicklung und mittlere Lebenskrise)

den Sie Verschlossenheit erzeugen. Offenheit dagegen erzielen Sie, wenn Sie in kritischen Situationen zunächst lediglich beschreiben, Ich-Botschaften senden, das heißt, über beobachtetes Verhalten den anderen informieren und ihn ermutigen, seine Beobachtungen mitzuteilen; wenn Sie nach gemeinsamen Lösungen suchen oder zur Suche danach einladen: wenn Sie spontan agieren, initiieren und auch die eigenen Motive und Ansichten mitteilen; wenn Sie sich einfühlend verhalten, die Persönlichkeit des anderen respektieren und auch seine Förderung als Ziel begreifen; wenn Sie ihn partnerschaftlich gleichberechtigt zu gemeinsamem Planen und Handeln auffordern; und nicht zuletzt, wenn Sie immer bereit sind zu experimentieren, sich zu rascher Urteile zu enthalten. Nur dann werden Sie in der Lage sein, den anderen zu erreichen und gemeinsam mit ihm Konflikte zu steuern und möglicherweise sogar zu bewältigen und zu beseitigen (nach *Berkel*[39]).

39 *Berkel,* Konflikttraining, 3. Aufl., Heidelberg 1992.

2. Streben Sie Vereinbarungen an. Wir haben über Zielvereinbarungen schon gesprochen und über die Psychologievereinbarung. Nach *Berkel* werden Vereinbarungen und Regelungen eher eingehalten, wenn Sie die folgenden Merkmale berücksichtigen:

   1. Sie sind nicht gegen zentrale Interessen oder grundlegende Vorstellungen einer Partei gerichtet.
   2. Zwischen den Konfliktparteien besteht ein gewisses Maß an Vertrauen.
   3. Die Vereinbarungen sind klar, eindeutig und widerspruchsfrei formuliert.
   4. Die Vereinbarungen sind auch anderen bekannt.
   5. Sie legen fest, was jede Seite zu tun oder zu unterlassen hat.
   6. Werden die Vereinbarungen nicht eingehalten, ist mit Sanktionen zu rechnen.
   7. Die Beachtung der Regelung belohnt durch eine ungehinderte und störungsfreie Arbeitsbeziehung.

Auch aus *Oswald Neubergers* „Miteinander arbeiten – miteinander reden“ können wir einige hilfreiche Fragen zur Metakommunikation des Mitarbeiters (stimmt – stimmt nicht) entnehmen:

1. Ich habe immer Gelegenheit, meine eigene Meinung vorzubringen.
2. Ich fühle mich frei und ungehemmt, meine eigene Meinung zu sagen.
3. Es kommt sehr selten vor, daß einer, der spricht, unterbrochen wird.
4. Jeder hat alle für das Gespräch wichtigen Informationen vorher erhalten.
5. Bei Besprechungen werden Beiträge zuerst positiv gewürdigt, bevor sie kritisiert werden.
6. Inhaltliche Meinungsverschiedenheiten werden offen ausgetragen.
7. Persönliche Meinungsverschiedenheiten werden offen zur Sprache gebracht.
8. Ich fühle mich von den anderen Gesprächsteilnehmern immer akzeptiert und verstanden.
9. Es kommt oft vor, daß einer dem anderen spontane Rückmeldung gibt.
10. Wir unterhalten uns oft darüber, wie das Gespräch gelaufen ist und warum es so gelaufen ist.
11. Interessen werden direkt geäußert; niemand versteckt sich hinter Fragen oder Allgemeinaussagen („man“, „alle“, „wir“).
12. Die Atmosphäre ist informell.
13. Es gibt eine hohe Bereitschaft zu Kompromissen; niemand hält stur an seinen Positionen fest.

26. Trüffelsuche in der Führung: Neue Ideen

Unter den Führungskräften ist eine Massenbewegung ausgebrochen, die ständig nach neuen Ideen, nach mehr Kreativität und unkonventionellen Lösungen sucht. Für den Führungsalltag kommen vor allem drei Instrumente in Frage:

1. der Ideenstimulator
2. Brainwriting
3. Brainstorming

Die Amerikaner *Marco Meirovitz* und *Paul I. Jacobs* stellen ihren „Ideen-Stimulator" vor. Es handelt sich dabei um eine Checkliste, ähnlich wie die eines Piloten vor dem Start, der sich versichern will, daß alle Systeme seines Fliegers einwandfrei arbeiten. *Meirovitz* und *Jacobs* teilen ihre Checkliste in fünf Abteilungen auf:

1. Situationen, zum Beispiel: wer, was, welche, warum, wann, wo, wie?
2. Hilfsmittel, z. B. Computer, Fachleute, Datenbanken, Filme, Kollegen
3. Veränderungen, z. B. in Farbe, Struktur, Gewicht, Innerem, Äußerem, Qualität, Hinzufügen, Dicke, Dünne usw.
4. Gegenstände, z. B. Schraubenzieher, Zeitung, Rollschuhe, Kreditkarte, Zahnpasta
5. Eigenschaften, z. B. bequem, tragbar, magnetisch, einfach usw.

Versuchen Sie einmal, nach diesem Muster folgendes Problem zu lösen: Wie kommen Sie in Ihre Wohnung wieder hinein, wenn Sie sich aus ihr ausgeschlossen haben? Wenn Sie Ideen gesammelt haben, versuchen Sie, die wichtigsten Ideen (aus Ihrer Sicht) in einem Baumdiagramm festzuhalten. Dabei können Sie die bereits vorhandenen Öffnungen, Hilfsmittel, Tätigkeiten festhalten und zu den routinemäßig bekannten Öffnungen neue hinzufügen, wie z. B. Kamin (als Möglichkeit in das Haus zu gelangen) oder eine . . . Wand durchbrechen.

Ob es um die Verbesserung von Produkten, Dienstleistungen, Arbeitsabläufen oder um Verfeinerungen und Optimierungen geht, hilfreich sind die Instrumente des Brainwriting und des Brainstorming allemal.

Beim Brainwriting schreiben Sie auf ein weißes Blatt die konkrete Aufgabenstellung bzw. ein Stichwort zu Ihrem Problem. Dann ziehen Sie einen Querstrich. Den Rest des Blattes unterteilen Sie in jeweils 15 (bei fünf Teilnehmern) oder 18 (bei sechs Teilnehmern) oder 21 (bei sieben Teilnehmern) Kästchen. Sie kopieren dieses nun geskribbelte Formular und geben es an jeden Teilnehmer aus. Im ersten Schritt trägt jeder Teilnehmer in die oberste Zeile drei Ideen ein. Nach drei bis fünf Minuten wird im Uhrzeigersinn bei runder Tischsitzordnung das Formular weitergegeben, und jeder nachfolgende Teilnehmer schreibt nun in die zweite Zeile dieses Formulars weitere drei Ideen ein. Er kann zur Ideenfindung die Ideen seiner Vorgänger benutzen bzw. auch völlig neue Ideen notieren. Nachdem alle Teilnehmer ihre Kästchen ausgefüllt haben, geht man in einem gemeinsamen mündlichen kooperativen Gruppenprozeß alle Ideen durch und ergänzt sie bei Bedarf (z. B. durch Fragestellungen nach dem Ideenstimulator). Der entscheidende Vorteil der Brainwriting- und Brainstorming-Methode liegt in vier Punkten:

1. Durch das Verhalten aller Beteiligten wird negativ oder positiv wertende Kritik zurückgestellt.
2. Es werden in relativ kurzer Zeit relativ viele Ideen in knappen Formulierungen produziert.
3. Von Anfang an geschieht ein visualisiertes Aufgreifen und Weiterentwickeln der Ideen von Dritten.
4. Durch dieses Verfahren ist die Methode vielen anderen zur unbehinderten Ideenfabrikation überlegen.

Der Autor selbst bevorzugt die Methode des Brainwritings, weil ohne größeren Zeitaufwand relativ rasch ein Gesamtbild zustandekommt, das dann mit Hilfe von Metaplantechnik, z. B. Kärtchensammlungen oder Post-it-Anwendung visualisiert werden kann.

Fragestellung		

27. Delegation – ein zentrales Führungsthema

Vernünftige Delegation ist eine der wichtigsten Bestimmungsgrößen für die langfristige Entwicklung von Mitarbeitern.

Die Delegation trägt zur Mitarbeiterentwicklung bei. Außerdem lassen sich damit die Fähigkeiten und Talente eines Mitarbeiters voll zum Tragen bringen. Delegation motiviert. Der Manager gewinnt mehr Zeit für Führungsaufgaben. Er braucht sich nicht mehr übermäßig um Details zu kümmern. Delegation ist ein Mittel zur Förderung von Aktivität, Unabhängigkeit und Verantwortungsbewußtsein bei den Mitarbeitern.

Wichtig ist, daß eine in den richtigen Schritten dosierte und führungsmäßig vollzogene Delegation den Maßstab für effektive Führung setzt.

Delegieren heißt, die Dinge auf der niedrigst-möglichen Ebene, die dazu fachlich in der Lage ist, oder in einem ad hoc-Team erledigen zu lassen. Die Phase der Delegation, die immer am meisten betont worden ist, ist das Übertragen von Führungsverantwortung. Dabei muß der Manager jedoch über die früher typische Arbeitsplatzbeschreibung hinausgehen und genau angeben, welche Ergebnisse erwartet werden. Der neue Begriff anstelle von alten wie Stellen- und Arbeitsplatzbeschreibungen ist „ergebnisorientierte Tätigkeitsbeschreibung".

Delegation von Führungsverantwortung bedeutet klare Abmachungen und ein klares Übereinkommen zwischen Mitarbeiter und Führungskraft in bezug auf

1. die Tätigkeiten oder Aufgaben, für deren Erledigung der Mitarbeiter die Verantwortung trägt,
2. die Arbeitsbereiche, in denen die Mitarbeiter Führungs- oder Aufgabenverantwortung haben in bezug auf das Erzielen von Ergebnissen,
3. die spezifischen Ergebnisse, für die sie auf den entsprechenden Gebieten verantwortlich sind,
4. die Art und Weise, in der die Leistung in jedem Verantwortungsbereich gemessen wird.

Delegation ist ein Prozeß, in dem der Vorgesetzte Mitarbeitern Weisungsbefugnisse und Verantwortung überträgt, und zwar so, daß diese Entscheidungen treffen, die sonst der Vorgesetzte getroffen hätte. Dieser Vorgang steht im Gegensatz dazu, daß lediglich detaillierte

Anweisungen des Vorgesetzten ausgeführt werden (Vorgaben, Platzhaltung). Der Mitarbeiter ist gegenüber seinem Vorgesetzten verantwortlich für die von ihm erzielten Ergebnisse, während der Vorgesetzte seinerseits seinem eigenen Chef Rechenschaft schuldig ist über das, was der Mitarbeiter tut. Delegation ist nicht dasselbe wie Abdankung: Delegieren heißt nicht, einem Mitarbeiter mit einem Minimum an Leitlinien eine Aufgabe zu übertragen und ihn dann erfahren zu lassen, ob er im Wasser schwimmt oder untergeht.

Im Grunde genommen geht es beim Delegieren darum, zwischen den dringenden und den wichtigen Dingen zu unterscheiden. Für die Erledigung der dringenden Prioritäten und Aufgaben des Tages braucht eine Führungskraft unter Umständen so viel Zeit, daß ihr nur wenig Zeit für die wirklich wichtigen Dinge übrig bleibt. Das stärkste Argument für Delegation lautet, daß der Führungkraft dadurch Raum bleibt, sich auf die wirklich wichtigen Aufgaben zu konzentrieren, die niemand anderes als sie selbst erledigen kann. Nur wenn sich eine Führungskraft von den Ausführungsdetails freimacht, wird sie auch die notwendige Zeit für die wichtigsten Führungsfunktionen, nämlich Planung, Organisation, Führen, Steuern und Überwachen, haben.

Ein Manager kann Weisungsbefugnisse nicht delegieren, ohne gleichzeitig persönliche Führungsverpflichtungen einzugehen. Wenn man Weisungsbefugnisse delegieren will, sind die Planungsphase und die Unterstützungsphase wichtig.

1. Mitarbeiter legen ihre Pläne und Ideen dar und erklären, wie sich die erwünschten Ergebnisse am besten erreichen lassen.
2. Der Vorgesetzte stellt Fragen, regt mögliche Alternativen an und eröffnet die Diskussion, damit sich die Mitarbeiter mit allen Aspekten der Situation auseinandersetzen können.
3. Der Vorgesetzte hilft den Mitarbeitern bei der Identifizierung möglicherweise auftauchender Probleme und bei der Entwicklung von Lösungen zu ihrer Meisterung.
4. Beide Seiten einigen sich auf einen bestimmten Maßnahmenweg.

Eine Checkliste für Vorgesetzte

Earl Brooks[40] schlägt die folgenden selbstkritischen Fragen zur Bestimmung der Qualität der Delegation des Vorgesetzten vor:

1. Gehen Sie und Ihre Mitarbeiter einig in den Ergebnissen, die von ihnen erwartet werden?

40 *Earl Brooks,* „Get More Done – Easier", Nation's Business (Oktober 1962), S. 1–5.

2. Stimmen Sie und Ihre Mitarbeiter in den Leistungsmaßstäben überein?
3. Hat jeder Ihrer Untergebenen das Gefühl, daß er genügend Autorität gegenüber seinen eigenen Mitarbeitern hat?
4. Hat er das Gefühl, daß er genügend Kompetenzen in bezug auf Geldmittel und andere Ressourcen hat?
5. Welche zusätzliche Kompetenz haben Sie im letzten halben Jahr delegiert?
6. Was meinen Ihre Untergebenen? Welche weiteren Kompetenzen sollten ihnen delegiert werden?
7. Ist für jede der von Ihnen delegierten Arbeiten die Aufgabenverantwortung festgesetzt? Ist die Verfolgung der Arbeiten bei Ihnen angemessen gesichert?
8. Stehen Sie zur Verfügung, wenn Ihre Mitarbeiter Sie brauchen?
9. Liegt Ihren Mitarbeitern nichts daran, sich um weitere Verantwortung zu bemühen oder sie zu akzeptieren?
10. Übergehen Sie Ihre Mitarbeiter, indem Sie Entscheidungen treffen, die ein Teil ihrer Arbeit sind?
11. Was steht der effektiven Ausnutzung Ihrer Management-Zeit entgegen?
12. Tun Sie Dinge, die eigentlich Sache Ihrer Mitarbeiter sind? Warum?
13. Wie könnten Sie Ihre Delegation am besten verbessern?
14. Wenn Sie sechs Monate lang arbeitsunfähig wären, wer würde dann Ihre Stelle übernehmen?
15. Fragen Sie jeden Ihrer Mitarbeiter einzeln: „Was könnte ich tun, worauf sollte ich verzichten oder was könnte ich anders tun, um Ihnen zu helfen, bessere Arbeit zu leisten?"

Fragebogen „Delegieren"[41]

Beantworten Sie die folgenden Fragen, und Sie werden wissen, wie gut Sie im Delegieren sind. Wenn Sie ein noch genaueres Bild Ihrer Delegationsfähigkeiten gewinnen wollen, lassen Sie den Fragebogen zu Ihren Fähigkeiten auch von Ihren Mitarbeitern ausfüllen und vergleichen die Ergebnisse. Stimmen die Antworten überein, befinden Sie sich auf dem richtigen Wege, wenn nicht, können Sie feststellen, in welchen Bereichen noch Verbesserungsmöglichkeiten vorhanden sind.

---

41 *Marion E. Hayes*, Supervisory Management, Jan. 1980, ÜS UR/IfMS.

		Ja	Nein
1.	Sorgen Sie dafür, daß Ihre Mitarbeiter geschult werden und daß sie in der Lage sind, einen Auftrag zu meistern, ehe Sie ihnen die Verantwortung dafür übertragen?	_____	_____
2.	Definieren Sie sorgfältig die Grenzen der Befugnisse und der Verantwortung Ihrer Mitarbeiter und sorgen Sie dafür, daß diese völlig verstanden werden?	_____	_____
3.	Geben Sie Ihren Mitarbeitern die Verantwortung für das Treffen bestimmter Entscheidungen und machen Sie diese Entscheidungen dann rückgängig, wenn Sie glauben, es besser zu können?	_____	_____
4.	Haben Sie Vertrauen in Ihre Mitarbeiter und sorgen Sie dafür, daß sich bei ihnen das Vertrauen festsetzt, das sie brauchen, wenn sie mit Notfallsituationen selbst fertig werden müssen?	_____	_____
5.	Sorgen Sie dafür, daß Ihre Mitarbeiter alle Ihnen zu einem Projekt vorliegenden Informationen bekommen, wenn Sie die Aufgabenverteilung vornehmen?	_____	_____
6.	Wenn sich Entscheidungen Ihrer Mitarbeiter als falsch herausstellen – lassen Sie dann die Mitarbeiter die Schuld auf sich nehmen, obwohl die Rechenschaftspflicht letztendlich bei Ihnen liegt?	_____	_____
7.	Haben Sie ein Follow-up-System, das es Ihnen ermöglicht zu erfahren, ob alles reibungslos läuft, ohne Ihren Mitarbeitern ständig über die Schulter schauen zu müssen?	_____	_____
8.	Wenn Ihre Mitarbeiter eine falsche Entscheidung treffen – helfen Sie Ihnen festzustellen, was falsch gelaufen ist und helfen Sie ihnen dann auch bei der Korrektur?	_____	_____
9.	Wenn sich Ihre Mitarbeiter beim Treffen einer Entscheidung schwertun – helfen Sie ihnen bei der Entscheidungsfindung, statt die Antwort vorzugeben?	_____	_____
10.	Wenn Ihre Mitarbeiter einen Fehler machen – zeigen Sie ihnen Ihr Vertrauen, indem Sie ihnen eine zweite Chance geben?	_____	_____

28. Fordern und Fördern

Wie kann man Mitarbeiter positiv beeinflussen und zu größerer Leistung motivieren? Indem man ein Leistungsklima schafft und aufrecht erhält, sagt *John Singleton*[42]. Seiner Ansicht nach ist folgendes zu tun:

1. Hohe Leistungsnormen setzen durch jährliche Bewertung jedes Mitarbeiters, jeder Position und jeder Gruppenfunktion im Hinblick auf die direkten Beiträge zu den Zielen und Gewinnen des Unternehmens.
2. Fähigkeiten und Ergebnisse betonen – nicht Regeln.
3. Den Chef, Kollegen oder Mitarbeiter nicht „treten“: Kritik an Handlungen, nicht an den Menschen aussprechen.
4. Manipulation oder Sarkasmus gegenüber Mitarbeitern vermeiden.
5. Eine Einstellung des „Wir können das“ demonstrieren, allgemeine Begeisterung schaffen.
6. An das Argument des anderen denken – Empathie zeigen (Einfühlung).
7. Weisungen und Anweisungen in die Form von Vorschlägen oder Bitten kleiden.
8. Die Mitarbeiter über alles auf dem laufenden halten.
9. Die Mitarbeiter nach Ratschlägen und Vorschlägen fragen.
10. Aufgeschlossen bleiben gegenüber Änderungen und neuen Ideen – flexibel sein.

Phasen des Wandels / Grundaufgaben	Mitgliedschaft aufbauen	Team entwickeln	Bindeglieder zur Organisation	Arbeiten an Projekten	Selbsterneuerung
Ziele entwickeln					
Mittel entwickeln					
Zur Handlung übergehen					

42 *John Singleton,* Maryland, USA, IfMS 80.

28.1 Mitarbeiterberatung

Die Beratung dient als wichtige Technik zur Motivierung, zur Aus- und Weiterbildung und zur Leistungsbewertung von Mitarbeitern. So mancher Vorgesetzte scheut sich davor, seine Mitarbeiter zu beraten oder macht dabei Fehler, weil er sich über die wahre Natur und Funktion dieser wichtigen Führungsverantwortung nicht im klaren ist. Wenn Sie beraten, müssen Sie erkennen, daß Sie die Einstellung eines Mitarbeiters nicht direkt ändern können. Sie müssen ihn dazu bringen, seine Einstellung selbst zu ändern.

Der Schlüssel zur Beratung liegt darin festzustellen, welche Motivation einem bestimmten Verhalten zugrunde liegt. Ziel ist es, die Einstellung und das Verhalten des Mitarbeiters so zu ändern, daß der Mitarbeiter das Problem und die Ursachen, die dazu geführt haben, selbst erkennt. Die Leistung kritisieren, *nicht die Person.* Regen Sie den Mitarbeiter an, über das Problem nachzudenken und Lösungsmöglichkeiten zu finden. Denken Sie daran: Die Beratung soll auch zur Planung der Karriere, der Aus- und Weiterbildung und zum Akzeptieren von Veränderungen dienen. Sie ist nicht allein auf Leistungsprobleme ausgerichtet.

Hören Sie dem Mitarbeiter zu und stellen Sie ihm Fragen, die ihn motivieren, sich selbst zu prüfen. Warten Sie, bis er Ihre Fragen beantwortet; sprechen Sie nicht in sein Schweigen hinein. Damit dieser Prozeß funktioniert, müssen Sie nachfassen. Prüfen Sie, ob Änderungen eingetreten sind. Gehen Sie im nächsten Gespräch von den erfolgten Änderungen, von schon besprochenen Fragen aus und suchen Sie nach Anhaltspunkten dafür, was den Widerstand gegen den Wandel ausgelöst haben könnte.

28.2 Entwicklung von Mitarbeitern

Zur optimalen Mitarbeiterentwicklung gehört die Beachtung folgender Punkte:

1. Den augenblicklichen Karrierestand des Mitarbeiters definieren.
2. Die unmittelbaren und längerfristigen Ausbildungsbedürfnisse der Mitarbeiter feststellen.
3. Inventur der Stärken und Schwächen der Mitarbeiter durchführen.
4. Ihre Vorlieben und Abneigungen festhalten.
5. Regelmäßig erbrachte überragende Leistungen erkennen und anerkennen.
6. Gelegenheit zur Selbstentwicklung geben.

7. Pflichten und Leistungsnormen definieren und schriftlich festhalten.
8. Verantwortung für die Entscheidungsbildung delegieren.
9. Mitarbeiter in regelmäßigen Abständen beraten – und zwar nicht nur zu negativen Dingen.
10. Sicherstellen, daß es in Ihrer Organisation in *allen* Arbeitsbereichen Kriterien für das Weiterkommen gibt.

29. Entlastung durch die Assistentin (Sekretärin)

Das positive Verhältnis zu Mitarbeitern entlastet. An der eigenen persönlichen Last tragen die Chefsekretärin, die Assistenten und Assistentinnen mit, ihre Aufgaben sind vielfältig. Damit diese Aufgaben aber auch im gewünschten Sinn durchgeführt werden, ist deren Auslese und Ausbildung von besonderer Bedeutung.

Im Gegensatz zu Witzzeichnungen sind Sekretärinnen nicht davon angetan, wenn sie Zeit haben, ihre Nägel zu feilen, Zeitschriften zu lesen oder den Betriebsklatsch während der Dienstzeit zu beleben. Oft sind es die Chefs, die ihre Mitarbeiterinnen durch eigene Ziellosigkeit und Unordnung in der Arbeitstechnik in ihrer Leistungsfähigkeit behindern und unterschätzen.

Ihre Sekretärin ist ein Schlüsselmitglied Ihrer Abteilung und die erste Kampflinie für das Image Ihrer Abteilung oder sogar des ganzen Unternehmens.

Ein verschwundenes Schriftstück kann zu tagelangen Verzögerungen oder zu falschen Schnappschußentscheidungen führen.

Ein falsch geschriebener Name in einem juristischen Dokument kann die schlimmsten Folgen haben.

Fehlende Akkuratesse im Detail kann zu schrecklichen Rückschlägen in Ihrem gesamten Arbeitsbereich führen.

Auch wenn Ihre Sekretärin schlechter bezahlt wird als Sie: als Garant in ihrem Arbeitsbereich sollte sie dafür verantwortlich sein, daß Ihr eigener Auftrag nicht in totaler Verwirrung und Zeitverschwendung endet.

Hoffen Sie deshalb nicht auf telepathische Gedankenübertragung, sondern teilen Sie sich ihr mit. Wichtigste Voraussetzung: Es gibt nicht „meine" Arbeit als Manager und nicht „ihre" Arbeit als Sekretärin, sondern nur „unsere" Arbeit als Endergebnis.

Treffen Sie also mit Ihren Kollegen und Ihrem Chef Vorsorge, der Sekretärin ihre Rolle als wichtiges Mitglied im Management-Team zu erklären. „Kooperatives Management" und „Management im Team" erschöpfen sich noch zu oft in der Herunterleierung solcher Begriffe als Bestandteil einer papiernen Führungsphilosophie.

29.1 Leitsätze für die Zusammenarbeit mit der Sekretärin

Eine Checkliste für den Chef

1. Arbeiten Sie ruhig und stetig. Werden Sie kein Panik-Boss. Der Führungsstil der Zukunft ist leise und klagt nicht an.
2. Halten Sie eine ständige Kommunikation aufrecht. Dazu gehören vor allem positive Kritik und Informationsweitergabe.
3. Überlassen Sie ihr das Treffen möglichst vieler Entscheidungen.
4. Bereiten Sie sich rechtzeitig auf die Diktatsitzung vor. Labern Sie nicht herum. Diktieren Sie kurz, knapp und präzise.
5. Halten Sie sich an vereinbarte Termine nach innen und außen.
6. Nehmen Sie Rücksicht auf die Zeiteinteilung Ihrer Mitarbeiterin.
7. Ermutigen Sie sie zur Einführung neuer Ideen und Arbeitstechniken.
8. Sagen Sie ihr lieber einmal zuviel als einmal zu wenig, wie sehr Sie ihre Arbeit schätzen.
9. Machen Sie ihr klar, daß sie zum Führungsteam gehört und eine Schlüsselrolle hat.

Robert Townsend und andere Kritiker haben der „klassischen“ Sekretärin für die Zukunft schon vor zwanzig Jahren wenig Chancen gegeben. Sie haben Recht behalten, wo sie die Kaffeekocherin, Betriebsnudel, den Vorzimmerwauwau und den Schuttabladeplatz des „Sklavenhalterchefs“ meinten. Schon heute erleben wir die selbstbewußte Spezialistin und Assistentin als Mitglied des Teams.

In einer humorvollen und ernsten Auseinandersetzung mit den Auswirkungen des *„Peter-Prinzips“* (die meisten Manager erreichen im Laufe ihrer Karriere die Stufe der Inkompetenz und stürzen dadurch die Organisation in Probleme) hat Professor *Lane Tracy*[43] von der Ohio University gemeint, die meisten Firmen funktionierten, wenn man das „Peter-Prinzip“ als grundsätzlich zutreffend annehme, nur noch durch ihre Sekretärinnen.

„Wenn ein leitender Mann sich einer Arbeit nicht gewachsen zeigt, weil er auf seiner Stufe der Unfähigkeit angelangt ist oder die Karriereleiter so rasch erklimmt, daß er keine Zeit hat, seine Aufgabe meistern zu lernen, dann wartet stets seine Sekretärin schon darauf, die Dinge in die Hand zu nehmen. Woher kommt es aber, daß eine Sekretärin Fähigkeiten besitzt, die ihrem Chef abgehen?

---

43 Psychologie – Postskriptum zum Peter-Prinzip „Warum die Firmen noch funktionieren“, Manager Magazin Nov. 1977, S. 77.

Erstens gelingt es Frauen selten, eine Führungsposition in der Wirtschaft zu erreichen, Ingenieurin zu werden oder Universitätsprofessorin. Daher bestehen große Reserven fähiger Frauen, auf die man zurückgreifen kann. Zweitens erwartet die Gesellschaft, wie bereits erwähnt, bei Frauen keine regelmäßige oder rasche Beförderung. Diese Last wird nicht leichter, wenn sie aufsteigen, manchmal sogar noch schwerer. Aus diesem Grunde bietet die Autoritätsstruktur keinerlei Motivation, in der Hierarchie vorankommen zu wollen."

Parkinson führt uns einen anderen Weg, wenn er das Peter-Prinzip schon einfach deshalb schlicht ablehnt, weil seiner Meinung nach die meisten Manager nicht einmal die Chance bekommen, ihre Ebene der Inkompetenz zu erreichen. Aber gerade Sekretärinnen haben der Führungskraft auf ihrem Wege zum Erfolg helfen können. *Coleman Hogon* von der McCord Corporation drückte das einmal so aus:

„Das Beste, was mir jemals passieren konnte, war folgendes: Ich hatte eine Sekretärin, die für einen Vorstandsvorsitzenden arbeiten wollte. Nur war ich nicht Vorstandsvorsitzender. So fing sie also an, mir dabei zu helfen, es zu werden. Sie hatte einen ungeheuren Einfluß auf meine Leistungsfähigkeit, und, ja – ich habe es geschafft."

29.2 Wie führe ich meinen Chef?

Fragen Sie einen Manager, was er denn so tut, so wird er Ihnen ohne zu zögern in Anlehnung an *Henry Fayol* und *Peter Drucker* antworten, er

plane,
organisiere,
koordiniere,
motiviere,
kontrolliere

und versuche alles in allem dafür zu sorgen, daß die Dinge durch andere erledigt werden.

Die „anderen", das sind Sie in Ihrer Rolle als Mitarbeiter dieses vielbeschäftigten Managers. Die „anderen", das sind Ihre Mitarbeiter in ihrem Arbeitsverhältnis zu Ihnen. Wir wollen diese Folge deshalb einmal von den oben genannten Management-Verallgemeinerungen, Abstraktionen und Leerbegriffen trennen und uns den Problemen des Management aus der Mitarbeitersicht widmen.

Welche Chefs kennen Sie?

Selbstverständlich haben Sie den geradezu idealen Vorgesetzten. Aber es gibt dem Vernehmen nach auch andere, so wie sie z. B. von *Nathaniel Stewart* in einem bei der Amacom New York (1974) veröffentlichten Studie „Helfen Sie Ihrem Boss und helfen Sie sich selbst" festgehalten wurden: der *Bulldozer,* der *Pate,* der *große Unentbehrliche,* der *Manipulator,* der *Bluffer,* der *Einzelgänger,* der *Nichtstuer,* der *Alarmknopf* und der *POPO-Boss* („passed over, put on shelf, übergangen und ad acta gelegt). Greifen wir wahllos zwei Kategorien heraus:

a) Der Chef, der ständig Alarm gibt

Kennzeichen: hastige Handlungen, zu schnelle Beurteilungen, konstante Krisenstimmung und frenetische Telefoniererei. *Stewart:* „Er ist ständig damit beschäftigt, Brände zu löschen und macht gegenüber seinen Mitarbeitern einen heldenhaften Eindruck."

b) Der Chef auf dem Abstellgleis

Kennzeichen: gilt bei seinen Vorgesetzten und Mitarbeitern als Versager, bleibt aber im Unternehmen aus erfindlichen oder unerfindlichen Gründen, hat angeblich die Verantwortung einer Führungskraft und dämmert der wahrscheinlich vorzeitigen Pension entgegen.

Hieraus erwächst für Sie der Versuch einer Problemlösung unter einer Fragestellung, die schon bei *W. I. Lenin* und *Donald Duck*[44] Eingang in die Weltliteratur fand:

Was tun?
zu a)

1. Verbessern Sie die eigene Leistung, tragen Sie narrensichere Beurteilungen vor.
2. Keine Emotionen aufkommen lassen. Verteidigen Sie sich nicht, sondern tragen Sie immer wieder Ihre Argumente sachlich vor.
3. Entlasten Sie Ihren Chef soweit wie möglich durch eigene Kompetenzausweitung. Aber vermeiden Sie leichtfertige Versprechungen über zu setzende Termine.
4. Versuchen Sie, selbst nichts zu vergessen, um unnötige Alarmsituationen zu vermeiden. Verstärken Sie die Selbstkontrolle.
5. Versuchen Sie, Ihren Chef zum Zuhören zu bringen, wann immer Sie ihn sehen.

44 Lustige Taschenbücher, „Donald Duck auf großer Fahrt", S. 61 oben, Stuttgart 1972.

zu b)
1. Schreiben Sie selbst ihn nicht ab und versuchen Sie, ihm ein neues, besseres Image durch eigene Arbeit zu verschaffen.
2. Bauen Sie vorsichtig sein eigenes Selbstvertrauen wieder auf, indem Sie ihn und andere auf Verbesserungen aufmerksam machen.
3. Bringen Sie ihn wieder dazu, Ziele im Rahmen seines Aufgabenbereiches zu setzen, die auf der Wellenlänge des Top-Managements liegen.
4. Helfen Sie ihm, seine Arbeit besser und realistischer zu bewerten.
5. Halten Sie ihn von Detail-Lieblingsthemen fern und versuchen Sie, ihn wieder entscheidungsfreudiger bei wirklichen Problemen zu machen.
6. Verstreuen Sie keine Mitleidsäußerungen, sondern teilen Sie den anderen mit, daß Ihr Chef auf dem Wege zu seinem Comeback (und damit auch zu Ihrem) ist.

Woran erkennen sie ein Fehlverhalten von Vorgesetzten?

Philip Marvin, ein Berater von General Foods, hat 1971 einen Katalog von Indikatoren über Fehlverhalten von Vorgesetzen zusammengestellt:

1. Er redet mehr über die Taten der Vergangenheit (wie der Ochse von der Operation) als über Planungen für die Zukunft.
2. Er verliert das Interesse an wesentlichen Daten, Zahlen und Fakten.
3. Er hält sich für unersetzbar.
4. Er kämpft aus Positionsgründen um mehr Büroraum und Mitarbeiter.
5. Er spricht nur noch herablassend mit Partnern und Mitarbeitern.
6. Er steht neuen Ideen aus Prinzip ablehnend gegenüber.
7. Er macht selbst keine konstruktiven Vorschläge mehr.
8. Er geht nur noch ungerne Risiken ein.
9. Seine Entscheidungen richten sich nicht mehr nach Zielen, sondern nur noch nach kurzfristigen Zweckdienlichkeiten.

In seiner direkten Kommunikation mit Ihnen drücken sich diese Symptome nach *Stewart* wie folgt aus:

1. Er hat eine emotionale Sperre und findet keine Worte mehr.
2. Er weicht dauernd auf andere, unwichtige Gesprächsthemen aus.
3. Er schiebt die „Schuld" bei Mißerfolgen ständig auf Sie.
4. Er schlägt zurück, gibt ärgerliche Antworten.
5. Er wirkt emotional verklemmt, resignierend.

6. Er wird zweideutig in seinen Äußerungen, fühlt sich hin- und hergerissen in dem Wunsch, zurückzuschlagen und dem Wunsch, Konflikte zu vermeiden.
7. Er verschafft sich in nervösem, unechtem Lachen ein Ventil für seine Gefühle. Er spricht Sie nicht mehr direkt an.

Schließen wir diesen Negativkatalog mit einer Anweisung dafür, wann Sie das Handtuch werfen sollten:

1. Wenn er gute Beziehungen hat und aufgrund seiner Beziehungen (Seilschaft oder familiär) vom Top-Management gedeckt wird.
2. Wenn er zum Fettpolster einer Organisation gehört, die so gute Gewinne erzielt, daß sie zuviel damit zu tun hat, um eine Neuorganisation durchzuführen.
3. Wenn er seine Starrheit oder seine blinden Flecken nicht überwinden kann, selbst wenn er es versucht hat.

In derart schweren Zeiten werden Sie sich aber den Schritt zur Trennung stark überlegen und eher versuchen, mit der Bombe oder dem Rohrkrepierer zu leben und mit der Verwirklichung Ihrer höchsten Stufe auf dem Weg zur Selbstverwirklichung im Rahmen der *Maslow*schen Bedürfnispyramide zu warten. Aber Sie haben ja auch nicht einen solchen Chef und werden sich jetzt bemühen, Organisations- und Kommunikationsverbesserungen vorzunehmen.

Beginnen Sie mit einer Analyse Ihres Bereiches „Chef und Mitarbeiter". Nach *Dale D. McConkey*[45] sind als Symptome schlechter Organisation anzusehen:

1. Die Häufigkeit von Anordnungen im Detail, ohne länger Urteil, Initiative und Entscheidungsfindung der Mitarbeiter zu berücksichtigen.
2. Zuviel Überwachung und Kontrolle.
3. Zuwenig Überwachung und Kontrolle.
4. Zu starke Kritik an Mitarbeitern.
5. Zuviel Unternehmensphilosophie und „politische" Richtlinien engen den Spielraum des Mitarbeiters ein und machen ihn zu einem Verwalter.
6. Mangel an Zielsetzungen rufen zuviel Rückfragen hervor.
7. Verschleppung von Entscheidungen.
8. Zu stark zentralisierter Führungsbereich.
9. Kein Budget, keine Kompetenz zum Geldausgeben.

---

45 No-Nonsens Delegation, Amacom 1974.

Sie werden es in Ihrem Arbeitsbereich auch bei „gesunden" Verhältnissen dauernd mit zwei Richtungstypen von Vorgesetzten zu tun haben:

dem „Kontrolleur" und
dem „Motivator".

Dem „Kontrolleur" unterlaufen dabei oft die folgenden Fehler:

1. Er achtet mehr auf die Stundenzahl der Mitarbeiter als auf das, was sie wirklich tun.
2. Er zeigt die ständige Sorge, daß etwas schiefgehen könnte.
3. Er führt deshalb ständig neue Formen der Detailkontrolle durch.
4. Er ist der „Planerfüller" vom Dienst, fühlt sich als AVO, als für die „Affen verantwortlicher Offizier", ohne flexibel zu sein.

Der „Motivator" dagegen

1. schaut auf die Leistung des Mitarbeiters und nicht auf die Stunden.
2. betrachtet die Kontrolle als sekundär und übt sie nur als notwendige Minimalkontrolle aus.
3. gibt seinen Mitarbeitern Gelegenheit zur Erreichung eines maximalen Leistungsstandes.
4. betont die Entwicklung, das Training seiner Mitarbeiter mehr als die Kontrolle.

Alec Mackenzies Hinweise zum negativen Verhalten von Chefs gegenüber Mitarbeitern sollten ebenfalls nicht übersehen werden, die eine wirkungsvolle Zusammenarbeit im Rahmen der Zeiteinteilung betreffen. Sie können jederzeit versuchen, Ihre eigene Zeitanalyse mit der Ihres Chefs zu vergleichen und Reibungsflächen durch Synchronisation zu beseitigen.

30. Eine nicht ganz ernstgemeinte Checkliste für mißerfolgshungrige Chefs und Mitarbeiter[46] (hier: Sekretariat)

1. Geben Sie Ihrer Mitarbeiterin eine Arbeitsplatzbeschreibung, in der die folgenden Tätigkeiten zentral verankert sind:
   - Kaffee kochen, servieren, spülen
   - Blumen gießen, schneiden, besorgen
   - Privatkorrespondenz und Buchhaltung des Chefs erledigen
   - Privatbesorgungen für jeden Anlaß
2. Halten Sie Termine nie ein.
3. Diktieren Sie ohne organisierte Vorbereitung.
4. Führen Sie nur durch telepathische Gedankenübertragung, Blickkontakt und/oder Zuruf. Exaktheit der Anweisung ist überflüssig.
5. Alle Entscheidungen über Ihren Schreibtisch (oder Ihre Leiche)!
6. Sprechen Sie nie mit ihr über die Unternehmensziele oder die Ziele Ihrer Abteilung.
7. Unterbrechen Sie sie möglichst oft und testen Sie damit zusätzlich ihre Belastungsfähigkeit.
8. Ihr Schreibtisch geht Ihre Sekretärin nichts an.
9. Sagen Sie ihr oft und deutlich: Sekretärinnen gehören nicht zum Führungsteam.
10. Spielen Sie den geheimnisvollen Unbekannten.
11. Schimpfen Sie immer mit ihr oder vor ihr über andere Manager.
12. Erzählen Sie mindestens einmal am Tag in ihrer Gegenwart einen schmutzigen Witz.
13. Reden Sie Ihre Sekretärin nie mit Namen an.
14. Verleihen Sie ihr einen burschikosen Spitznamen.
15. Praktizieren Sie wechselnde Stimmungsausbrüche.
16. Benutzen Sie Ihre Sekretärin als Schuttabladeplatz für alle Ihre Arbeit. Sie könnte sonst überflüssig werden.
17. Lassen Sie sie Ihre Fehler ausbügeln oder dafür den Kopf hinhalten. Seien Sie feige.
18. Treten Sie nach unten und buckeln Sie nach oben.
19. Spielen Sie den Riesen vor den Kollegen und ihr und den Zwerg vor Ihrem Chef.
20. Lassen Sie Ihre Sekretärin den ganzen Privatkram mit erledigen.
21. Stellen Sie nie einen Wochenplan auf.

---

46 Nach *E. J. Finn, A. Mackenzie, W. Reineke.*

22. Zwingen Sie Ihre Sekretärin zur Hinterlassung ihrer Urlaubsadresse.
23. Rufen Sie oft aus Ihrem Urlaub im Betrieb an.
24. Seien Sie vage in Ihren Anweisungen. Mangelnde Kommunikation erzeugt 80 % aller Probleme im Betrieb.
25. Lassen Sie Ihre Sekretärin öfter unnötige Arbeiten erledigen.
26. Machen Sie nie ein Kompliment. Geben Sie ihr nie eine Wort-„Rose".
27. Arbeiten Sie nie mit offener Kommunikation.
28. Versuchen Sie, wenn Sie sich Ihre Sekretärin mit mehreren Kollegen teilen müssen, immer den größeren Arbeitszeitblock für Ihre Sache zu ergattern. Schließen Sie keine Kompromisse.
29. Nehmen Sie keine Verbesserungsvorschläge von ihr an.
30. Teilen Sie nie Erfolge mit ihr.
    Bei Pleiten: „Sie haben sich ganz schön blamiert!"
    Bei Erfolg: „Na, wie habe ich das wieder gemacht?"
31. Ändern Sie möglichst oft Ihre Reisepläne.
32. Lassen Sie sich nur durch Ihre Sekretärin telefonisch verbinden.
33. Schreiben Sie nie eine informelle Gedächtnisstütze.
34. Wenn schon schriftlich, dann aber eine mehrseitige, korrekt geschriebene Aktennotiz.
35. Setzen Sie sie unter ständigen Zeitdruck.
36. Fordern Sie Vorschläge, die mit Ihrem Denken übereinstimmen.
37. Produzieren Sie Happenings. Führen Sie nach Management by Panik oder Management by Crisis (z. B. „Ja, wo isses denn?")
38. Spielen Sie Ludwig XIV. oder Hermann Göring.
39. Werden Sie nie ein POPO-Boss (**P**romising **o**nce, **p**ut **o**n shelf now./ War mal vielversprechend, jetzt auf dem Abstellgleis.)
40. Sprechen Sie mit ihr über Eheprobleme.

31. Führung durch Controlling – Ergebnisorientiertes Messen

Der Begriff und der Prozeß des Wandels werden heute in der Führung begleitet vom Controller. Von dessen ursprünglicher Funktion als Zahlenbearbeiter, der sich mit den Kennziffern und Meßgrößen des Unternehmens beschäftigt, ist der Controller heute zum Steuermann, zum Coach (und natürlich nach wie vor zum „Bildschirm", zum Monitor, zum Zahlengeber) geworden. Ursprünglich einmal Stab, ist er heute nicht mehr wiederzuerkennen, er ist direkter Berater mit Zugriffsmöglichkeiten innerhalb der Linien und Teamorganisationen. Natürlich bleibt das Back counting controlling als Informationsstelle durch Interpretation der Zahlen des Finanz- und Rechnungswesens wichtig. Die wahren Aufgaben des Controllers vollziehen sich jedoch heutzutage nach *Kurt Bruch* u. a. unter sechs organisatorischen Voraussetzungen für das Controlling:

1. Dezentralisation
2. Funktionale Organisation
3. Ressortfreiheit
4. Quasi-Teamprinzip (Treiber-Bremser)
5. Ergebnisverantwortung (zahlenmäßig!) und
6. Freigabeprinzip (als wichtiges Abgrenzungskriterium zum Back counting Controller).

Nach *Kurt Bruch* hat der Controller heute folgende Hauptaufgaben:

- Beratung bei der Planung und Zielsetzung
- Überwachung der Detailpläne und der Detailzielerreichung
- Koordinierung der Teilpläne
- Erkennen von Abweichungen, Analysen und Vorschlägen zu Korrekturmaßnahmen
- Begründung von Korrekturmaßnahmen
- Freigabe von Plänen und Finanzentscheidungen
- Überprüfung der Entscheidungsverfahren und Vorschlagsrecht zur Verbesserung

Als Grundlagen für die Produktivität des Führungsverhaltens sind von *George S. Odiorne* und *Jack Bologna*[47] u. a. folgende Punkte genannt worden:

1. Jedes Wissen ist meßbar.

47 Administration Management, May 1980 S. 47.

2. Jeder Fortschritt im Wissen ist ein Ergebnis von Maßstäben und Meilensteinen, die durch Messen mit einer größeren Präzision entstanden.
3. Die Führungswissenschaft besteht darin, menschliche Leistung am Arbeitsplatz zu messen.
4. Dieses Messen kann nicht exakt, d. h. nicht in Form absoluter Beurteilung erfolgen, wohl aber mit mehr Präzision, d. h. abgegrenzter und genauer.
5. Es gibt zwingende Argumente für intuitives, subjektives und objektives Bemessen von Führungsleistung.
6. Das Messen der Führungsleistung wird immer ein gewisses Ausmaß von Subjektivität behalten. Sinn und Zweck der wissenschaftlichen Unternehmensführung ist es, so viel von dieser Subjektivität abzubauen, wie es menschlich möglich ist.
7. Es gibt nur einen objektiven Weg, die Produktivität in der Führung zu messen: objektive Kriterien.
8. Was sind objektive Kriterien? Sie schließen Maßstäbe für quantitative, qualitative Mittel, Kosten und den Zeitraum für die Verwirklichung ein, die auf Ziele und Endprodukte bezogen sind.
9. Quantität, Kosten und Zeit sind Maßstäbe für Führungseffizienz, während Führungseffektivität durch quantitative Kriterien gemessen wird.
10. Maßstäbe im Führungsbereich sollten auf die Resultate von Aktivitäten angewandt werden (Ergebnisse, Auswirkung und Nutzen) und nicht auf die Aktivitäten selbst.
11. Ein universeller Maßstab für Managerproduktivität ist die Frage: „Was und wie gut haben Sie es mit Mitteln (Menschen, Maschinen, Materialien, Geld), die wir Ihnen zur Verfügung gestellt haben, im letzten Jahr erreicht?“
12. Eine weitere kritische Frage zur Messung von Produktivität in der Unternehmensführung ist: Welche Hauptprobleme haben Sie gelöst und welche Widerstände haben Sie überwunden?
13. Die *wichtigste* Frage: a) Welche Innovationen haben Sie bei unseren Produkten, Dienstleistungen, Prozessen, politischen Richtlinien und Verfahrensweisen eingeführt? b) Was können wir nun besser, schneller oder billiger und mit weniger Druck auf unsere Mitarbeiter als das Ergebnis Ihrer Bemühungen im letzten Jahr tun?

Während sich der Planungsprozeß auf zwei Schwerpunkte erstreckt, a) die Fakten zu evaluieren, b) Maßnahmepläne zu entwickeln, konzentriert sich das Controlling auf a) den Meßprozeß, b) die Aufbereitung von Feedback. Beide Bereiche überlappen sich in der Praxis.

Ein typischer messender Kontrollvorgang könnte nach *Venuto* mit 9 Schwerpunkten erfolgen:

Der Kontrollvorgang ist

- ein periodisch erfolgender Prozeß
- beruht auf zweckbezogenen Normen oder Zielen
- erfolgt in der Form eines Tests, einer Prüfung, Verifizierung oder Überwachung
- konzentriert sich auf die Leistung aus der Vergangenheit
- bietet meßbare Anhaltspunkte für Abweichung
- erbringt Feedback zur Planerfüllung oder Planabweichung
- ist flexibel genug, um notwendige Abweichungen zu gestatten
- gestattet Planung des Mitarbeiters im Rahmen seines Verantwortungsbereiches
- wird zur Formalisierung schriftlich festgelegt.

H. Schwarze: „Der Controller wacht darüber, daß bei einem noch so dynamischen Unternehmen Richtung und Tempo nicht außer Kontrolle geraten . . . Der Controller ist das wirtschaftliche Gewissen des Linienmanagers. Wagnis und Phantasie sind unternehmerische Eigenschaften, die für ein dynamisches Unternehmen unerläßlich sind. Ebenso aber ist die vorsichtige und nüchterne Bewertung dieser Aktivitäten unerläßliche Voraussetzung für wirtschaftliche Existenz; d. h. je dynamischer die Unternehmensführung, desto wichtiger die Controllerfunktion."

Bruch weist darauf hin, daß die wichtigste Aufgabe des Controllers vor der Entscheidung liege, d. h. er soll die Unternehmensführung vor Entscheidungsfehlern schützen, ihre Entscheidung durch Information, Analysen und Beratungen verbessern helfen. Er darf sich bei Freigabeentscheidungen nicht allein auf die Finanzzahlen stützen, sondern er muß vielmehr die zugrundeliegenden Sachzusammenhänge beurteilen und aus seiner Sicht darstellen. Die Unternehmensleitung selbst kann sich nicht von ihren eigenen Kontrollpflichten befreien, indem sie einen Controller einsetzt. *Bruch* weist ebenfalls darauf hin, daß es beim internen Controlling nicht nur um die Verbesserung verfahrenstechnischer Entscheidungen geht, wie sie im Finanz- und Rechnungswesen Anwendung finden, sondern vor allem um die in der eigentlichen unternehmerischen Leitung angewandten Verfahren der Unternehmensplanung, Unternehmensorganisation, Unternehmenskontrolle, Unternehmensinformation und Leistungsmotivation der Unternehmenspolitik. *Bruch* sieht aber auch organisationspsychologische Probleme: Das Controlling darf nicht zum Spionagesystem werden, sondern muß nach dem Optimismus-Vorsichtsprinzip (Treiber-Bremser) arbeiten. Dabei sind Assistentenstäbe zu vermeiden, Spezialistenstäbe und Teams zur Entlastung wichtiger Linienstellen verstärkt einzusetzen.

Modernes operatives Controlling ist bei einer ressortgebundenen Führung nicht möglich. In einem modernen Controlling orientieren sich die Controlleraufgaben an den Entscheidungsprozessen im Unternehmen. Als spezielle Controllerarten wirken die Projektcontroller und Schwerpunktcontroller.

Der klassische Kontrollbegriff ist tot. Ich erzähle gerne die Elefantenfabel *I. Quigleys*[48] dazu:

„. . . sechs Blinde begegneten einem seltsamen Tier, das ein Elefant war. Alle hatten schon von Elefanten gehört, niemand unter ihnen hatte aber je einen gesehen. Um dieses große Tier in seinem ganzen Wesen zu begreifen, gingen die Männer auf den Elefanten zu, und jeder ergriff (begriff) einen Teil.

Der erste Blinde streckte seine Hand aus und berührte die Seite des Elefanten.

„Wie glatt! Ein Elefant ist wie eine Wand."

Der zweite Blinde streckte seine Hand aus und berührte den Rüssel des Elefanten.

„Wie rund! Ein Elefant ist wie eine Schlange."

Der dritte streckte seine Hand aus und berührte den Stoßzahn des Elefanten.

„Wie scharf! Ein Elefant ist wie ein Speer."

Der vierte Blinde streckte seine Hand aus und berührte das Bein des Elefanten.

"Wie hoch! Der Elefant ist wie ein Baum."

Der fünfte Blinde streckte seine Hand aus und berührte das Ohr des Elefanten.

„Wie breit! Ein Elefant ist wie ein Fächer."

Der sechste Blinde streckte seine Hand aus und berührte den Schwanz des Elefanten.

„Wie dünn! Ein Elefant ist wie ein Seil."

Es dauerte nicht lange bis die Männer sich über das Erscheinungsbild eines Elefanten stritten und damit die Aufmerksamkeit eines weisen Radscha auf sich zogen, der daraufhin zu ihnen sprach:

48 The Blind Men and the Elephant, New York 1959.

„Der Elefant ist ein großes Tier. Jeder hat nur einen Teil berührt. Ihr müßt alle Teile zusammensetzen, um festzustellen, wie und was ein Elefant ist."

Nach der Auswahl eines Bündels von Kontrollmaßnahmen sollte eine Führungskraft die Maßnahmen sorgfältig überprüfen, um sicherzustellen, daß sie alle kritischen Bereiche abdecken und kosteneffektiv sind. Man sollte sich der Hilfe von Vorgesetzen, Kollegen und Mitarbeitern versichern, um zu garantieren, daß keine kritischen Faktoren ausgelassen werden und daß keine potentiell destruktiven Kontrollmaßnahmen eingeführt worden sind.

Durch die immer schneller fortschreitende Entwicklung in der Computertechnologie werden Computergraphiken eine immer wichtigere Rolle bei Leistungsberichten spielen. Der Terminus „Bericht" beinhaltet häufig einen Computerausdruck. Benutzerorientierte Computerexperten können die entsprechende Software für Tabellen, Zeichnungen und Graphiken schaffen und damit praktisch jedem Berichtsbedürfnis gerecht werden und gleichzeitig signifikante Abweichungen von Sollresultaten anzeigen. Es ist jedoch auch gefährlich, wenn man sich zu sehr auf Computer verläßt. Wer mit computererzeugten Berichten arbeitet, akzeptiert unter Umständen ohne Frage alles, was überhaupt aus dem Drucker kommt.

Reiner M. Michel[49]:
„Moderne EDV-Informationstechnik erfordert Umdenken. Es geht nicht darum, die alten Listen auf den Bildschirm zu bringen, sondern sich der Chancen des Mediums Datenverarbeitung konsequent zu bedienen."

Die nachstehende Sammlung *Michels* zeigt eine Reihe intelligent formulierter „Befehle" für spezielle Managementauswertungen betreffend Projektcontrolling.

Checkliste: Spezielle EDV-Management-Auswertungen für Projektcontrolling

Zeige mir alle Projekte . . .!

- des Mitarbeiters NN (personenbezogen!)
- oberhalb einer bestimmten Wertgrenze (MbE)
- der Sparte A
- geordnet nach ihrer Rentabilität
- geordnet nach dem Kriterium der kürzesten Amortisationsdauer

49 *Reiner M. Michel,* Projektcontrolling und Reporting, Heidelberg 1989.

- geordnet nach der betrieblich definierten Priorität (Zerobase Budgeting)
- geordnet nach der höchsten Überschreitung (MbE)
- geordnet nach dem längsten Terminverzug
- die bereits die 85 %-Grenze überschritten haben (Vorwarnung)

Alle diese Auswerungen können natürlich ein- und mehrfach kombiniert abgerufen werden

- mit einem Ausschöpfungsgrad größer 50 %
- bei denen die „projektbezogene Investitionskostenprognose" eine Überschreitung größer als 10 % signalisiert
- bei denen Terminmeilensteine im Ist gegenüber ursprünglichem Plan um mehr als 3 Monate überschritten wurden
- mit einem geplanten Inbetriebnahmetermin im kommenden Geschäftsjahr (Bilanzpolitik)
- mit einem Projektbeginn älter als 1985 („Leichenschau")
- mit freien Limits (kann aber auch der Projektleiter gegen Controlling einsetzen!)
- die in der fortgeschriebenen Mehrjahresplanung enthalten waren
- die mit 3. Priorität eingestuft sind (Aspekt: Einsparungen gemäß Zerobase Budgeting)
- die in der Genehmigungsstufe sind
- für die Alternativen formuliert wurden
- die sich gegenüber der Präsentation am 1. Oktober geändert haben
- für die Behördenauflagen vorliegen
- die personalkostenintensiv sind
- die bezüglich des Timings zurückgestellt werden können (heute oder später)
- für die Sensibilitätsanalysen erstellt wurden
- für die kritische Werte errechnet wurden
- für die Optimismus-, Realismus- und Pessimismuswerte ermittelt wurden
- die mit Wahrscheinlichkeitsfaktoren bewertet wurden
- mit Überhängen aus dem Vorjahr
- bei denen sich eine Änderung gegenüber Vormonat ergeben hat
- mit Genehmigung unter Auflagen (nachhalten!)
- bei denen der aktuelle zu erwartende Inbetriebsnahmetermin vom zuletzt genannten abweicht.

Michel weist darauf hin, daß diese Techniken auch zu nutzen sind, um eine *personenbezogene Leistungsanalyse* zu machen.

– „Warum hat der Projektleiter 1 im Durchschnitt regelmäßig 10 % höhere *Kostenüberschreitung* als Projektleiter 2?

- Warum ist die durchschnittliche *Terminüberschreitung* bei Projektleiter 1 drei Monate höher als bei Projektleiter 2?
- Wenn Projekte als Profitcenters gefahren werden: Warum ist bei Projektleiter 1 der *Gewinn kleiner* als bei Projektleiter 2 im gleichen Marktsegment?
- Warum ist bei Projektleiter 1 die *Finanzierung* des Projektes durch den Kunden schlechter als bei Projektleiter 2?

Personifizierte Verantwortung muß natürlich nachgehalten werden: in personenbezogenen Analysen . . .

Ein professioneller Manager bemerkte einmal: ‚Zu jedem Budgetteil gehört ein Name.'"

Eine auf einer Seite zusammengefaßte Beschreibung von typischen Ergebnisbereichen des Mitarbeiters (oder Vorgesetzten) erleichtert den Controlling-Prozeß:

Ergebnisorientierte Tätigkeiten Typische Ergebnisbereiche	= Maßstäbe / Meßgrößen	Aktuelle Meßgrößen	
		Soll	Ist

Eine Verfeinerung auf MbO-zielorientierte Zeitrahmen und Methoden auf einer zweiten Seite könnte so aussehen:

Stelle: ______________________________

Ziele	Meßgrößen			Zeitrahmen	Methoden
	Meßgröße (Quantität, Qualität, Kosten)	Ist	Soll		

Für den gesamten Führungsbereich des Vorgesetzten eignet sich diese Aufteilung:

Kontrollübersicht für Manager (Mitarbeitersteuerung)

Ziel	Entscheidung (Auftrag)	Verantwortlich (Durchführend)	Termin		Festgestellte Abweichungen Verhalten
			Soll	Ist	

Schließlich können Sie den folgenden Rahmen in einem Kontrollgespräch, gekoppelt mit der Meßgrößen-Ergebnisanalyse, als Führungsgespräch benutzen.

A. Sie haben mir mit folgenden Verhaltensweisen geholfen, meine Ziele zu erreichen. Bitte behalten Sie dieses Verhalten auch in Zukunft bei.

1. ______________________________
2. ______________________________
3. ______________________________
4. ______________________________
5. ______________________________

B. Ich kann mir vorstellen, daß ich meine Ziele noch besser erreichen kann, wenn Sie in Zukunft folgende Verhaltens- und Handlungsweisen verstärken könnten:

1. ______________________________
2. ______________________________
3. ______________________________
4. ______________________________
5. ______________________________

C. Ich kann mir vorstellen, daß ich meine Ziele noch besser erreichen kann, wenn Sie in Zukunft folgende Verhaltens- und Handlungsweisen abbauen bzw. unterlassen könnten:

1. ______________________________
2. ______________________________
3. ______________________________
4. ______________________________
5. ______________________________

D. Wir könnten unsere gemeinsamen Ziele noch besser erreichen, wenn wir folgende Punkte gemeinsam betreiben:

1. ______________________________

2. ______________________________

3. ______________________________

4. ______________________________

5. ______________________________

32. Führungsprozeß und Leistung der Zukunft – Ohne Charisma und Highspeed?

Die Manager in Wirtschaft und Politik sollten sich trotz aller Hinwendung zum pragmatischen Planungsansatz an die Kraft der Ideale erinnern und davon ausgehen, daß die Ziele, die wir erreichen wollen, nicht von den Mitteln, die wir dazu brauchen, getrennt werden können *(Rostow)*. Ein humanitäres Ethos läßt sich nicht durch eine absolute Technokratie, durch die Herrschaft des sozialtechnischen Instrumentariums bewahren. Das Ende wäre eine totale Spezialistenbürokratie, die sich in nichts von einer kommunistischen Theorie des endlich glücklichen Menschen, des Idioten oder Roboters unterscheiden würde. Wir würden in der „totalen Außenlenkung des Menschen" *(Riesman)* landen und dort statisch verharren.

Heute sind die Institutionen des staatlichen, wirtschaftlichen und gesellschaftlichen Management-Organismus komplizierter und unüberschaubarer als je zuvor geworden. Es kommt darauf an, diese Strukturen in einer langfristigen Konzeption zu verbessern, sie den Erfordernissen der Zukunft anzupassen und sie im Bewußtsein der Bevölkerung so zu verankern, daß sie nicht das Zerrbild formal erstarrter und leblos gewordener Fossilien bieten. Dazu trägt eine wirtschafts- und bildungspolitische Konzeption von der Verankerung einer Sozialtechnik und ihrer dauernden Überprüfung bei.

Die Gesellschaft verlangt mehr und mehr von den Unternehmen Verbraucherschutz, Umweltschutz, Städtesanierung, größere Anforderungen an die Verkehrssysteme, Rentensicherung, alles in allem mehr Lebensqualität für die Gesellschaft. Die soziale Verantwortung des Unternehmens oder der Organisation liegt darin, mit den Mitarbeitern, der Nachbarschaft und den Menschen der weiteren Umwelt, der Staaten und Gesellschaften in Übereinstimmung zu leben, konstruktive soziale Initiativen zu ergreifen und ständigen kommunikativen Kontakt zu halten. Nur ein gesellschaftsbezogenes gemeinsames Verständnis der Unternehmensleitung und ihres gesamten Mitarbeiterteams wird die Leistungsfähigkeit des Unternehmens für den sozialen Bereich im weitesten Sinne sichern.

In einer Studie über „Die Führungskraft von morgen" hat *Harlan Cleveland* die nötige Gesamtschau folgendermaßen geschildert: „Eine Organisation besteht also aus den Beziehungen zwischen ihren Elementen. Diese Beziehungen funktionieren, wie die Muskeln des Menschen, am besten unter Spannung. Wenn man eine spannungslose Organisation sieht, dann ist es, als ob man einen Betrunkenen vor sich hat – die Muskeln sind schlaff, die Koordination ist schlecht, das Verhalten ziellos, und das ‚Bündel von Beziehungen' ist in Gefahr, auf die Nase zu fallen . . . Wer als Führungskraft seine Arbeitstechniken beherrscht, wird um so leichter eine Organisations-Gesamtkonzeption im Zusammenspiel aller Kräfte verstehen, trainieren und eines Tages perfekt auszuführen vermögen. Dieses Gesamtkonzept heißt heute und morgen Organisationsentwicklung (OD = Organization Development)."

Organization Development ist ein Verfahren, das die Menschen in einer Organisation dazu bringt, sich offener und von ihren Stärken her für sich selbst und die Organisation zu bewegen, effektivere Beziehungen untereinander aufzubauen und leistungsfähiger und zielorientierter zu arbeiten. OD ist deshalb nicht auf das einzelne Mitglied einer Organisation im Sinne der Vermittlung und Anwendung klassischer und neuer Managementtechniken ausgerichtet, sondern hat die Gruppe bzw. das Team einer Organisation oder einzelner Einheiten zum Mittelpunkt. *French* und *Bell* definieren OD als „eine langfristige Bemühung zur Verbesserung des Problemlösungs- und Erneuerungsprozesses einer Organisation, insbesondere durch ein effektiveres und kooperativeres Management der Organisationskultur – mit besonderer Betonung der Kultur formaler Arbeitsgruppen – mit Hilfe eines OD-Beauftragten oder Katalysators unter Zuhilfenahme der Theorie und der Techniken der angewandten Verhaltenswissenschaften einschließlich der Aktionsforschung"[50].

Das gruppen- bzw. teamorientierte Konzept von OD ist mehr als eine einfache Zusammenesetzung von Managementtechniken und theoretischen Überlegungen, es ist ein jeweils situationsangepaßtes Konzept, das aus zahlreichen Erkenntnissen von Wissenschaftlern langsam genährt wurde und bis zum heutigen Stand wuchs.

Trotz seiner eigenen großartigen Beiträge hat *Peter Drucker* das Managementwissen von heute als eine Enttäuschung bezeichnet. Es leidet nach wie vor unter einem Mangel an geordneter Kreativität. *Warren Bennis* nannte die bisherige Organisationstheorie sogar „majestätisch nutzlos". Noch immer gibt es eine große Unvereinbarkeit oder Unverträglichkeit zwischen der klassischen Organisation und der OD-geleiteten Organisation, in deren Mittelpunkt nicht nur der Mensch mit

50 *Wendell French* und *Gerald Bell* in Organization Development, Prentice Hall 1973, S. 15.

Lippenbekenntnis, sondern als zentraler Träger steht. Das hängt natürlich u. a. damit zusammen, daß die Techniken modernen Managements auf der Basis verhaltswissenschaftlicher Erkenntnisse noch relativ neu und zum Teil nicht in erfolgreichen Großversuchen erprobt sind, wogegen die traditionelle Organisation immerhin mit traditionellen Administrations- und Bürokratiebegriffen, bisher zumindest, überleben konnte.

Wenn das OD gelingt, dann kann die Führungskraft in der Organisation zum sozialen Staatsmann von morgen werden, der als Teammitglied und Situationsmanager mit seinen Mitarbeitern Initiator und Träger des wirtschaftlichen Fortschritts über die nationalen Grenzen hinweg sein wird. Dann sind das unternehmerische Prinzip und die in der Sozialtechnologie des OD zusammengefaßten Leitlinien und Techniken der Führung mit auf dem Wege, die Gesellschaft von innen in allen Bereichen und Gruppen zu wandeln. Die Führungskräfte werden damit, wie es *Karl Steinbuch* in seiner „Kurskorrektur“ bemerkte, zu Konstanten im Wechsel der politischen Veränderungen, zu Konstanten, die die nötige Flexibilität für wichtige Entscheidungen und Prozesse in ständigem Austausch wichtiger Informationen und ihrer gemeinsamen Vorarbeit bewahren.

William J. Reddin hat in seiner Studie über einen situationsgerechten Führungsstil (Managerial Effectiveness) darauf hingewiesen, daß eine abgestimmte Ausdrucksweise, eine möglichst klare Begriffsklärung in den Führungssituationen, von entscheidender Bedeutung für das Funktionieren des OD-Konzeptes sind.

Reddin: „Manager, die miteinander reden oder arbeiten, brauchen eine Reihe von Konzepten, die sie teilen und über die sie sich einig sind. Ohne solche Konzeptionen wird ein kluges Gespräch nur verhindert.“ *Disraeli* sprach mit seinem Wort die Gedanken vieler aus: „Wenn Sie mit mir sprechen wollen, müssen Sie Ihre Begriffe definieren.“

Effektive Organisationen untersuchen ständig den Fluß der Entwicklung im Prozeß der teamorientierten Menschenführung. Sie können sich nicht allein verlassen auf die Techniken des Operational Auditing, auf programmierte Entscheidungen, festgeschriebene Strategien, Simulationsverfahren und Operations Research-Modelle. Erst eine ständig angemessene Kombination von wichtigen, gesellschafts-und betriebsbezogenen Informationen und die Formung eines Team-Konzeptes unter zentraler Berücksichtigung von Faktoren wie Situationsbewältigung und Problemlösung führen zu einem praktikablen OD-Konzept. Das Entscheidende an einem praxisnahen OD-Führungsstil ist der Ausgangspunkt beim Menschen, seinen Beziehungen und Motivationen in einem vorgegebenen pluralistischen Gesellschaftskonzept. Der ständige Wandel der Arbeitssituation wird dabei noch mehr beobachtet und gesteuert als die klassischen Aufgaben der Unternehmensführung. Einstellungen der Mitarbeiter müssen geändert, bestärkt oder gesteuert werden, um die Ziele zu erreichen, die sich die Organisation *und* die Mitarbeiter gesetzt haben. Eine endgültige, statische Perfektion wird sich dabei nicht erreichen lassen. Aber wer sich als einzelner und in der Gruppe in diesem Bewußtsein ständig um Verbesserung und Integration im Führungsprozeß bemüht, ist auf dem richtigen Weg, OD zu verstehen.

Die Betonung liegt dabei auf Effektivität, nicht auf Effizienz. Effizienz heißt, irgendeine Sache hundertprozentig tun. Effektivität dagegen heißt, die richtige Sache zur richtigen Zeit zur Erreichung des Zieles richtig zu tun. Es geht im OD-Konzept um die Maximierung aller Mittel und Möglichkeiten innerhalb einer Organisation zugunsten der Organisation *und* ihrer Mitarbeiter, Nachbarschaft, Umwelt.

Mittel dazu sind u. a.

- eine flexible Organisationsstruktur durch Neuformierung von Gruppen, Teams, Projekten und Organisationsbereichen
- Analyse von bestehenden Kommunikationskanälen, ihre angepaßte Veränderung oder Schaffung neuer Kommunikationskanäle und -formen
- Planungshilfen für alle Mitarbeiter
- Optimierung des Kommunikationsflusses (Organizational Communication)
- Errichtung von sogenannten Frühwarnsystemen
- Erstellen von Motivationsanalysen
- Schaffung eines effektiven Trainings on the Job (am jeweiligen Arbeitsplatz Ausbildungsverbesserung) und sinnvolle Job Rotation, um Führungskräften mehr Gelegenheit zum Kennenlernen der Gesamtorganisation und ihrer Abläufe zu geben.
- Ständiger Prozeß einer dynamischen Aus- und Weiterbildung in allen Organisationsbereichen unter Einbeziehung der motivierten Fähigkeiten der Mitarbeiter

Charisma – praktisch definiert

Gerne wird heute auch der Begriff „Charisma“ mißbraucht. Bereits *Max Weber* hat den aus der christlichen Theologie stammenden Begriff (Gnadengabe, göttliche Gnadengabe) in der Soziologie benutzt. *A. Gill* weist in Innovatio 1991 (S. 68 f.) darauf hin, daß in der amerikanischen

Literatur das Charisma anhand der folgenden Schlüsselbegriffe definiert wird:

1. Die charismatische Führungskraft glaubt an sich selbst.
2. *Eigenbestimmung:* Die charismatische Führungskraft läßt sich nicht in ihrem Handeln von „Meinungsumfragen" bestimmen oder von widrigen Umständen lähmen. Sie weiß, was sie will und verfolgt unbeirrt ihr Ziel.
3. *Menschenkenntnis:* Der charismatische Leader kennt seine Mitarbeiter gut. Er weiß, was sie „im Herzen tragen" und wozu sie fähig sind. Er versteht es, fordern von überfordern zu unterscheiden und handelt nach der Methode: fordern und fördern.
4. *Freundschaftssinn:* Der Leader liebt seine Mitarbeiter und wird von ihnen geliebt. Das bewirkt, daß diese nicht selten über sich hinauswachsen.
5. *Konfliktlosigkeit:* Der Leader ist nicht in persönliche, psychologische Probleme verstrickt. Er trägt keine dauernden inneren Kämpfe oder Konflikte aus, die sein Handeln lähmen. Er ist mit sich selbst im Reinen.

Den Autor erinnert diese Bestimmung des Leaders an frühere Mystifizierung, an romantische Vorstellungen von Führungspersönlichkeiten und eine überstarke Betonung des Harmonieglaubens. Entweder wird es diesen Leader nur noch als geklonte Persönlichkeit geben oder – gemessen am Normalen – als gestörte Persönlichkeit. Die moderne Führungskraft trägt auch Konflikte in sich selbst und mit anderen aus, aber ihr Stil ist der der vorhin beschriebenen Kommunikationsfähigkeit im Dialog. So bestand zum Beispiel das „Charisma" Ronald Reagans in seiner Kommunikationsfähigkeit, in der Fähigkeit, auf andere zuzugehen und sich in sie hineinzuversetzen. Dabei kam ihm seine frühere Tätigkeit als Schauspieler sicherlich zugute.

Peter Drucker hat eindringlich darauf hingewiesen, daß wirkliche Führung nicht von Charisma abhängt. „Dwight D. Eisenhower, George Marshall und Harry Truman waren außerordentlich effektive Führungspersönlichkeiten, dabei hatte keiner von ihnen mehr Charisma als ein toter Hering." Und: „Es ist sogar so, daß Charisma den Führern zum Verderben gereicht. Es macht sie unflexibel, überzeugt von ihrer eigenen Unfehlbarkeit, unfähig, sich zu ändern. Genau das geschah mit Stalin, Hitler und Mao . . .". Für *Drucker* hatten auch Churchill und Konrad Adenauer kein Charisma. (Man könnte Helmut Kohl hinzusetzen.) Sie hatten etwas anderes: eine klare Lagebeurteilung, taktisches und strategisches Geschick und deswegen Erfolg in zentralen Punkten ihrer Politik.

Es wird immer einige wenige wirklich charismatische Persönlichkeiten geben. Das Wirken eines solchen Charismas aber läßt sich nicht durch „Sezierung" begreifen. Die neuen Generationen wollen Menschen, die mit ihnen leben und die sie als Vorbilder anerkennen, weil sie sie erreichen können und weil sie sehen, daß auch diese Führungspersönlichkeiten ihre Probleme haben und mit ihnen fertig werden.

Highspeed macht high?

Es ist ja für viele Menschen wichtig, sich ab und zu nach dem Motto „schneller ist besser" möglicherweise bis an die Grenzen ihrer Leistungsfähigkeit zu bewegen, aber auf die Dauer könnte dies zu einem persönlichen Selbstmordprogramm werden. Wir sprechen nicht von ungefähr von einem situativ-kooperativen Führungsstil, denn wir haben in der jeweiligen Situation neben der Anwendbarkeit verschiedener Formen der Führung auch den Nutzen des Langsamkeit zu erkennen. Highspeed mach high, ja, manchmal, aber es wirkt dann wie eine Droge. Der Unterschied zwischen Heilmittel und Gift liegt in der jeweiligen Konzentration. Auch hierauf werden wir in Zukunft mehr Augenmerk richten müssen. Dazu sind Visionen notwendig.

Vergessen wir also den irreführenden Begriff des charismatischen Führers und wenden uns dem visionären Führer zu. Spötter behaupten, daß eine Organisation nie mehr als 5 % Visionen in ihrer gesamten Kapazität vertragen könnte. Andere sagen, Visionen stellten sich zu oft als Halluzinationen heraus. Aber ich habe den Eindruck, daß viele im Markt hart arbeitende Organisationen über Jahre hinweg vergessen, auch nur einen Bruchteil ihrer Kapazitäten für Visionen einzusetzen. Einer der engen Mitarbeiter von Prof. Dr. *Hans Ulrich* in St. Gallen, Dr. *Walter Krieg*[51], Lehrbeauftragter an der Hochschule in St. Gallen, stellte fest, daß die Umsetzung einer Vision der Kraft zur Führung und nicht nur der Fähigkeit eines Managers bedarf, die technischen Abwicklungen zu bewältigen. Im Amerikanischen stehe dafür der Begriff „Leadership". Visionen und Ideen haben eine hohe Säuglingssterblichkeit.

Kuno Pümpin und *Carlo Imboden* haben sich mit der Frage nach der Unternehmensdynamik – Wie führen wir Unternehmungen in neue Dimensionen? – auseinandergesetzt und stellen dazu unter anderem die Fragen:

Was bedeutet die Diagnose zunehmender Turbulenzen und Diskontinuitäten für die Unternehmensführung?

Wodurch zeichnen sich dynamische Unternehmungen aus?

---

51 Karriere, 12. Juni 1991.

Welche Wegweisungen lassen sich für eine dynamische Unternehmensführung geben?

Welche Nutzenpotentiale haben Unternehmen?

Worin liegen die Gründe für die Reifung eines Nutzungspotentials?

Warum ist die Multiplikation für eine dynamische Unternehmensführung so wichtig?

Welche Objekte stehen für eine Multiplikations-Strategie zur Verfügung?

Wodurch zeichnet sich ein Dynamikpromotor aus?

Welche Methoden zur Dynamisierung von Unternehmungen gibt es?

Zur Implementierung schlagen sie flache Strukturen mit autonomen Subsystemen vor und stellen die Frage: „Woran scheitert die Forderung nach autonomen Subsystemen immer wieder in der Praxis?" Motivation und Unternehmensstruktur, Anreiz- und Belohnungssysteme, offene Kommunikation, Mitarbeiteraus- und -weiterbildung, Unternehmenskultur in einer dynamischen Unternehmung, der Faktor Zeit im Rahmen der dynamischen Führung, Beschleunigung der Unternehmensaktivitäten, eine Fülle von Fragen warten auf eine ständig neue Beanwortung. Es wird keine Patentrezepte geben.

Stichworte zum Einsatz kommunikativer Vernunft

Stichworte zum Einsatz kommunikativer Vernunft im Führungsprozeß sind bereits heute Dezentralisierung, Dialog zwischen Organisationskulturen, Prozeßberatung, interne und externe Begleiter des Wandels, Gruppenselbstorganisation und Lernstatt am Arbeitsplatz. Direkte und indirekte Mittel, die dabei eingesetzt werden können, Kundenprobleme sofort zu erkennen, sind eine stärkere externe Arbeitsbestimmung bei Kunden, der Einsatz moderner Kommunikationsmedien, die Verbesserung der Integration neuer Mitarbeiter, sogenannte Fit-in-Programme und Patenschaften, gefolgt von regelmäßigen Mitarbeitergesprächen auf direkten Kommunikationswegen. Vor allem werden wir es mit mehr Mündlichkeit statt Schriftlichkeit zu tun haben. Vorgesetzte werden mehr Anteil nehmen müssen, mehr loben als kritisieren und das MBWA (Management by walking around) inhaltlich noch mehr kultivieren müssen. Wir werden an einer ständigen Definition von Unternehmensidentität und Betriebskultur nicht mehr vorbeikommen. Und es wird wichtig sein, die formale Organisation zu ergänzen, parallel, informell, nicht „anstatt", sondern „sowohl als auch" im Sinne der *Zand*schen kollateralen Organisation.

Die Führungskraft der Zukunft wird sich auf der Kommunikations-, Führungs- und Ergebnisskala vom Konflikt hin zum Kompromiß und zum Konsens zu bewegen haben. Die flache Organisation, definiert als ständiges Gespräch zwischen allen Ebenen und Teams des Unternehmens im Sinne der kollateralen Organisation, wird sich noch stärker als bisher durchsetzen. Die Zielgespräche werden verstärkt werden müssen. Von der Vorgabe werden wir zur Zielvereinbarung und noch mehr zur Zielerarbeitung als ständigem Prozeß vorstoßen. Dazu benötigen wir einen Teamprozeß, der eine spezielle Teameffektivität erzeugt durch offene Kommunikation, durch Akzeptanz und Vertrauensbildung und ein Klima der Gruppenführung.

In der Delegation werden die Dinge auf der richtigen Ebene und in den richtigen Teams bewältigt, ohne daß es zu weißen Feldern oder Rückdelegationen kommt. Im Gespräch wird die gesteuerte Konfliktbewältigung gesucht. Eine permanente mündliche Funktionsfestlegung statt schriftlicher Stellenbeschreibungen, die nur noch eine Dokumentierung eines solchen ständigen Gesprächs sein sollte, wird sich durchsetzen. Das Mitarbeitergespräch, klassisch als Beurteilungs- und Beratungsgespräch im Sinne von Führungsgrundsätzen verstanden, wird sich zum wahren Mitarbeitergespräch entwickeln, in dem die zuhörenden und beratenden Elemente seitens des Vorgesetzten verstärkt eingesetzt werden. Der Kontrolleur ist tot. Es lebe der Steuermann, der Coach. Selbstführung als Weiterbildungsanlaß wird für jede Führungskraft unverzichtbar sein. Schließlich gelten für die Zeitstruktur des kommenden Wandels wechselnde Geschwindigkeiten und Fokussierung; Auflösen und Bündeln werden begleitet von Langsamkeit und Geduld. Die Jagd ist das Warten.

Epilog zum Dialog in der Zeit

In allen Führungsprozessen werden wir heute mit den Begriffen Arbeit, Zeit und Dialog konfrontiert. Den Unterschied zwischen monologischer und dialogischer Beantwortung hat *Peter Ulrich* herausgestellt. Es geht letztlich um Teilhabe und Gespräch, um Fragen und Antworten, die wiederum neue Fragen hervorrufen.

Professor *Hans-Georg Gadamer* hielt mit seinen Schülern in Heidelberg ein Symposium zu seinem 90. Geburtstag am 15. Juni 1990, in der diese Fragen auch zur Sprache kamen: Die letzte Logik der Hermeneutik, der Wissenschaft von der Auslegung und der Interpretation, ist die Frage. Frage und Antwort ersetzen die Aussage. Die Dialektik von Frage und Antwort ist das wissenschaftliche Vermächtnis. Die Worte können nicht ersetzen, was wir im Geiste haben. Was ausgesagt ist, ist nicht alles. Das Ungesagte macht es erst zur Aussage, zu einem Sein, das verstanden werden kann. *Gadamer* weist zum Beispiel darauf hin, daß Logik nur sezieren kann. Das innere Wort ist nicht positiv bestimmbar, aber negativ erfahrbar. Das erleben wir jeden Tag im Führungsprozeß.

Es ist immer ein Unterschied zwischen dem, was gesagt wird, und dem Vollzug, der Ausführung. Es ist deshalb sehr wichtig, den Sinn der Aussage eines Menschen, einer Organisation, einer Unternehmung im Hinblick auf den Vollzug zu verstehen. Nicht die Worte, die gesagt werden, sind das Wichtige, sondern das, was mit ihnen gesagt werden will. Wir sagen vieles, ohne die letzte Wahrheit zu kennen. Wir müssen versuchen, Sachverhalte bis zum Ende zu durchdenken. Der Nachvollzug einer Rede, einer Aussage über Führungsrichtlinien, von Unternehmensleitsätzen, von Unternehmenskultur ist nur im Dialog möglich.

Es gibt keine Aussage, die nicht als Antwort auf eine Frage angesehen werden kann, eine Antwort, die wiederum Fragen hervorruft. Kommunikation vollzieht sich nicht in einer Aussage, sondern im Gespräch. Wir kennen Sätze wie: „Eine gute Tat spricht lauter als tausend gute Worte“ oder „Ein Onkel, der etwas mitbringt, ist dem Kinde lieber als eine Tante, die Klavier spielen kann“. So sind auch der Wille zur Einflußnahme, der Wille zum Führen, der Wille zur Macht eine Pluralität an Bemühungen.

Nietzsche: „Was seziert wird, ist längst tot“. Die Schrift steht neben dem gesprochenen Wort nur deshalb, weil sie die Spur ist, die mit dem Geschehen verbindet. Niemand hört seine eigene Stimme. Wir sind nicht auf die eigene Spur, wir sind auf die Spur des anderen gesetzt und nur konkret am Phänomen des anderen zu erkennen, vor allem an den Spuren der positiven Begegnung mit den anderen.

Freud weist darauf hin, daß es Dauerstörungen durch Verletzungen gibt. Die Begegnung in kleinen Gesprächsgruppen ist einer von vielen Hoffnungsschimmern. Um mit *Hans Habe* zu sprechen: „Ideologie ist Idiotie“. Es geht nicht um Lebensdrang und Geist oder Natur und Geist, sondern es geht um die Ganzheit. Während *Nietzsche* den guten Willen als eine Illusion bezeichnet, ist *Gadamer* der Ansicht, der Wille zur Gemeinsamkeit im Sinne von Plato und Aristoteles, der Wille zum Guten, sei vorhanden. Die Anerkennung des anderen sei keine pure Illusion. „Kommunikation ist nicht nur Illusion. Verstehen heißt zunächst, einander verstehen.“

Wenn ein dialogisches Zusammenführen im Gespräch Wirklichkeit wird, dann steht Verstehen erst am Ende des Prozesses. Das ist ein sehr hohes Konzept, denn das natürliche Verstehen ist durch solche Konzeptionen bereits übersprungen. *Gadamer* benutzt das Modell des platonischen Dialoges in der Sachorientierung. Nicht die Durchsetzungschance einer Seite auf beiden Seiten der Interessen schafft Klarheit in der Sache. Moderne Dialogtheorien sehen das anders. *Habermas* redet einem kommunikativen Handeln das Wort, einer Dialogführung in demokratischer Gleichheit an beliebig wechselnden Themen. Bei *Gadamer* steht die Überwindung der Ausgangsposition dank der Dominanz der Beteiligten im Vordergrund. Wir erleben die Wirkung des in der Zeit Verfließenden. Wir Menschen haben die Fähigkeit, mehr zu lernen, als wir schon wußten.

Literaturverzeichnis

Bennett, Dudley	Im Kontakt gewinnen durch Transaktions-Analyse, 2. Aufl., Heidelberg 1986
Berkel, Karl	Konflikttraining, 3. Aufl., Heidelberg 1992
Berne, Eric	Spiele der Erwachsenen, Hamburg 1970
de Bono, Edward	Laterales Denken für Führungskräfte, Hamburg 1972
de Bono, Edward	Konflikte – Neue Lösungsmodelle und Strategien, Düsseldorf 1989
Casmir, Fred L.	Kommunikation als offener Prozeß, in Zander/Reineke, Führungsentwicklung, S. 139 – 158, Heidelberg 1981
Diebold, John	Die Zukunft machen, Düsseldorf 1985
Drucker, Peter F.	Innovationsmanagement für Wirtschaft und Politik, Düsseldorf 1985
Drucker, Peter F.	Die Chance des Unternehmers – Signale für das Management von morgen, Düsseldorf 1987
Drucker, Peter F.	Neue Realitäten – Wertewandel in Politik, Wirtschaft und Gesellschaft, Düsseldorf 1989
Drucker, Peter F.	Managing for the Future – The 1990s and Beyond, New York 1992
Duerr, Carl	Management Kinetics, 1971
Forschergruppe Neuwaldegg	Unternehmenserfolge auf dem Weg ins 21. Jahrhundert, Symposiumsbericht Gottlieb Duttweiler Institut, Rüschlikon – Zürich 1992
Franke, Reimund/ Zerres, Michael P.	Planungstechniken – Instrumente für zukunftsorientierte Unternehmensführung, 3. überarb. u. erw. Auflage, Frankfurt 1992
French, Wendel/ Bell, Cecil H.	Organisationsentwicklung, Bern – Stuttgart 1977
Haldane, Bernard	Erfolgreich im Beruf – Wie man seine Fähigkeiten erkennt und einsetzt, Heidelberg 1977
Harris, Thomas A.	Ich bin o.k. – du bist o.k., Hamburg 1973

Hed, Sven R.	Project Control Manual, Genf 1973
Hobbs, Charles R.	Time Power – Zeit gewinnen mit System, Heidelberg 1989
Ketteringham, John M./ Noyale, P. Rangenath	Senkrechtstarter – Große Produktideen und ihre Durchsetzung, Düsseldorf 1987
Koreimann, S.	Management, eine Einführung, München 1982
Korff, Ernst/ Schmidt, Walter	Menschen beurteilen und Menschen führen, 5. Auflage 1988
Kotter, John P.	A Force for Change, Free Press 1990
Leysen, André	Krisen sind Herausforderungen, Herford 1986
Mackenzie, Alec	Die Zeitfalle, 10. völlig neubearb. Aufl., Heidelberg 1991
McConkey, Dale D.	No Nonsense Delegation, New York 1974
McGill, Michael E.	Organization Development for Operating Managers, New York 1977
Michel, Reiner M.	Know-how der Unternehmensplanung, 2. Aufl., Heidelberg – Zürich 1991
Michel, Reiner M.	Projektcontrolling und Reporting, Heidelberg 1989
Mintzberg, Henry	Zwischen Fakt und Fiktion – der schwierige Beruf Manager, Harvard-Manager 4/90, S. 86–98, Hamburg
Odiorne, G. S.	Management by Objectives, Führungssysteme für die achtziger Jahre, München 1980
Odiorne, G. S.	Führungshandbuch zur Steigerung von Umsatz und Gewinn, Landsberg 1984
Pauleikhoff, Bernhard	Person und Zeit, Heidelberg 1979
Pümpin, Cuno	Strategische Führung in der Unternehmenspraxis, Bern 1980
Pümpin, Cuno	Management strategischer Erfolgspositionen, Bern – Stuttgart 1982
Reineke, Wolfgang/ Hennecke, Joachim H.	Die Unternehmensberatung – Profil – Nutzen – Prozeß, Heidelberg 1982
Reineke, Wolfgang	Das Verhandlungsbrevier – Verhandlungstechniken für Manager, Köln 1985

Reineke, Wolfgang	Das Führungsbrevier – Ein unorthodoxer Ratgeber, Köln 1988
Reineke, Wolfgang/ Damm, Friedbert	Signale im Gespräch – Ein Kommunikationsleitfaden, 4. überarb. und erw. Aufl., Heidelberg 1992
Slater, Philipp/ Bennis, Warrent	Die Organisation, die alle anderen übertrifft, Harvard-Manager 2/91, S. 91 – 100
Steiner, George A.	Top-Management-Planung, 1971
Ulrich, Hans/ Probst, Gilbert Z. B.	Ganzheitliches Denken und Handeln: ein Brevier für Führungskräfte, 1990
von Ungern-Sternberg, Alexander	Das Unternehmen auf dem Prüfstand, 2. Aufl., Heidelberg 1983
Venuto, P. B.	Planning and Control for Managers, 2. Aufl., New York 1979
Vester, Frederic	Neuland des Denkens, 1980
Young, Arthur	Das Manager-Handbuch, Düsseldorf 1988
Zand, Dale E.	Wissen – Führen – Überzeugen, Wie man Wissen in Führung umsetzt, Heidelberg 1983
Zander, Ernst/ Reineke, Wolfgang	Führungsentwicklung – Organisation Development in der Praxis, Heidelberg 1981

Sachregister